二战德军
虎式坦克全景战史
贰

郑 鑫 ◎ 编

重庆出版集团
重庆出版社

目录 Contents

序 章 001

第1章　陆军第504重装甲营 041

第2章　陆军第505重装甲营 085

第3章　陆军第506重装甲营 149

第4章　陆军第507重装甲营 195

第5章　陆军第508重装甲营 231

第6章　陆军第509重装甲营 279

第7章　陆军第510重装甲营 325

第8章　陆军第301（遥控爆破）装甲营 348

第9章　陆军第1（遥控爆破）重装甲连 361

序 章

在翻开虎式坦克部队的战斗史册之前，有必要对德军重装甲营的沿革、编制以及各营的概况做一些简单介绍，作为读者深入阅读前的准备，同时也有助于更好地理解本书资料的价值。在重装甲营概述中，我们将主要介绍这一精英装甲单位的创建、组织体系、兵力编成以及车辆配置等情况。在各装甲营概况这部分，则以各营为单位，从装备、编制和涂装标志三个方面加以记述："装备"一节主要对各装甲营在不同时期接收的虎式坦克的型号及技术特征进行描述，由于生产时间的不同，重装甲营使用的虎式坦克在很多细节上都存在差异；在"编制"一节主要介绍各营在战争期间的兵力编制变化，随着时间的推移，由于战斗消耗和补充，装甲营的实力一直处于不断变化中，在编成初期各营的标准编制是下辖三个装甲连45辆重型坦克，但到战争后期，部分营已经缩减到两个连，坦克数量也下降至31辆，有时各营还会自行决定其编制结构；在"涂装和标志"一节，主要记录了各装甲营车辆的涂装配色方案、车辆编号和部队徽记的使用及变化，需要注意的是，重装甲营对于车辆迷彩伪装的涂绘并没有统一的标准，在1942年底之前对于车体编号及标志的位置、样式和颜色同样没有严格规定，即使后来出台了相关规则，实际上前线部队在很多时候仍然自行其是，直至战争末期各营都还保留着不少本营独特的标志和涂装。毋庸置疑，有关重装甲营装备、编制和涂装的细节信息将对我们研究、判断战时照片的内容提供可靠的依据。

陆军第504重装甲营

第504重装甲营于1943年1月18日在法灵博斯特尔（Fallingbostel）组建，最初辖有两个连，其中第1连及营部在1943年3月被派往突尼斯，两个月后向盟军投降，

第2连被部署到西西里岛（Sicily），抗击盟军登陆，后经墨西拿海峡（Messina Strait）撤往意大利本土。1944年初在荷兰重整后，第504营返回意大利战场，于1945年5月在意大利北部投降。第504营在作战中损失了109辆坦克，击毁了约250辆敌军坦克。

装备：第504重装甲营是第二支在北非战场作战的虎式坦克部队，该营在1943年2月接收了20辆虎式和25辆三号，并将其火速运往北非，不过只有11辆虎式和16辆三号L型抵达突尼斯，剩下9辆虎式和9辆三号被留在西西里岛。第504营的虎式属于第二生产批次的车辆，取消了炮塔右后方的冲锋枪射击孔，而在1943年5、6月间补充到该营第2连的8辆虎式带有装填手潜望镜，并在炮塔侧面安装备用履带板，但均无防磁涂层，部分坦克将履带板置于首下位置，而第504营第3连后来被调入"大德意志"装甲团所属重装甲营。

1944年初，第504营前往法国和荷兰重整，接收了45辆崭新的虎式，全部是采用钢缘负重轮的型号，其中28辆加厚了炮塔顶部装甲，但仍装备双目式瞄准具，这批坦克都敷设了防磁涂层，并将备用履带板安装在炮塔侧面，但首上和首下位置没有加挂履带板。重新编组的第504营第3连的前身是第314（遥控爆破）装甲连，装备了15辆博格瓦尔德Ⅳ型遥控爆破车。令人困惑不解的是，在盟军登陆诺曼底前夕，第504营反而被调离法国重返意大利战场。在1944年7月，该营接收了12辆最后期型虎式，其特点是装备了单目瞄准具。有资料显示，第504营于1944年8月15日在维也纳接收了6辆虎王，并在9月间派往前线，但在1945年1月这批虎王全部战损后，该营再未获得新的虎王，一直使用虎式直到战争结束。

编制：第一批交付第504重装甲营的装备包括20辆虎式和25辆三号L型，编成一个营部和两个装甲连，每连下辖四个排，每排装备2辆虎式和2辆三号，连部装备1辆虎式和2辆三号，营部直辖2辆虎式和一个由5辆三号组成的轻型排。车辆编号与其他早期组建的重装甲营相似，第1连的虎式坦克编号为100（连部）、111、112、121、122、131、132、141、142；三号坦克的编号为101、102（连部）、113、114、123、124、133、134、143、144；营部的2辆虎式分别为01和02号，而轻型排的三号坦克编号从01至05号。第2连的坦克编号与第1连类似，仅改变了首位数字而已。留在西西里岛的第2连后来又获得了6辆虎式，于是将所有三号都移交第215装甲营，成为纯粹的虎式装甲连。

1944年3、4月间，第504营在重整期间接收了45辆虎式的补充，采用标准编制和编号系统，较为特殊的是该营第3连原为第314装甲连，除坦克之外还装备了博格瓦尔德Ⅳ型遥控爆破车，按照编制表该连每排各装备9辆遥控爆破车，连部另有12辆备用爆破车，总数达39辆，此外每排还编有一辆Sd.Kfz.251型装甲运兵车，作为遥控爆破分队的支援车辆。

涂装和标志：第504重装甲营的首批虎式坦克与第501营一样采用适宜北非沙漠战场的沙褐色涂装，三位数的车辆编号为红色数字，绘制在炮塔侧面中央，有时也出现在炮塔后部的储物箱背面，编号数字的高度约为炮塔高度的四分之一。在车体侧面前部绘有一个平行四边形白色方块（装甲部队的战术标志），白底上绘有一条红色短线（表示重型），在这个标志旁边还写有数字1或2，表示装甲连的番号，十字徽绘在车体侧面中央位置。三号坦克的涂装与虎式一样，其战术标志及连番号标志在更靠近车首的车体侧面，红色车辆编号在炮塔侧面靠前位置，高度约为炮塔高度的一半，炮塔储物箱上也写有编号。

1944年春季，第504营在重整后对车体标志进行了调整，三位数的编号系统得到保留，但首位数字的尺寸要比后两位数字更大，约为炮塔高度的三分之二，而后两位数字仅为炮塔高度的五分之二，采用白底黑边数字。第504营第3连的3辆装甲运兵车也获得了编号，分别为315、325、335。所有车辆的迷彩涂装均为深橄榄绿底色加深褐色及深绿色斑点构成，十字徽仍在车体侧面中央。第504营也有自己独特的营徽：一支叠加在坦克履带上的长矛，车组成员有时会用黑色颜料将营徽的变形版本——压在履带上的一柄利剑——绘制在炮塔储物箱两侧。

陆军第505重装甲营

第505重装甲营于1943年1月29日组建于法灵博斯特尔，随后配属东线的第9集团军参加"堡垒"行动，之后长期在东线中段战线作战，1944年9月换装虎王，继续在东普鲁士地区作战，最后在柯尼斯堡（Königsberg）向苏军投降。第505营在战斗中损失坦克126辆，击毁敌军坦克约900辆，在各重装甲营的战绩中属于中流水准。

装备：在1943年2、3月间，第505重装甲营接收了20辆虎式和25辆三号L型，在6月下旬"堡垒"行动开始前数天又获得了11辆安装HL230P45型发动机的虎式，而在后方组训的第3连也配齐了14辆虎式，但该连在进攻开始前未能赶到前线。第505营早期装备的虎式坦克都装有空气滤清器，在首下位置安装了备用装甲板，但均无防磁涂层。在"堡垒"行动中，第505营的虎式坦克有两个鲜明的特征，一是在车体周围缠绕了一圈铁丝网，防止敌军步兵攀爬；二是在车体侧面携带几根圆木，便于坦克在陷入泥沼时能够不借助其他车辆的帮助自行脱困。

1943年9月，第505营得到了5辆虎式的补充，它们均安装了新式车长指挥塔，此时该营的坦克都敷设了防磁涂层，首下位置的备用履带板也基本成为标配。1944年4月，第505营获得23辆虎式后再次达到满编状态，新补充的虎式都是采用钢缘负重轮、加厚炮塔顶盖的后期型，在炮塔两侧也加挂了履带板，炮手瞄准镜也改为单目式。在1944年夏季东线中部的激烈战斗中，第505营损失了全部装备，被迫调回德国进行重编，并换装了虎王，至1944年8月恢复齐装满员，再度返回东线。

编制：第505重装甲营在组建初期同样是一个两连制营，每个连辖有四个排，每排装备2辆虎式和3辆三号L型，另外连部装备1辆虎式，营部装备2辆虎式和1辆三号L型，第1连的虎式坦克编号为100（连部）、111、113、121、123、131、133、141、143，三号坦克的编号为112、114、115、122、124、125、132、134、135、142、144、145；第2连的车辆编号与第1连类似。营部直辖虎式坦克为Ⅰ号和Ⅱ号，三号坦克则为三号。1943年6月，第505营得到11辆虎式后按照标准编制重编了第1、2连，每连辖14辆虎式，从各连撤编的三号坦克被用于执行侦察任务或改装成弹药运输车，那些改装车辆在之后数月的兵力报告中仍被标明是"三号坦克"。在"堡垒"行动期间，完成组建的第3连也开赴一线，从而使第505营具备了一个标准重装甲营的规模和编制，即使1944年秋季换装虎王后仍然采用标准编制，直至最后覆灭。

涂装和标志：第505重装甲营的首批虎式坦克采用深黄色涂装，并带有一些模糊的褐色色斑，但没有十字徽，车辆编号为白边空心数字，绘制在炮塔侧面中央或靠前位置，尺寸约为炮塔高度的三分之一，该营坦克的另一个独特外观特征是在车体正面左上角绘有早期版营徽：一头冲击的公牛，颜色为白色。三号坦克的涂装与虎式坦克一样，白色营徽绘在车体正面驾驶员观察窗右侧，车辆编号在炮塔侧面前部，约为炮塔高度的一半，为蓝底白边数字。在"堡垒"行动期间，第505营的虎式坦克将车体涂装改为深黄色底色加红褐色宽大色带的迷彩样式。

在1943年冬至1944年春，第505营的虎式坦克采用了白色冬季伪装涂装，编号改为纯黑色，同样在这一时期该营更换了新版营徽：一位骑马冲锋的骑士，相比早期营徽更富于冲击力。新版营徽通常用红黑白三色绘制，不过车组成员常常自行发挥，出现过多种配色的版本。第505营的官兵们对于新营徽显然非常欣赏，乐于展示，将其绘制在炮塔侧面前部的显著位置上，这在其他重装甲营中是非常少见的做法，由于在炮塔侧面挂有备用履带，结果车辆编号被"挤"到火炮身管根部，采用黑底白边数字，此外在炮塔储物箱后部也写有编号。换装虎王后，炮塔侧面中央位置留给了营徽，并且清除了营徽方形区域内的防磁涂层，连备用履带板都屈居营徽两侧。至于车辆编号更呈现出一种奇特的绘制形式——画在炮管上，而且左右都有，从右边看，较粗的防盾套筒侧面的尺寸较大的代表连番号的数字就在第一位，后两位较小的数字写在较细的火炮后部套筒侧面，而从左边看，代表连番号的数字就成了最后一位数，因此有时会让人感到困惑。此外现存的历史照片表明，该营坦克很少在车体侧面涂绘十字徽。

陆军第506重装甲营

第506重装甲营组建于奥地利东部的圣珀尔腾（St. Pölten），时间是1943年7月20日，随后被配属东线中央集团军群，在第聂伯河前线作战，1944年8月返回德国重整并换装虎王坦克。之后第506营调往西线，参加了著名的阿纳姆战役和突出部战役，是唯一参加阿登攻势的陆军重装甲营，后于1945年4月在鲁尔包围圈内向盟军投降。第506营在战争中损失了179辆坦克，击毁了约400辆敌军坦克，战绩偏低，这也与西线战场上盟军的空中优势有关。

装备：1943年8月，第506重装甲营首次接收装备就获得了45辆虎式坦克，所有坦克都有防磁涂层，其中3辆使用旧式的圆柱形车长指挥塔，其余坦克则采用新型指挥塔和单车首灯。该营在1944年补充的17辆虎式都装有火炮固定架，使用胶缘负重轮，在炮塔两侧装有备用履带，部分坦克将履带板置于首下或首上位置。1944年初在切尔卡瑟（Tscherkassy）地区作战期间，第506营的虎式全部战损，随后在3、4月间于伦贝格（Lemberg，今乌克兰的利沃夫）得到了45辆新坦克，全部是采用钢缘负重轮、加厚顶盖的型号，但炮手瞄准具仍是双目式。在1944年夏季中央集团军群全面崩溃之际，第506营再次损失殆尽，只能返回德国重整。

1944年8、9月间，第506营在重整时成为第三支全面换装虎王坦克的重装甲营，部分虎王为波尔舍炮塔型，大多数都敷设了防磁涂层。在阿纳姆（Arnhem）和亚琛（Aachen）的战斗中，第506营损失很大，在1944年末接收了14辆补充坦克，在阿登攻势之前，胡梅尔重装甲连（Schwere Panzer-Kompanie Hummel）被并入第506营，成为该营的第4连，但该连装备的是虎式，在后勤维护上带来了不少麻烦，因为虎式和虎王只有很少的零件能够通用。在1945年3、4月间，第506营又陆续得到了13辆坦克的补充，这些坦克原本是准备调拨给党卫军第501重装甲营的，此外还有另外13辆坦克计划交付第506营，但最后未能到位。

编制：与之前组建的五个重装甲营不同，第506营从建立之初就是一个标准的三连制装甲营，而且虎式坦克是该营唯一的主战装备，从未混编三号或其他型号的坦克。第506营的车辆编号体系与众不同，采用简单的数字序号编组，每个连的14辆坦克从1至14号排序，连部为1、2号车，第1排为3～6号车，第2排为7～10号车，第3排为11～14号车，三个连的车辆编号相同，而营部的3辆虎式为01、02、03号车。采用这种编号方法的原因是，根据之前重装甲营的作战经验，第506营指挥官认为通常以排为单位组建战斗群的做法并不合理，而应该以连建制内能够作战的所有坦克加以编组，因此在编号上消除了各排的划分界限，便于连指挥官的实战指挥。在换装虎王后，第506营在车辆编号前增加了连番号，1944年12月并入的胡梅尔装甲连的虎式也采用了这种特别的编号体系，其连番号为4。

涂装和标志：第506重装甲营的虎式坦克最初采用深黄色涂装，并带有边缘模糊的土褐色条纹，车体侧面没有十字徽，一位或两位的车辆编号涂绘在炮塔侧面前部，高度约为炮塔高度的一半，并以不同的颜色区分所属各连，第1连为白色数字，第2连为红色数字，第3连为黄色数字，而营部坦克为黑色数字。第506营的营徽非常有特色，主体图案是一只黄黑相间的老虎，前爪按在一面红底白十字的盾牌上，在图案后面是一个大写字母W，取自首任营长格尔哈德·维林（Gerhard Willing）少校的姓氏首字母，W的颜色与各连的识别色一致。第506营的营徽通常被描绘在炮塔后部储物箱的后面，在维林少校阵亡后，该营仍沿用这一营徽，以示对老长官的纪念。第506营在装备虎式坦克期间，没有在车体侧面绘制十字徽。

第506营接收的首批虎王坦克采用深黄色底色加大片橄榄绿色块的涂装样式，增加了十字徽，位置在炮塔侧面正中，后来交付的虎王则改为深绿色底色加土褐色斑点迷彩。车辆编号系统改为三位数后，其涂绘方式较为特别，表示连番号的单位数字置于炮塔侧面十字徽左侧，而两位数字的车辆编号位于十字徽右侧，两者呈分离状态。各连编号仍有颜色上的差异，第2连为红底白边，第3连为黑底黄边，第4连为绿底白边，而第1连不详。

陆军第507重装甲营

第507重装甲营于1943年9月23日在维也纳组建，1944年3月开赴东线参战，1945年2月换装虎王，在波兰、捷克等地进行防御战，在战争结束时向苏军投降。第507营在作战期间损失104辆坦克，击毁约600辆敌军坦克。

序 章

装备：第507重装甲营在1943年12月至1944年2月间陆续接收了45辆虎式坦克，其中26辆是使用钢缘负重轮的型号，其余是使用胶缘负重轮的中期型虎式，而在1944年3月补充的6辆坦克则是加厚炮塔顶盖的型号。第507营的坦克在交付时就全部敷设了防磁涂层，并在炮塔侧面安装了备用履带板，此外首上位置也有履带板提供额外的防护。1944年4月，第507营在塔尔诺波尔（Tarnopol）作战期间又补充了12辆虎式，均更换了单目瞄准具。1944年夏季，第507营获得了20辆新的虎式，其中6辆原本是第506营的补充装备，这批坦克都是炮塔顶部带有起重吊环的后期型。第507营的大部分坦克都在炮塔侧面挂有备用履带板，但几乎没有在坦克首下增加防护手段的情况。

1945年1月，第507营向维斯瓦河一线撤退时，几乎损失了大部分装备，只能返回后方重整，但仅有21辆虎王补充到位，另外还有3辆猎豹坦克歼击车凑数，这些装备都分配到第2连和第3连，而第1连成为了没有坦克的空架子。此后，第507营配合党卫军"威斯特法伦"装甲旅（SS-Panzer-Brigade Westfalen）在帕德博恩（Paderborn）地区战斗，后者是一个由军校教官和学员临时组建的单位。1945年4月，第507营余部接到命令前往马格德堡接收一批新坦克，但这项命令未能得到执行，它们被重新部署到捷克的米罗维茨（Milowicz），在那里得到了几辆四号和10辆追猎者。第507营是战争中最后放下武器的德军部队之一，在德国宣布投降后，该营仍坚持战斗直至5月12日。

编 制：第507重装甲营是按照标准编制组建和装备的，但在1944年3月满编后不久又得到额外的6辆虎式，使兵力超编，达到51辆坦克，这些富余的虎式被平均分配到三个连部，每个连部2辆，这样第507营的每个装甲连实际装备了16辆虎式，各连的坦克都按照标准编号体系进行编组，连部增编的虎式被编为102、103、202、203、302、303号，此外营部直辖的3辆虎式被编为A、B、C号车，而没有使用通常的罗马数字序号。

在1945年初重整期间，第507营换装了21辆虎王和3辆猎豹，这些车辆被集中配置到第2连和第3连，其中第2连装备6辆虎王和3辆猎豹，第3连装备15辆虎王，其中连部直辖3辆，第1连和营部均无坦克。由于资料缺失，这一时期第507营的车辆编号不详。

涂装和标志：第507重装甲营的虎式坦克采用战争后期在东线战场常见的涂装样式，即深黄色底色加褐色条纹迷彩，十字徽位于车体侧面中央位置。第507营的战术编号涂写方式比较特别，三位编号的首位数字较大，几乎与炮塔等高，后两位数字较小，高度约为炮塔的五分之三，这与第504营在战争后期的编号样式相似，不同点在于第504营编号数字是上缘齐平，而第507营的数字是下缘齐平。第507营的车辆编号被涂绘在炮塔两侧前部和炮塔储物箱背面，采用白底黑边数字，黑边较为窄细，储物箱背面的编号样式与炮塔两侧的编号完全一样。在某些坦克上，在炮塔侧面加挂了更多的备用履带，占用了涂绘编号的位置，车组成员索性将编号直接绘制在履带板上，这种情况在其他重装甲营中并不多见。第507营的营徽是一面黑色盾牌，其右上角有缺口，在盾面上是一个挥锤锻剑的铁匠形象，以白色绘制，这个营徽被车组成员描绘在车体后面左上角位置。第507营在战争末期接收的虎王坦克车体涂以黄绿色涂装，没有任何标志和编号。

陆军第508重装甲营

第508重装甲营于1943年8月在海尔布隆（Heilbronn）组建，但组训工作基本在法国占领区完成。该营于1944年2月初被调往意大利北部，投入对盟军安齐奥登陆场的反击作战，之后一直在意大利战场作战，直至1945年2月消耗殆尽，奉命返回德国换装虎王，但未能实现，仅得到少量虎式和黑豹坦克，基本作为步兵单位前往德国中部作战，1945年5月初投降。第508营在征战生涯中宣称击毁了超过100辆敌军坦克，自损78辆坦克，交换比率在各重装甲营中排名垫底。

装备：第508重装甲营于1943年12月至1944年1月间在法国接收了45辆虎式坦克，均为采用旧式悬挂系统的初期型，但换装了新型车长指挥塔，大多数坦克带有防磁涂层，在炮塔侧面加挂了备用履带板，部分坦克在车体后部装有火炮固定架。第508营第3连的前身是第313（遥控爆破）装甲连，装备35辆博格瓦尔德Ⅳ型遥控爆破车。1944年3月，第508营吸收了原属"迈尔"装甲连的初期型虎式，这些坦克仍然装有旧式圆柱形指挥塔，没有防磁涂层。1944年4月，5辆采用新型悬挂系统的虎式被送到第508营，不久又补充了6辆配有单目瞄准具的虎式。1944年6月，第508营第2、3连在得到27辆崭新的虎式后进行了战地重整。第508营的部分坦克在首上位置安装备用履带板，此外在驾驶员观察窗和车首机枪之间的车体正面也会放置备用履带，但没有在首下进行同样的防御强化。1945年2月中旬，第508营将剩余的15辆虎式移交同在意大利战场作战的第504营，返回德国准备换装虎王，尽管部分成员已经接受了驾驶虎王的训练，但是第508营从未得到这款新型坦克，仅在3月间得到1辆虎式和6辆黑豹，勉强组成一个小型装甲战斗群，那辆唯一的虎式是其他部队淘汰的二手货。第508营的大部分官兵在战争末期都成为步兵。

编 制：第508重装甲营是采用标准编制组建的，但仅有第1连短期使用标准编号体系编组车辆，后来仅在虎式坦克上标记各连的番号数字用于识别，其他数字编号均被取消，营部直辖的坦克则根本没有编号。第508营第3连与第504营第3连的编制相似，除了14辆虎式之外，每个排编有9辆遥控爆破车和1辆装甲运兵车，连部编有8辆爆破车，共有35辆爆破车和3辆装甲运兵车，上述车辆也没有编号。

涂装和标志：第508重装甲营的虎式坦克采用深橄榄绿色作为车体底色，并用深绿色条纹和深褐色斑点绘成迷彩图案。该营第1连曾短期使用标准的三位编号系统，绘制在炮塔侧面前部，其中第一位数字较高，约为炮塔高度一半，采用白边空心数字，而后两位数字高度为首位数字的一半，采用白色实心数字，三位数字下缘齐平。在全营改为单位数字编号后，仅在炮塔侧面前部用白边空心数字写明连队番号，尺寸约为炮塔高度的一半，位置偏上，炮塔储物箱背面也会涂有连队番号。十字徽绘制在车体侧面中央，最初连队番号也绘制在十字徽旁边。第508营的营徽是一头野牛的白色侧影，通常绘制在炮塔储物箱背面左侧。

陆军第509重装甲营

第509重装甲营于1943年9月在施韦青根（Schwetzingen）组建，在法国完成训练后于1943年10月底调往东线，配属南方集团军群作战，在1944年上半年的战斗中，第509营遭遇惨重损失，以致两度后撤重整。1944年9月，第509营换装虎王坦克，但由于装备交付延迟，直至12月才达到齐编满员，随后被派往匈牙利，参与布达佩斯解围作战，于1945年3月向奥地利退却，在维也纳地区进行了最后的战斗，于5月初向美军投降。至战争结束，第509营以损毁120辆坦克的代价，摧毁了至少500辆敌军装甲车辆。

装 备：1943年9月，第509重装甲营获得了45辆虎式坦克，达到满编状态，这批坦克属于第一批安装新型车长指挥塔的型号，但仍然保留着空气滤清器，没有防磁涂层。1944年2月接收的8辆虎式是最后一批采用胶缘负重轮的型号，这批坦克均有防磁涂层，并在炮塔两侧加装了备用履带板，也有部分坦克将履带板装在首下位置，但置于首上位置的情况比较少。1944年春夏交付的虎式都采用了新的钢缘负重轮、防磁涂层和拖曳索环扣，并在首下安装了备用履带板。第509营在1944年秋季装备的虎王坦克均无防磁涂层，在匈牙利战役的后期，该营的虎王在炮塔侧面中央增加了两排备用履带作为额外防护，整个炮塔侧面都被履带板覆盖。

编　制： 第509重装甲营完全按照标准编制组建，采用标准的三位车辆编号系统进行标记。

涂装和标志： 第509营重装甲营的第一批虎式坦克采用深黄色底色，并以深橄榄绿色条纹构成迷彩图案，没有十字徽，车辆编号绘制在炮塔侧面前部，为白色实心数字，高度为炮塔的一半，比较特别的是数字的字体风格与其他重装甲营不同。在冬季坦克采用白色伪装色时，车辆编号的颜色相应地改为黑色。敷设防磁涂层的虎式也采用同样的迷彩涂装，但部分坦克将车辆编号改为黑底白边数字，还有少数坦克在车体侧面偏后位置绘有十字徽。第509营后期装备的虎王坦克最初采用深黄色涂装，纯黑的车辆编号绘制在炮塔侧面偏后位置，数字上缘几乎与炮塔顶盖齐平，没有十字徽。在匈牙利战场上，该营的虎王采用黄绿色底色加深绿色和褐色迷彩条纹，十字徽在炮塔侧面中央，车辆编号为纯黑数字，绘制在十字徽后上方位置。第509营的营徽是一只白色虎头，但很少出现在该营的坦克上。

陆军第510重装甲营

第510重装甲营在1944年6月组建于帕德博恩，7月间开赴东线北段，配属北方集团军群，在波罗的海沿岸作战，后退入库尔兰桥头堡坚守。第510营主力在战争末期从库尔兰撤出，调往西线作战，并向美军投降，该营一支由15辆虎式组成的战斗群一直留在库尔兰，在战争结束时向苏军投降。第510营在战争中损失坦克65辆，取得了击毁约200辆敌军坦克的战果。

装　备： 第510重装甲营是最后一个接收标准编制45辆虎式坦克的重装甲营，在1944年6、7月间装备到位，全部是最后一个生产批次的虎式，1944年8月又得到6辆坦克的加强，所有虎式都有防磁涂层和新的拖曳环扣，都在炮塔侧面加装了备用履带板，大多数坦克在首上和首下位置也加装了履带板。在库尔兰战役的最后阶段，第510营的虎式在炮塔侧面安装了更多的备用履带板，以强化防御能力。在1945年初，第510营主力由海路从库尔兰桥头堡撤出，返回德国重整，其中第3连直接前往卡塞尔的亨舍尔工厂，接收了6辆全新的虎王，这些坦克仅安装了运输使用的窄履带就投入了卡塞尔周围的战斗。

编　制： 第510重装甲营完全按照标准编制组建，采用标准的三位车辆编号系统进行标记。

涂装与标志： 第510营的虎式坦克采用黄绿色底色上喷涂橄榄绿色和褐色条纹的伪装迷彩，车体侧面的十字徽位置靠近车首，车辆编号为黑底白边数字，绘制在炮塔两侧，但位置比较靠后，炮塔右侧的编号部分涂写在出入舱门上，第510营第2连编号中的数字"3"与第501营一样，右上角为直线转折。第510营的营徽是一只站立的柏林熊，饰以盾形外框，用白色颜料绘制在车体背面右上角。在战争末期第510营第3连在卡塞尔接收的虎王坦克仅涂有红色防锈漆，车组成员用橄榄绿色油漆在红色底漆上描绘了较宽的曲线色带，在色带中间绘以若干红褐色斑点，形成一种风格独特的简易迷彩，但这些虎王没有任何编号或标志。

陆军第301（遥控爆破）装甲营

第301（遥控爆破）装甲营的前身第300（遥控爆破）装甲营是一支在1942年9月组建于俄国南部的遥控坦克部队，装备歌利亚式遥控坦克，执行爆破攻坚任务，先后在东线和意大利作战。1944年秋季开始装备虎式坦克，成为一支特殊的重装甲部队，编制内仍有相当数量的遥控坦克。第301营于1944年底至1945年初在西线参战，至4月中旬损失殆尽，其间该营的虎式坦克取得了60～70个击毁战果。

装 备： 第301（遥控爆破）装甲营编制内仅有31辆虎式坦克，其中21辆由陆军系统交付，还有10辆是由党卫军第103/503重装甲营转交，它们中大部分都是经过工厂翻修的二手货，只有少数为新车，因此第301营的虎式坦克新旧混杂，给后勤维修带来不小的麻烦，上述所有坦克都有防磁涂层。

编 制： 第301（遥控爆破）装甲营的编制与标准虎式重装甲营有很大不同，该营下辖三个遥控爆破装甲连、一个营部连、一个补给连和一个维修连，每个装甲连下辖两个装甲排，每排装备4辆虎式，连部装备2辆虎式，每连共编有10辆虎式，营部直辖1辆虎式。所有虎式坦克的编号都按照标准编号体系确定，营部直属虎式编号为01号，第1连连部坦克为100、101号，第1排的虎式编号从111至114号，第2排从121至124号，第2连和第3连的编号与第1连类似，只是首位数字不同。第301营在编制上最大的特点是配备了大批博格瓦尔德Ⅳ型遥控爆破车，每个装甲排装备9辆，加上直属营部12辆备用车，共计66辆，与第504、508重装甲营的第3连不同的是，第301营各排没有配置装甲运兵车。每个装甲连的兵力为3名军官、40名军士和52名士兵。

营部连包括指挥部、医疗分队（1辆Sd.Kfz.251/8型装甲救护车）、侦察分队、工兵排（3辆Sd.Kfz.251/7型工兵运输车）、防空排（3辆Sd.Kfz.7/1型四联装20毫米自

虎式坦克 全景战史

行高炮），全连有8名军官、29名军士和77名士兵。供给连包括连部、回收排、维修排、加油排、弹药供给排和野战厨房，装备3吨及6吨半履带吊车各1辆，4辆18吨半履带牵引车，全连兵力为5名军官、57名军士和200名士兵。

涂装与标志：第301（遥控爆破）装甲营的虎式坦克来源多样，因此涂装也是五花八门，没有统一的样式。车辆编号以黑底白边数字涂写在炮塔侧面前部偏上位置。第301营的营徽是一个黑色小平行四边形置于一个白色黑边平行四边形之中，被涂绘在车体背面右侧。

※ 上图 是第504重装甲营第2连的222号虎式坦克搭乘渡船渡过墨西拿海峡，摄于1943年8月从西西里岛向意大利本土撤退期间，这辆坦克是该连唯一从西西里撤出的虎式，但之后不久也在撤退途中损失了。从这幅照片中可以看到炮塔侧面的编号，采用红色数字。

序章

※ 第504重装甲营在1943年底重建后，该营的虎式坦克开始采用一种独特的车辆编号样式，其三位数字编号的首位数字要比后两位数字更大，以突出所属的连队番号，车辆编号采用白色数字，配以黑色或深橄榄绿色边缘，绘制在炮塔侧面前部，此外在炮塔储物箱侧面上部还绘有营徽图案：履带与剑，上述特征都可以从上边这幅该营323号坦克的近照中得到印证。

※ 上图　是第504重装甲营第3连313号虎式坦克的一幅近照，从图中可以观察到炮塔右侧前部的车辆编号样式发生了一些变化，后两位数字与首位数字改为下缘对齐，而非上图所显示的上缘对齐形式，出现这种变化的原因是在炮塔侧面加装了新的无线电通讯天线基座，使得后两位数字的位置移向下方。

虎式坦克 全景战史

※ 第505重装甲营在组建初期就采用标准的三位数字车辆编号系统，与其他重装甲营的虎式坦克一样，第505营也将车辆编号绘制在炮塔两侧，但有时也会在炮塔储物箱背面绘上车辆编号，正如上图所展示的该营第1连第4排的143号车，其车辆编号为黑底白边数字，虽然受到一些杂物和钢盔的遮挡，还是可以观察到炮塔储物箱的背面也绘有编号。

※ 下图 是1943年夏季在东线中部战场作战的第505重装甲营的虎式坦克的正面近照，这幅照片反映了当时第505营在装备和涂装上的典型特点，首先最值得注意的是车体正面左上角绘有该营的早期营徽：冲击的公牛，用白色绘制。车辆编号绘制在炮塔侧面前部，采用白色空心数字样式，由于光线反射和照片亮度的原因，仅能看清前两位数字为21，可能是212号或213号车。此外，这辆虎式在炮塔侧面及车首下都加挂了备用履带板，车体侧面还布置了防止敌军步兵攀爬的铁丝网。

序章

※ 上图 是另一幅摄于1943年夏季的第505重装甲营的虎式坦克侧面特写，尽管有些背光，还是能够辨认出炮塔侧面前部烟雾弹发射器下方的车辆编号：231，为该营第2连第3排的排长座车，编号样式采用黑色白边数字，此外，车体侧面的铁丝网也隐约可见，主要是为了防止敌军步兵攀爬到坦克上，这一防御措施出现于1943年7月的库尔斯克战役期间，但并未在德军装甲部队中得到普及，可能因为这样做同样会妨碍己方步兵的搭载。

※ 下图 这张质量稍有模糊的照片摄于1943年秋季的东线中部战区，一辆第505重装甲营的虎式坦克正在一处村落中休整，德军官兵在坦克炮塔顶部及车体周围铺以干草作为伪装。值得注意的是这辆坦克炮塔侧面的编号仅仅用白色颜料简单涂写，看起来相当粗糙，313号表明这辆坦克属于该营第3连第1排，炮塔侧面挂有备用履带板。

虎式坦克 全景战史

※ 大约在1943年秋末，第505重装甲营更换了新营徽：一位骑马冲锋的骑士，并且将这个漂亮且富于冲击力的标志描绘在该营每一辆虎式坦克炮塔两侧的显著位置上，这一做法一直延续到战争末期。如此张扬地展示本营标志在陆军各重装甲营中可谓独树一帜。与之相应，原本在炮塔侧面的车辆编号被转移到火炮身管根部，比如上图所示的营长座车，黑色罗马数字Ⅰ被描绘在防盾套筒侧面。注意负重轮上的弹孔，表明这辆坦克经历了激烈的战斗。

※ 下图　是第505重装甲营第3连第1排的312号车，炮塔侧面前部的营徽十分显眼，而纯黑数字的车辆编号被描绘在防盾套筒侧面，这是第505营独特的涂装特征。值得注意的是营徽的颜色通常为红白黑三色，实际上车组成员往往自行配色，存在多个颜色的版本。从这幅照片中还可以观察到这辆虎式装有钢缘负重轮，属于后期生产型，车体表面敷设了防磁涂层，并涂以条纹迷彩。

序 章

※ 1944年夏季，第505重装甲营在东线损失殆尽，在重整时换装虎王坦克，该营官兵保持了其传统涂装样式，将炮塔侧面中央的位置留给了营徽。右侧这幅稍有模糊的局部特写就展示了第505营虎王坦克炮塔侧面的营徽图案。值得注意的是，为了使营徽线条清晰，炮塔侧面中央方形区域没有敷设防磁涂层。

※ 下面这幅照片展示了战争后期第505重装甲营虎王坦克车辆编号的涂绘方式：前两位数字尺寸较小，绘制在火炮后部套筒侧面，而第三位数字较大，代表连番号，绘制在防盾套筒侧面，这种方式在各重装甲营中是第505营所独有的。下图为该营第1连的124号车。

第506重装甲营的车辆编号方法不同于其他任何重装甲营，在各营装甲连中仅以第1至第14号的简单数字序号编组。尺寸较大的编号数字描绘在炮塔侧面前部，各连之间以不同颜色的编号数字加以区别，比如图中这辆虎式属于第506营第3连的12号车。编号采用连队识别色黄色，第2连则为营第1连的车辆则使用白色数字，第2连则为红色数字。第506营的这种编号方案主要是出于战术编组的考虑。

序 章

※ 第506重装甲营的营徽也非常有特色，主体图案是一只黄黑相间的老虎，前爪按在一面红底白十字的盾牌上，在图案后面是一个大写字母W，取自首任营长格尔哈德·维林少校的姓氏首字母，W的颜色与各连的识别色一致。正如上面这幅照片所显示的，第506营的虎式坦克通常将营徽描绘在炮塔储物箱背面，图中营徽上的W字母为白色，由此可知这辆虎式属于该营第1连。

※ 在战争末期，第506重装甲营也换装了虎王坦克，同时也对车辆编号系统进行了修改，改为三位数字编号，增加了表示连番号的首位数字，但在绘制方式上仍较为特别，将首位数字与后两位车辆序号分开，分别置于炮塔侧面中央十字徽的两侧。如下图所示，这辆第506营的虎王用植被进行了细致的伪装，炮塔侧面只露出三位数字编号，首位与后两位之间隔开了一定距离，它们之间的空间涂绘了十字徽，只是被伪装遮住而已，第3连的编号采用黑底黄边数字。

虎式坦克 全景战史

※ 第507重装甲营车辆编号的涂绘方式与第504营相仿，都采用突出首位数字的样式，但不同的是后两位数字与首位数字是下缘齐平，而第504营的编号是上缘齐平。这个特点可以从上面这幅装甲兵总监古德里安大将视察第507营的照片中得到证明，当时古德里安站在该营第1连的100号车上，炮塔侧面的车辆编号十分清晰，采用白底黑边数字，车身上敷设了防磁涂层。

※ 在战争后期，第507重装甲营的虎式坦克在炮塔侧面加挂了更多的备用履带板，占用了更多的空间，部分坦克只能将车辆编号直接涂绘在履带板上。正如左图中该营第1连的113号车，最后一位数字3明显画在了备用履带板上。

※ 第507重装甲营的虎式坦克在炮塔右侧也同样采用突出首位数字的编号样式，如左图所示，这辆虎式可能被遗弃在一片树林中，从负重轮看是后期型，车身敷设有防磁涂层；比较特别的是车体正面备用履带板的布置方式，放置在正面两侧的上角部位。

※ 第507重装甲营的营徽是一位锻造利剑的铁匠，背景是一面缺角的盾牌，该营的虎式坦克通常将营徽绘制在车体后部左上角位置。正如上图中这辆正从半履带装甲车上补充弹药的虎式坦克所显示的那样，绘制营徽的部位似乎对防磁涂层进行了平整处理。

※ 下图 是一幅非常值得研究的战地照片，摄于1944年春末。第507重装甲营的301号车陷在泥泞中，正准备由另一辆虎式拖出泥潭，请注意301号车将编号绘制在炮塔储物箱背面，而且首位数字比后两位数字的线条更粗，而在其前方准备施救的虎式坦克是当时配属于米特迈尔战斗群的第503营122号车。

虎式坦克 全景战史

※ 第508重装甲营仅在组建初期短时间使用过标准的三位数字编号系统，并且与第507营一样采用突出首位数字、下缘齐平的样式，但是在后来就改为简单的单位数字编号，在所辖各连的虎式坦克上仅绘以表示连番号的单个数字，采用白色空心数字，通常涂绘在炮塔两侧及炮塔储物箱背面。上图中这辆正在进行战地抢修的虎式坦克属于第508营第2连，注意炮塔侧面的空心数字2及车体侧面中央的十字徽。

※ 第508重装甲营的营徽是一头野牛的侧面轮廓，通常用白色绘制，位置在炮塔储物箱的背面，连队番号的左侧，正如下图所示，这辆虎式坦克属于第508营第3连，炮塔储物箱背面的车辆编号及其左侧的营徽图案十分明显。

序 章

※ 第509重装甲营的虎式坦克采用标准的三位数字编号系统，但是数字字体上独具一格，采用拉丁风格的数字，不同于其他重装甲营，这成为识别该营坦克的重要特征。上图是该营的122号车组在座车前的合影，炮塔侧面前部的编号数字十分清楚地显示出字体的独特风格。

※ 与其他重装甲营的坦克一样，第509重装甲营的虎式坦克也会在炮塔侧面加装备用履带板以加强防护，但不会将车辆编号遮住。如下图该营第3连311号车的近照，炮塔侧面的车辆编号位于备用履带板前方，注意车体侧面没有十字徽。

虎式坦克 全景战史

※ 在1944年夏季第509重装甲营重整后，放弃了拉丁风格的编号数字样式，改为常规数字样式，通常为纯黑色数字，如上图所示的这辆由铁路平板货车运载的虎式坦克，为第509营第2连第3排的234号车，注意炮塔侧面的黑色数字编号，车体侧面同样没有十字徽。从负重轮的外观特征看是一辆后期生产型，不过，第509营的部分坦克也会采用黑底白边的数字样式，比如左图这辆属于该营第1连的123号车。

※ 1944年底，第509重装甲营换装了虎王坦克，继续沿用了先前的纯黑数字编号样式，涂绘在炮塔侧面中央靠近上缘的位置。左图这辆在战场上被摧毁的该营第2连的231号车就是按照上述样式绘制编号的。

序章

※ 第510重装甲营的虎式坦克均采用标准的三位数字车辆编号，为黑底白边数字样式，但涂绘的位置较为特别，其编号绘制在炮塔后部靠近炮塔储物箱的地方，相当隐蔽，从炮塔正面和侧前方都无法观察到编号，这一特点可以从右图这幅该营一位骑士十字勋章获得者与平民和战友的合影中得到证明。注意背景中处于平板车上的虎式坦克的局部，炮塔后部的数字编号表明为该营第1连的133号车。

※ 下图 是一辆隐蔽在树林中的第510重装甲营的虎式坦克，为该营第2连的233号车，其车辆编号也绘制在炮塔后部靠近储物箱的位置，注意其数字3的样式与第501营的编号相似，采用直线折角样式；此外在车体后面右上角位置有一个模糊的白色印记，那是该营的营徽：一只直立的柏林熊，并饰以盾形外框。

虎式坦克 全景战史

※ 上图 是第301（遥控爆破）装甲营第1连第1排的113号虎式坦克，在车体周围用大量植被进行了伪装，但炮塔侧面的车辆编号仍然清晰可见。该营采用标准的三位数字编号，样式为黑底白边，涂绘在炮塔侧面前部靠上位置，从负重轮的特征判断这辆虎式为后期生产型。

※ 下图 是正在铁路运输途中的第301（遥控爆破）装甲营的虎式坦克，炮塔均指向车尾方向，车体上都覆盖了大量的植被作为伪装，但仍可以观察到近处第二辆平板货车上的坦克后部储物箱背面写有车辆编号101号，由此可以判断这些坦克可能属于该营第1连连部。这幅照片还很好地展示了处于运输状态的虎式坦克，它们均拆除了外侧负重轮，并更换了窄幅的运输履带，而它们的宽幅作战履带就放置在坦克前方的货车地板上，在抵达目的地后需要换装履带。

※ 第504重装甲营营徽——"履带上的长矛",但这个营徽并没有在北非使用。

※ 1943年3月北非突尼斯前线,第504重装甲营第1连的134号(三号J型)涂装。

※ 1943年3月北非突尼斯前线,第504重装甲营第1连的112号虎式涂装。

※ 1943年初北非突尼斯前线,第504重装甲营第1连第4排的142号虎式涂装。

虎式坦克 全景战史

※ 1943年8月意大利西西里岛前线，第504重装甲营第2连的222号虎式涂装。

※ 1944年5月意大利前线，第504重装甲营刚刚接收的最后几辆虎式之一的涂装。其中两辆如图所示，炮塔上没有任何战术编号。

※ 1944年6月意大利前线，第504重装甲营第1连的122号虎式涂装。

※ 1944年10月意大利前线，第504重装甲营第3连的314号虎式涂装。

序 章

※ 第505重装甲营的早期营徽。

029

※ 1943年冬至1944年春投入使用的第505重装甲营第二款营徽，标准式样为左一的红白黑色搭配，但也有车组自行配色的版本，绿白黑和黄白黑。

※ 1943年6月中央集团军群第505重装甲营第3连的311号虎式涂装。

※ 1943年7月库尔斯克前线，第505重装甲营第2连的233号虎式涂装。

虎式坦克 全景战史

※ 1944年2月东线中段，第505重装甲营第2连200号虎式的炮塔涂装。

※ 1944年3月奥尔沙地区，第505重装甲营第2连233号虎式的炮塔涂装。

※ 1944年2月东线中段，第505重装甲营第2连231号虎式的炮塔涂装。

※ 1944年6月波兰前线，第505重装甲营第3连的312号虎式涂装。

※ 1944年9月纳雷夫河沿岸地区，第505重装甲营第2连的213号虎王涂装。

序章

※ 第506重装甲营营徽——"持盾牌的老虎"，字母W分为不同的颜色：绿色——营部、白色——第1连、红色——第2连、黄色——第3连。

※ 1943年9月东线中段，第506重装甲营第2连的6号虎式涂装。

※ 第506重装甲营第2连虎式坦克炮塔后部储物箱背面的营徽涂装范例。

※ 1943年9月东线，第506重装甲营第1连的7号虎式涂装。

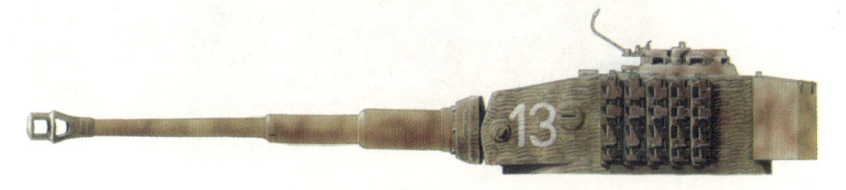

※ 1943年10月乌克兰前线，第506重装甲营第1连13号虎式的炮塔涂装。

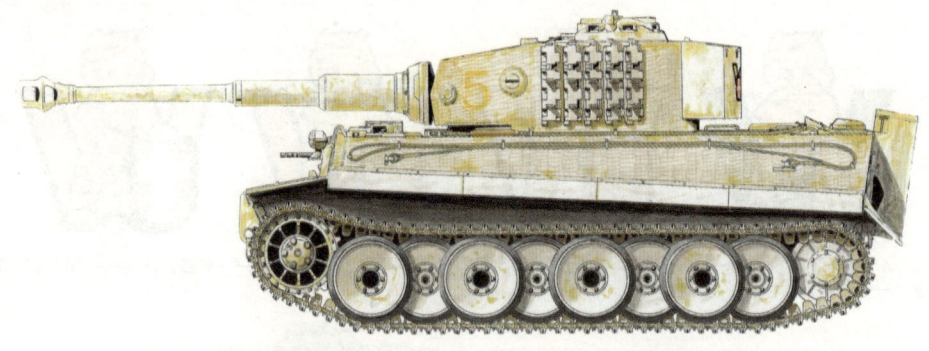

虎式坦克 全景战史

※ 1944年初东线，第506重装甲营第3连的5号虎式涂装。

※ 1944年9月荷兰阿纳姆前线，第506重装甲营一辆虎王坦克的炮塔涂装，所属连队不详。

※ 1945年3月德国西部战线，第506重装甲营第3连的314号虎王涂装。

※ 1945年3月德国西部，第506重装甲营第2连的212号虎王涂装。

序 章

※ 第507重装甲营营徽——"铸剑的铁匠"。

※ 1944年3月乌克兰前线，第507重装甲营第2连的203号虎式涂装。

※ 1944年4月，第507重装甲营第1连的111号虎式涂装。

※ 1944年6月塔尔诺波尔前线，第507重装甲营第1连的132号虎式涂装，注意车体后部左上角的营徽图案。

虎式坦克 全景战史

※ 1944年4月布罗德前线，第507重装甲营营部的A号虎式的炮塔涂装。

※ 1944年8月纳雷夫河沿岸地区，第507重装甲营第3连的322号虎式涂装。

※ 1945年1月东线，第507重装甲营第2连连长的200号虎式涂装。

※ 1945年3月德国中部，第507重装甲营一辆虎王的涂装，所属连队不详。

序 章

035

※ 第508重装甲营营徽，在坦克上应用时通常不使用盾形外框。

※ 1944年2月意大利战场，第508重装甲营第1连121号虎式涂装。

※ 1944年初意大利战场，更改了炮塔编号方式之后的第508重装甲营第1连虎式涂装。

虎式坦克 全景战史

※ 1944年4月意大利战场，第508重装甲营第2连所属的虎式坦克涂装。

※ 第508重装甲营第3连虎式坦克炮塔后部储物箱背面的连队番号及营徽图案。

※ 1944年春意大利战场，第508重装甲营第3连所属的虎式坦克涂装。

※ 1944年6月意大利战场，第508重装甲营第3连所属的虎式坦克及博格瓦尔德Ⅳ型遥控爆破车涂装。

序 章

037

※ 第509重装甲营营徽，同样是个虎头。

※ 1943年9月底10月初在法国的迈利莱康训练期间，第509重装甲营第2连221号虎式涂装。

※ 1943年11月法斯托夫前线，第509重装甲营第1连的132号虎式涂装。

虎式坦克 全景战史

※ 1943—1944年冬，第509重装甲营第2连212号虎式涂装。

※ 1944年3月锡雷特河沿岸地区，第509重装甲营第1连的101号虎式涂装。

※ 1944年4月布恰奇附近地区，第509重装甲营第3连的312号虎式涂装。

序 章

※ 1945年2月匈牙利前线，第509重装甲营第2连的231号虎王涂装。

※ 1945年3月匈牙利前线，第509重装甲营的一辆虎王坦克涂装，所属连队不详。

※ 1944年8月拉脱维亚战场，第510重装甲营第2连的233号虎式涂装，车体后部右上角带有营徽。

虎式坦克 全面战史

※ 1945年1月库尔兰桥头堡，第510重装甲营的虎式坦克炮塔涂装，所属连队不详。

※ 1944年11月鲁尔地区，第301（遥控爆破）装甲营第1连的113号虎式涂装。

※ 1944年8月法国沙托丹，第1（遥控爆破）重装甲连的11号虎王涂装。

第1章
陆军第504重装甲营

Schwere Panzer-Abteilung 504

陆军第504重装甲营于1943年1月18日在法灵博斯特尔组建，最初编有两个装甲连，每连辖四个排，每排装备2辆虎式和2辆三号坦克，所有虎式都安装有潜渡装置。第1连的人员来自第35装甲团，第2连的人员来自第1装甲团，首任营长是奥古斯特·赛登施蒂克（August Seidensticker）少校。

1942年12月25日：第4装甲团第3营的部分官兵接受了操纵虎式坦克的训练，他们后来被调往帕德博恩，成为后来第504营最早的一批成员。

1943年1月18日：第504营在法灵博斯特尔正式组建。

1943年2月8日：赛登施蒂克少校就任第504营营长。

1943年2月13日：第504营第2连被重新指定为该营第1连，但在四天后取消了这项命令。

1943年2月17日：第504营根据热带地区部署的需要进行准备。

1943年2月27日至28日：第504营的人员装备乘火车前往意大利，准备开赴北非战场。

1943年3月6日至8日：第504营抵达西西里岛的特拉帕尼，该营第2连转移至帕切科（Paceco）驻守，而第1连乘船海运突尼斯。

第504重装甲营第1连在北非的作战

1943年3月12日：第504营首批3辆虎式运抵突尼斯。

1943年3月17日：第501重装甲营的11辆虎式配属于第504营，该营奉命从突尼斯以履带行军40公里前往斯法克斯－马克纳西（Sfax-Maknassy），加强肖特防线

（Schott Position）的防御力量。在编入第501营余部后，第504营在北非的虎式坦克数量达到14辆。

1943年3月19日：第504营的12辆虎式抵达马克纳西隘口（Maknassy Pass）。

1943年3月20日：第504营的6辆虎式部署在马克纳西隘口以西的阵地上，迎击美军第9装甲师的进攻，击毁35辆坦克，首战告捷！美军部队向海岸突击的行动也被阻止。

1943年3月22日：第504营第二批4辆虎式坦克运抵比塞大，次日又运抵1辆，使第504营的虎式坦克数量增至19辆。

1943年3月24日：第504营击退了美军对马克纳西以北322高地的攻击。

1943年3月25日：第504营多次击退美军对马克纳西以北地区的攻击。

1943年3月底：第504营经凯鲁万前往西部战线，重新被部署在迈贾兹巴卜和比塞大之间空军"赫尔曼·戈林"师的防区内，在转移途中1辆虎式发生故障，不得不被炸毁，该营保有虎式坦克数量降至18辆。

1943年4月1日：第504营可以作战的虎式坦克有6辆，一个装甲排在豪特曼（Hautmann）中尉指挥下配属于第8装甲团第2营，同日又有2辆虎式抵达突尼斯，使第504营保有虎式坦克的数量增至20辆。

1943年4月3日："赫尔曼·戈林"师的一个装甲连被配属给第504营。

1943年4月5日：第504营的6辆虎式被配属于第5装甲集团军，7辆虎式则由非洲军团直辖。

1943年4月7日：第504营奉命对斯基哈（Skhira）以西15公里的优势敌军实施反击，未能取得成功，之后转向恩菲达维尔（Enfidaville），进行阻滞战斗。

1943年4月16日：第504营第1连的最后一辆虎式抵达比塞大，使该营在北非的虎式坦克数量达到21辆。

1943年4月19日：第504营参加"丁香花"行动（Operation Flieuderblüte），由维特（Witt）中尉指挥的2辆虎式协同第5伞兵团第3营对加法山（Djebel Djaffa）的攻击未能取得明显成功，击毁了数辆敌军坦克，131号虎式被一辆英军"丘吉尔"坦克击中两次，尽管未受到任何损伤，但惊慌失措的车组成员居然弃车而逃，白白丢掉了一辆虎式，第504营保有的虎式坦克数量降至20辆。

1943年4月20日：第504营的虎式坦克搭载着第5伞兵团第12连的伞兵们沿通往迈贾兹巴卜的公路向克鲁切特（Krouchet）附近的路口攻击，击退了盟军的一次反击，击毁数辆坦克，一辆虎式也被击毁，第504营保有的虎式坦克数量降至19辆。在黄昏之后，所有德军部队均撤回先前的战线。

第1章　陆军第504重装甲营

1943年4月21日：第504营与第5伞兵团和"赫尔曼·戈林"师一道坚守迈贾兹巴卜至克鲁切特公路以东6公里的107高地，英军第9装甲师对该阵地的主要攻击被击退，虎式坦克击毁了大约40辆坦克，施罗特（Schroter）中尉的712号虎式（来自原第501营第1连）被英军第48皇家坦克团的一辆"丘吉尔"击中，炮塔被卡死，随后被车组遗弃，这辆虎式后来被英军俘获，拖往马努巴（Manouba），此外，在当天战斗中第504营还有1辆虎式和3辆三号被击毁，保有虎式坦克数量降至17辆。

1943年4月25日：第504营支援第5伞兵团向4月23日失守的107高地发起反击。

1943年4月26日：第504营协助相邻的第10装甲师在迈杰尔达河以南挫败了盟军的一次进攻，6~8辆虎式击毁了20余辆坦克，同日，营长赛登施蒂克少校获颁骑士十字勋章。

1943年4月28日：第504营的9辆虎式和埃尔金斯战斗群（Kampfgruppe Irkens）一道支援第5伞兵团在迈贾兹巴卜以南卡克图斯农场（Cactus Farm）的防御战斗，击毁数辆坦克。

1943年4月29日：盟军对卡克图斯农场的进攻再次被击退，被虎式摧毁了4辆坦克，但德军也有2辆虎式被击毁。第504营保有虎式坦克数量降至15辆。

1943年4月底：第504营在卡萨蒂尔-蓬迪法赫斯（Ksartyr-Pont du Fahs）地区作战，总共击毁了41辆敌军坦克。

1943年5月1日：第504营仅剩4辆虎式可以作战。

1943年5月3日至5日：第504营在迈贾兹巴卜地区进行防御作战，所有坦克都加入埃尔金斯（Irkens）上校指挥的战斗群。

1943年5月6日：英军向德军防线发动大规模进攻，在随后几天里，第504营在突尼斯南部的盐湖地带作战，随埃尔金斯战斗群投入反击，击毁了90辆盟军坦克，豪特曼中尉的虎式在一条溪流附近因燃油耗尽，无法补给而被迫炸毁。第504营保有的虎式坦克数量降至14辆。

1943年5月7日：第504营的坦克在阿利耶机场（El Alia airfield）附近进行小规模战斗。

1943年5月10日：第504营可用的虎式坦克数量为9辆。

1943年5月12日：第504营最后2辆虎式在邦角半岛投降，其他虎式坦克大多已经被乘员破坏。第504营第1连在突尼斯战场上全军覆灭。

第504重装甲营第2连在西西里的作战

第504营第2连没有乘船前往突尼斯，从而避免了与第1连一起在北非覆灭的命运。该连驻留在西西里岛的帕切科地区，对意大利军队的坦克车组进行训练。

1943年5月10日：德军驻地中海战区的最高指挥官阿尔伯特·凯塞林（Albert Kesselring）空军元帅访问了第504营第2连。该连当时编有9辆虎式，全部可以行动，之后又交付2辆虎式，使全连保有虎式坦克的数量增至11辆。

1943年5月20日：当日第2连可用兵力为10辆虎式和6辆三号，此外还获得了数辆四号坦克。该连在卡尔塔尼塞塔（Caltanisetta）进行了重编，随后配属于第15装甲掷弹兵师。

1943年5月26日：第504营第2连配属于第215装甲营，部署在皮耶特拉佩尔齐亚（Pietraperzia）地区。

1943年6月：第504营又获得了6辆新虎式，使虎式的保有数量增至17辆，同时将四号坦克移交第215装甲营。

1943年6月10日：第2连可用兵力为17辆虎式。

1943年6月20日：第2连的所有17辆虎式都做好了战斗准备。

1943年6与30日：第2连有15辆虎式可以行动。

1943年7月10日：盟军开始在西西里登陆，第504营第2连的海姆（Heim）少尉指挥数辆虎式向靠近海岸的登陆舰艇开火，但被盟军舰炮炮火击退。第2连在卡尔塔吉龙（Caltagirone）地区集结。

1943年7月11日：当日夜间，第2连在皮亚扎阿尔梅里纳（Piazza Armenia）附近得到警报，连夜经卡尔塔吉龙向南进军至杰拉（Gela）以东海岸，因盟军飞机的地面炸射损失数辆坦克。随后，以虎式坦克为先导，"赫尔曼·戈林"装甲师向杰拉的盟军滩头阵地展开反击，连长胡梅尔（Hummel）中尉的座车及其他两辆虎式被美军第67装甲团击毁，还有2辆虎式被打断了履带，未能回收，最后也损失了。当日，第2连共损失5辆虎式，保有数量下降至12辆。

1943年7月12日：第2连由海姆少尉指挥的一个排向维托里亚（Vittoria）方向反击，负责防守该地区的意大利"那波利"师早已不知所踪。次日清晨，6辆虎式坦克奉命配合"赫尔曼·戈林"装甲团沿海岸攻击尼谢米（Niscemi）的交叉路口，在战斗中连长座车再次被击伤，无法修复而被炸毁，进攻取得了一定进展，但"赫尔曼·戈林"团的进攻被阻止了，虎式坦克群在击毁16辆坦克后陷入包围，3辆虎式被击毁，剩下2辆虎式冒着炮火突围，遭到盟军的集火射击，每辆坦克都被命中100次以上，最后终于突出重围，但也因燃料耗尽而自行炸毁，车组成员徒步返回部队。当天参加进攻的6辆虎式全部损失，第2连保有的虎式坦克数量锐减至6辆。

1943年7月14日：配属于施马尔茨战斗群（Kampfgruppe Schmalz）的1辆虎式在伦蒂尼（Lentini）附近的庞特德伊马拉蒂（Ponte Dei Malati）击退了一支英军突击队的攻击。第2连将所有能战斗人员集中起来编成一个步兵排，由施托伊贝尔（Steuber）少尉指挥，在尼科洛西-特雷卡斯塔尼（Nicolosi-Trecastagni）地区进行阻滞作战。在夜间行军中，泰恩（Thein）上士的虎式不慎滑入山涧，无法回收，只能炸毁。第2连的虎式坦克数量降至5辆。

在帕特诺公墓（Paterno Cemetery）进行的防御战中，海姆少尉指挥2辆虎式防守左翼，戈尔德施密特（Goldschmidt）少尉指挥2辆虎式防守右翼，后来向贝尔帕索（Belpaso）撤退。克鲁泽（Kruse）上士的坦克受损后被迫炸毁，第2连仅剩4辆虎式。在从贝尔帕索突破过程中，海姆少尉受伤，由戈尔德施密特少尉负责指挥。

1943年7月20日：第504营第2连还有2辆虎式可以作战，配属于"赫尔曼·戈林"师。

1943年7月25日：第2连可用兵力为3辆虎式。

1943年8月：第2连在埃特纳（Atna）火山附近地区进行防御战。

1943年8月16日：第2连最后4辆虎式在阿里马里纳（Ali Marina）附近进行防御战，其中2辆履带受损，又发生引擎故障，最后被迫炸毁，还有1辆在试图回收时丢失了履带，最后也被遗弃，第2连仅剩1辆虎式可用。

1943年8月17日：第2连的最后一辆虎式（施托伊贝尔少尉指挥的222号车）和该连的轮式车辆及人员一道乘渡轮撤离西西里岛，渡过墨西拿海峡（Strait of Messina），抵达意大利本土，但是在卡拉布里亚（Calabria）地区蜿蜒曲折的山间道路行进时222号车的悬挂系统发生严重故障，最后也被炸毁了，至此第2连失去了所有的虎式坦克。

第504营第3连于1943年4月3日在帕德博恩组建，装备14辆虎式，但于1943年7月2日调入"大德意志"装甲团，成为该团的第11连，因此随着第504营第1、2连相继在突尼斯和西西里损失殆尽，该营近乎全灭。

第504重装甲营的重建与意大利的作战

1943年底：以旧的第504营剩余人员为基干，加上由第18装甲营调入的人员，在荷兰的韦泽普训练场（Wezep Training Area）重建了第504重装甲营，由屈恩（Kühn）上尉担任营长，编成三个连，其中第3连的前身是第314（遥控爆破）装甲连，装备了博格瓦尔德IV型遥控爆破车。

1944年初：重建的第504营在2月28日及4月19日至21日接收了45辆虎式坦克，达到满编状态。

1944年4月1日：第504营有39辆虎式可以行动，配属于第10装甲旅。

1944年4月30日：第504营经那慕尔（Namur）、圣迪济耶（St.Dizier）、肖蒙（Chaumont）、图尔（Tours）、索米尔（Saumur）转运至法国。

1944年5月1日：第504营有44辆虎式可用，配属于党卫军第16"帝国领袖"装甲掷弹兵师。

1944年5月4日至5日：第504营抵达普瓦捷（Poitiers）以西的帕尔特奈（Parthenay），与党卫军第16装甲掷弹兵师展开演习。

1944年5月31日：第504营有43辆虎式可用。

1944年6月2日：第504营进入戒备状态。

1944年6月4日：第504营主力（欠第3连）启程离开法国，重返意大利战场，途经布尔日（Bourges）、南锡（Nancy）、卡尔斯鲁厄（Karlsruhe）、慕尼黑（Munich）、因斯布鲁克（Innsbruck）、维罗纳（Verona），最后抵达帕尔马（Parma）。

1944年6月8日：第504营向意大利南部开进，途经布伦纳隘口（Brenner Pass）、阿迪杰河谷（Etsch Valley）、亚平宁山（Apennine）和西萨隘口（Cisa Pass）。

1944年6月9日：第504营各部在蓬特雷莫利（Pontremoli）、萨尔扎纳（Sarzana）和马萨（Massa）卸车，然后连夜行军前往皮奥恩比诺（Piombino）以北的圣温琴佐（San Vincenzo），在途中坦克出现了很多技术故障，1辆黑豹坦克回收车被盟军战斗机的低空炸射摧毁。

1944年6月10日：第504营第3连仍在运输途中，抵达拉罗舍-第戎（La Roche-Dijon）。

1944年6月11日：第504营第1连从皮耶特拉桑塔（Pietrasanta）的集结地向格罗塞托（Grosetto）转移。第3连抵达斯图加特（Stuttgart）。

第1章 陆军第504重装甲营

1944年6月12日：第504营第3连通过维罗纳。

1944年6月13日：第504营第3连抵达热那亚（Genua）。

1944年6月14日：第504营第3连在拉斯佩齐亚（La Specia）卸车，公路行军至瓦尔迪卡斯特罗（Val di Castello）。

1944年6月16日：第504营第3连到达距比萨（Pisa）12公里处。

1944年6月17日：第504营第3连经里窝那（Livorno）夜间行军至克罗格诺洛（Colognole）。

1944年6月18日：第504营第2连经夜间行军通过比萨进至里窝那地区，第3连抵达罗西奇纳诺（Rosignano）。

1944年6月19日：第504营第3连转移至圣温琴佐。

1944年6月20日：第504营进行了重建后的首次实战部署，由庞特（Pont）中尉指挥的第1连进入第162步兵师的防区，随后发起的进攻因盟军的重炮轰击而停止。同日，第3连经蓬比诺（Pombino）抵达福洛尼卡（Follonica）。

1944年6月21日：第504营第2连部署在格罗塞托（Grosseto）西北的加沃拉诺（Bavorrano）。

1944年6月22日：第504营第1连的一个排在奥斯卡·勒里希候补军官（Oskar Röhrig）的指挥下击退了盟军对马里蒂马（Maritima）东南方佩罗拉（Perolla）的一次坦克进攻，击毁11辆谢尔曼，还有12辆坦克被惊恐的车组成员抛弃，勒里希候补军官因为这次战斗的出色表现而获颁骑士十字勋章。在向新防线撤退的5公里行程中，第2连连长的200号车和乌勒曼（Uhlemann）中士的211号车先后被击毁。第504营保有的虎式坦克数量降至43辆。在亚平宁半岛崎岖的山地行军时，第504营的虎式频繁出现故障，经常需要拖曳和维修，据统计该营所有牵引车的拖曳行程都超过1800公里！

1944年6月25日：在马萨北部的战斗中，2辆受损的虎式未能回收，被迫炸毁，还有1辆虎式在通过大桥时不慎坠落桥底，只能用反坦克炮将其摧毁，第504营保有的虎式坦克数量降至40辆。

1944年6月26日：第504营的3辆虎式被拖曳到波马兰切（Pomarance）。

1944年6月30日：第504营最后一批坦克从萨利纳（Salina）部署至蓬泰代拉（Pontedera）地区。在由蒙泰罗通多（Monterotondo）、拉尔代雷洛（Larderello）至波马兰切撤退期间，该营损失了22辆虎式，其中大部分是自毁，其保有的虎式坦克数量剧减至18辆。

1944年7月1日：第504营有9辆虎式可用，配属于第14装甲军，凯特尔（Keitel）

少尉指挥的1辆虎式在切奇纳（Cecina）被击毁，该营保有虎式坦克数量降至17辆。

1944年7月2日：第504营第3连部署于切奇纳附近丘陵的一处掩护阵地中。

1944年7月5日：第504营第3连的坦克以间接射击的方式摧毁了一处敌军集结地。

1944年7月：从意大利南部的连续撤退在切奇纳河谷结束，德军各部就地转入防御，第504营第1、2连配属于第24装甲掷弹兵师，第3连作为党卫军第16装甲掷弹兵师的预备队部署在海岸地区。

1944年7月8日：德军向楚克许特（Zuckerhut）发动进攻。

1944年7月10日：黑克尔（Hecker）少尉指挥第504营第3连的一个战斗群与党卫军第16装甲掷弹兵师的突击炮营一起部署在科莱萨尔韦蒂（Collesalvetti）以南波德勒马多尼亚（Podere Madonnia）的阵地上。

1944年7月12日：约布斯特（Jobst）下士的311号虎式和格罗斯中士的331号虎式（Gross）在波德勒马多尼亚附近击毁了4辆谢尔曼。

1944年7月17日：第504营第3连支援党卫军第16装甲掷弹兵师夺回了里窝那以东17公里的福利亚（Fauglia）。

1944年7月18日：第504营第3连的虎式继续掩护科莱萨尔韦蒂附近的防线。

1944年7月20日：第504营第3连部署在比萨北郊的阵地上，该营将15辆可以作战的虎式进行了重新编组。

1944年7月21日至22日：第504营将12辆虎式集中配置于第2连，转移至伊索拉德拉斯卡拉（Isola Della Scala），而第1连失去了所有坦克，作为步兵部署在从卡斯特诺沃（Castelnuovo）到迪加尔法尼亚诺（Di Garfagnano）之间的公路沿线，在梅森（Maessen）中尉指挥下对付当地游击队的骚扰。1辆损坏的虎式坦克在塞拉韦扎（Seravezza）附近被埋入土中，作为固定碉堡使用。第504营保有的虎式坦克降至16辆。

1944年7月26日：12辆新虎式交付第504营，使该营虎式坦克的数量增至28辆。

1944年7月28日：第504营在夜间通过曼托瓦（Matova）。

1944年7月29日：第504营在夜间渡过波河（Po River），向帕尔马前进。

1944年7月31日：第504营抵达卡普拉拉（Caprara）附近的卡慕培吉尼（Campegine）进行休整。在7月的战斗中，第504营击毁了9辆坦克和1门反坦克炮。

1944年8月1日：第504营有23辆虎式可以使用，配属于第75军。

1944年8月11日：第504营第2连转移至沃盖拉（Voghera）。

1944年8月12日：第504营主力（欠第2连）奉命经西萨隘口转移至帕尔马，然后

第1章　陆军第504重装甲营

沿艾米利亚大道（Via Emilia）进入沃盖拉地区，第3连转移至皮耶特拉桑塔。

1944年8月13日：第504营第2连抵达托尔托纳（Tortona）附近的里瓦尔塔（Rivalta），第3连连夜开进，经过萨尔扎纳（Savzana）、拉斯佩齐亚，最后抵达马格拉山谷（Magra Valley）。第2连重新归建，第504营被配属于"利古里亚"集团军。

1944年8月14日：第504营第3连前进至蓬特雷莫利。

1944年8月16日：第504营第3连抵达亚平宁山口，继续前进至帕尔马以西的圣潘克拉齐奥（San Pancrazio）。

1944年8月17日：第504营第2连乘火车转移至热那亚附近地区，但很快就调回托尔托纳地区。

1944年8月20日：第504营第2连在沃尔佩多（Volpedo）下车，其他部队重新部署至沃盖拉。

1944年8月23日：第504营第3连在帕尔马登上火车，向西转移。

1944年8月24日：第504营第3连经菲登扎（Fidenza）和皮亚琴察（Piascenza）转移至沃盖拉，下车后行军至托拉扎科斯泰（Torrazza Coste）。

1944年8月31日：第504营奉命乘火车转移至菲登扎。

1944年9月1日：第504营有27辆虎式可以使用。

1944年9月2日：第504营在菲登扎下车，前往卡斯蒂奥内（Castione）休整。

1944年9月3日：第504营第3连在沃盖拉再次登上火车转移，配属于第10集团军。

1944年9月4日：第504营第3连抵达菲登扎。

1944年9月5日：第504营第3连转运至雷焦。

1944年9月6日：第504营第3连经博洛尼亚（Bologna）、弗利（Forli）向福林波波利（Forlimpoli）转移。

1944年9月7日：第504营第2连在菲登扎登上火车，第3连在福林波波利下车，并行军至拉卡瑟马（La Caserma）。

1944年9月8日：第504营营长屈恩上尉因为坚持自己对虎式战术部署的意见而被撤职，由营部连连长拉贝（Rabe）上尉代理指挥。

1944年9月11日：第504营第3连通过萨维奥河（Savio River）前往切塞纳（Cesena）的前沿阵地。

1944年9月12日：第504营的2辆虎式与第26装甲师第26装甲侦察营一道部署在里帕比安卡（Rip Abianca）附近的掩护阵地上，负责守卫韦基亚诺（Vecciano）的大桥。第3连涉过马雷基亚河（Marecchia River）占据防御阵地，黑克尔少尉指挥的

3辆虎式占据了塞利亚罗萨（Cella Rosa）与卡斯特罗迪蒙特陶罗（Castello di Monte Tauro）之间的丘陵阵地。

1944年9月13日：黑克尔战斗群卷入小规模战斗。

1944年9月14日：第504营第3连的一支战斗群击毁了数辆坦克，在黄昏后返回奥斯泰达莱托（Ostedaletto）途中，311号车在皮亚纳亚皮耶韦（Piana a Pieve）附近不慎滑下陡坡，困在谷底，而紧跟其后的另一辆虎式并未注意到前方的状况，也步其后尘，结果2辆虎式均无法挽救，只能就地摧毁。第504营保有的虎式坦克数量降至26辆。第2连通过履带行军40~50公里进入里米尼（Rimini）附近的战区，没有坦克的第1连则奉命返回德国，前往维也纳的坦克修理厂，熟悉虎王坦克的结构和操作，为换装做准备。

1944年9月15日：第504营第3连占领了奥斯泰达莱托以南的一处防御阵地，该连当时装备了15辆虎式，包括连部的300、301和302号车，在防御战中击毁了数辆坦克，在随后的撤退中，有2辆虎式在奥斯泰达莱托郊外的一处河流浅滩附近从堤道上跌落，被迫炸毁。第504营保有的虎式坦克数量降至24辆。当日，第504营的2辆虎式还奉命支援第23步兵师第93工兵营的行动。

1944年9月16日：第3连连长弗里特（Wriedt）中尉的虎式坦克在规避敌军炮火时坠入污水坑，翻覆在坑中，最后被放弃，第504营保有的虎式坦克数量降至23辆。第3连与新到达的第2连部署在里米尼以南的蒙特拉贝特（Monte l'Abate），在随后几天里击毁了数辆敌军坦克。

1944年9月18日：第504营击退了盟军的一次进攻，击毁7辆坦克。在夜间快速撤退时，在昼间战斗中受损的第2连连长座车和第3连的一辆虎式被迫炸毁，另有一辆虎式在里米尼郊区压垮了一座大桥，坠河损毁。第504营保有的虎式坦克数量降至20辆。

1944年9月22日：第504营占据了圣福图纳多（San Fortunato）和克罗塞非索（Crocefisso）之间的阵地，由于坦克炮俯角有限，因此无法射击从河谷底部接近的敌军坦克。代理指挥的拉贝上尉因为率领部队抵达战区过晚而被逮捕，并处以为期六周的禁闭。

1944年9月23日：盟军突入圣洛伦佐（San Lorenzo）附近地区，迫使德军向里米尼撤退，新防线设在里米尼以西马雷基亚河南岸。同日，尼尔（Nill）少校被任命为第504营营长。

1944年9月24日：第504营第2连在战斗中击毁了5辆敌军坦克。

1944年9月25日：第504营占领了锡马（Cima）浅滩附近的一处掩护阵地。

第 1 章　陆军第 504 重装甲营

1944年9月26日：第504营在圣安吉洛（San Angelo）附近的萨鲁特（Salute）建立了"卢比孔河"阵地（Rubicon Position）。

1944年10月1日：第504营可用兵力为15辆虎式，配属于第76装甲军。

1944年10月3日：新任营长尼尔少校仿效其前任屈恩上尉，撰写了一份关于在意大利战场防御及撤退行动中如何部署装甲部队的报告。

1944年10月5日：第504营第2连作为预备队转移至福林波波利东北部的皮耶韦金塔（Pieve Quinta）。

1944年10月9日：第504营第3连部署到福林波波利东北部的拉卡瑟马。

1944年10月17日：第504营第3连的一支战斗群转移至切塞纳。

1944年10月18日：第114猎兵师在未与敌军接触的情况下撤退到切塞纳附近的萨维奥河沿岸。第504营第3连的2辆虎式击退了盟军的一支先头部队，但其中一辆被反坦克炮击毁，该营保有的虎式坦克数量降至19辆。

1944年10月19日：第504营部署在福林波波利东北部特伦托拉（Trentola）附近的阵地上。

1944年10月21日：第504营撤退到马里亚山庄（Villa Maria）附近的迪格罗阵地（Diegaro Position）。

1944年10月22日：赫克尔（Hoecker）上士指挥的313号虎式在切塞纳附近被一门反坦克炮击伤，但它依靠自身力量艰难地返回了阵地。

1944年10月23日：第504营在蒙泰基奥（Montecchio）附近集结。

1944年10月25日：第504营的新阵地设在帕斯尼（Pasini）附近的龙科河（Ronco River）沿岸，该营可以作战的6辆虎式被配属于第278步兵师，3辆虎式支援第992掷弹兵团第1营反击盟军在塞尔巴诺内（Selbagnone）西南方向的一次突破。

1944年10月26日：在一番激战后，3辆虎式中仅剩沃尔夫（Wolf）候补军官的坦克还能作战，继续支援第992掷弹兵团第1营的反击。

1944年10月27日：在沃尔夫指挥的虎式的支援下，第278步兵师的反击取得了部分成功。

1944年10月29日：第504营第3连重新部署到弗利南郊的阵地上。

1944年10月31日：第504营第3连在弗利机场附近占领阵地。

1944年11月1日：第504营的所有虎式坦克都可以作战。

1944年11月3日：第504营第3连瓦格纳（Wagner）中士指挥的虎式在布赛基沃（Busecchio）附近击退了盟军一次营级规模的进攻。

1944年11月6日：第504营第3连继续在弗利机场附近戒备，孔茨（Kunz）上士的

333号虎式部署在卡尔佩纳（Carpena）的一座教堂附近。

1944年11月8日：第504营第3连在卡尔佩纳周围挫败了盟军对布赛基沃的进攻，但龙科河沿岸阵地的意外失守迫使该营撤离弗利。

1944年11月9日：第504营重新部署在蒙托内（Montone）阵地上。

1944年11月10日：第504营第2连在法恩扎（Faenza）附近的格拉齐亚尼庄园（Villa Graziani）遭到猛烈空袭，但并无人员伤亡。

1944年11月12日：当日傍晚，第504营占据科尔莱托（Corleto）和拉诺那（La Nonna）附近的阵地，协同第992掷弹兵团第14连（反坦克炮连）击毁了数辆盟军坦克。

1944年11月21日：第504营击退了盟军沿艾米利亚大道对第26装甲师发动的猛烈攻击。

1944年11月24日：第504营撤至阿尔贝勒托（Albereto）和卡萨德拉罗萨（Casa Della Rosa），第3连部署在伊莫拉（Imola）南部边缘的掩护阵地上。

1944年11月25日：第504营第3连重新部署在卢戈（Lugo）附近桑泰尔诺河（Santerno River）畔的巴尼亚尼-迪罗马涅（Bagnara di Romania）。

1944年11月30日：第504营撤退至法恩扎以北的梅泽诺-皮耶韦迪塞萨罗（Mezzeno–Pieve di Cesaro）地区，第2连部署在鲁西（Russi）附近的奥格斯堡阵地（Augsburg Position）上，第3连官兵将位于拉莫内（Lamone）的阵地移交自国内重返前线的第1连，随后也奉命前往维也纳，接受换装虎王的训练。

1944年12月1日：第504营的所有虎式坦克都能作战。

1944年12月5日：第504营在博洛涅塞堡（Castel Bolognese）附近建立防御阵地。

1944年12月16日：第504营转移至巴尼亚卡瓦洛（Bagnacavallo）附近的卡萨佩兹（Casa Pezzi）。

1944年12月17日：海姆上尉指挥第504营第2连的3辆虎式发动反击，消除了防线上的一处危机，然而，防守该处阵地的步兵团指挥官反而指责海姆上尉为了救援受伤士兵而擅自停火，致使敌军乘机突入阵地！

1944年12月18日：第504营的4辆虎式与第98步兵师第290掷弹兵发起反击遭到挫败，2辆虎式被击毁，第504营保有坦克数量降至17辆，当日德军撤离拉莫内。

1944年12月19日：第504营撤到塞尼奥河桥头堡（Senio Bridgehead），该营第1连连长在战斗中阵亡。

1944年12月20日：第504营部署在博洛涅塞堡东南方卢戈-科蒂尼奥拉（Lugo-Cotignola）附近的集结地，但是为了躲避盟军持续不断的炮击，必须经常转移阵地位

第1章 陆军第504重装甲营

置。该营的2辆虎式奉命在拉古纳（Laguna）地区圣伯多禄（San Pietro）据点附近执行反游击任务。

1944年12月22日：第504营将阵地设在卢戈东郊。

1944年12月28日：第504营第2连部署在布德里奥（Budrio）附近帕尔卡拉维塔（Pal. Caravita）的集结点。

1945年1月1日：第504营有16辆虎式可用。

1945年1月9日：第504营再次部署在帕尔卡拉维塔。

1945年1月11日：第504营第2连部署在科蒂尼奥拉附近的蒙塔纳里（Montanari）。

1945年1月底：回国整训的第504营第3连返回前线，但没有带回任何坦克，该连遥控坦克分队中训练有素的士兵也大多被调往爱森纳赫（Eisenach）。

1945年2月2日：第504营第2连转移至卢戈东郊阵地。

1945年2月11日：第504营第2连将阵地转移至蒙塔纳里。

1945年2月12日：第508重装甲营将剩余的15辆虎式移交部署在菲利波（Filippo）的第504营，使后者保有的虎式坦克数量增至32辆。

1945年2月20日：第504营作为预备队部署在圣佩特罗堡（Castel San Pietro）西北的梅迪西纳（Medicina）地区。

1945年3月1日：第504营可用兵力为26辆虎式。

1945年3月8日：第504营再次被部署到卢戈，为了躲避盟军的猛烈空袭，全营分散驻留在当地的农舍间，第3连的数辆坦克部署在科蒂尼奥拉附近。

1945年3月9日：第504营沿公路前进至马萨伦巴达（Massa Lombarda）。

1945年3月15日：第504营有32辆虎式可用。

1945年3月24日：第504营的防御阵地设在桑特诺河（Santerno River）东岸的圣马尔蒂诺庄园（Villa San Martino）和莫尔达诺（Mordano）。

1945年4月5日：第504营的32辆虎式全部做好战斗准备。

1945年4月9日：在猛烈的空袭后，盟军强渡塞尼奥河（Senio River）。

1945年4月10日：卢戈失守，负责掩护的虎式也被得到人造烟幕掩护的敌军坦克歼击车击伤。第504营第1连占据了一处有利阵地，利用掩体隐蔽车身，只露出炮塔，从而击退了盟军在卢戈和圣桑特诺（San Santerno）之间发动的几次进攻，但是由于炮火过于猛烈，德军只能撤退。在阿格塔（Agata）附近横跨桑特诺河的桥梁被毁后，第1连奉命通过一座处于盟军炮火封锁下的小桥撤退，在黄昏时分，一辆虎式被炮弹爆炸的烟雾阻挡了视线，不慎从堤道坠落而损毁，第504营保有虎式的数量降至31辆。第1连稳住了富西尼亚诺（Fusignano）以北的防御形势。第504营当日有22

辆虎式可以作战。

1945年4月11日：第504营在劳拉（Laura）阵地进行了更多的战斗，包括向桑特诺以东发起反击。

1945年4月12日：由于步兵阵地被盟军飞机投掷的凝固汽油弹彻底摧毁，第504营第2连被迫撤退，在后撤1公里后，连长乘坐的200号虎式发生故障，被迫炸毁。由凯泽（Kaiser）下士指挥的211号虎式在受到白磷手榴弹的攻击后也失去了行动能力，部分投降的车组成员被来自新西兰第2师的士兵射杀，受伤人员也在几个小时后才得到救治。第504营在当日战斗中损失了4辆虎式，保有坦克数量降至27辆。

1945年4月13日：由勒里希少尉指挥的2辆虎式击退了一次敌军进攻，击毁1辆坦克。

1945年4月14日：2辆虎式再次击毁了1辆谢尔曼，因为缺少人员押运俘虏，只能将20名战俘就地释放。

1945年4月15日：勒里希的坦克被一枚炮弹击中，导致油箱泄漏，被迫前往后方维修厂修理，但次日仍被炸毁。在随后混乱的撤退中，第504营的虎式坦克接二连三地发生状况，陆续被炸毁的竟有14辆之多，远远超过战斗损失，回收分队的2辆黑豹坦克回收车也全部损失了，一辆跌进巨大的弹坑中，另一辆在夜间行军中与一辆虎式发生碰撞而损毁，当撤退到安全地带后经过清点，全营虎式坦克数量锐减至12辆！

第504营第1连剩余的坦克在冯·韦德尔斯特德（von Wedelstedt）中尉指挥下奉命向费罗（Filo）转移，配属于第42猎兵师，当穿过巴斯蒂亚（Bastia）附近的一座铁路桥后，一辆虎式因转向装置发生故障而被炸毁。在费罗阵地上，仅有2辆可以行动的虎式与1辆象式坦克歼击车部署在一道山岭附近的防御阵地上，击退了盟军的一次攻击，但在夜间撤退时连长的100号虎式坠入弹坑而被迫炸毁，第3连的1辆虎式则被德军步兵误击损毁。在通往马萨洛姆巴达的公路上，另一辆出现故障的虎式被自行炸毁。从4月15日至20日的战斗中，第504营损失了19辆坦克，全营仅剩8辆虎式。

1945年4月21日：在邦德诺（Bondeno）的战地修理厂也受到敌军的攻击，几辆正在修理的虎式被部署到附近的阵地上，击毁了4辆靠近的坦克。在菲纳莱埃米利亚（Finale Emilia）附近，戈尔德施密特少尉率领最后8辆虎式加入一支战斗群，救援一支在反击行动中深陷敌后12公里的伞兵部队。之后，这些坦克向波河撤退，在阿戈尔托（Agorto），一辆虎式在燃料耗尽后被丢弃。由于缺乏架桥设备，所有虎式坦克都被车组成员在波河岸边自行摧毁了。第504营约一半的官兵撤到圣佩特罗（San

第1章 陆军第504重装甲营

Pietro）的集结点，在那里得到2辆刚修复的虎式，而没有坦克的车组成员改为步兵，充当后卫部队。

1945年4月28日：根据侦察报告，维琴察（Vicenza）已被美军占领，第504营只能继续撤退，在前往巴萨诺（Bassano）途中，又有一辆虎式变速箱发生故障而被迫炸毁，最后一辆虎式在到达科尔努达（Cornuda）附近时一侧履带陷入垮塌的地下排水管道内，在一次失败的救援行动后也被迫炸毁了，至此第504营的虎式坦克全部损毁，该营的残余人员只能排成两列纵队沿山谷向北撤退，少数人员被游击队俘虏。

1945年5月2日：第504营残部收到意大利北部德军部队投降的消息。

1945年5月3日：第504营残部在阿戈尔多（Agordo）集结，向美军投降，然后被关押在贝卢诺（Belluno）的战俘营内，不久被移交英军处理，第504重装甲营的历史就此结束。

战果统计

第504重装甲营是唯一在北非和意大利战场都有过作战经历的重装甲营，该营在北非战场上击毁了150余辆坦克，在后来的意大利战场上又击毁了约100辆坦克，总计击毁约250辆，自身损失109辆坦克，但其中战斗损失仅有29辆，大部分都是自行摧毁的。

第504重装甲营历任营长

奥古斯特·赛登施蒂克（August Seidensticker少校，1943年2月8日至1943年5月12日，被俘）

弗里德里希-威廉·屈恩（Friedrich-Wilhelm Kühn上尉，1943年11月至1944年9月8日，撤职）

汉斯·尼尔（Hans Nill少校，1944年9月23日至1945年5月3日，解散）

第504重装甲营骑士十字勋章获得者

奥古斯特·赛登施蒂克（August Seidensticker）少校 骑士十字勋章 1943年4月26日

奥斯卡·勒里希（Oskar Röhrig）候补军官 骑士十字勋章 1944年7月4日

虎式坦克 全景战史

※ 奥古斯特·赛登施蒂克（1904—1975）生于杜塞尔多夫，1924年参军进入第15骑兵团，1935年5月以中尉军衔进入第3装甲团，波兰战役中获得两级铁十字勋章，西欧战役后进入普特洛斯装甲炮术学校学习，1941年7月1日至1942年12月27日担任第5装甲师第31装甲团第2营营长，1943年2月从西西里飞赴突尼斯出任第504重装甲营营长，并在此任上获得骑士十字勋章，北非德军投降之后身受重伤的他也成为了美军俘虏。战后他一度成为一名商人，后在1956年10月重新加入联邦德国国防军，1963年以上校军衔退休。1975年12月13日在慕尼黑去世。

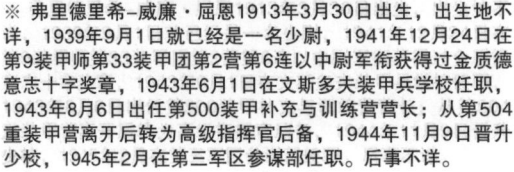

※ 弗里德里希-威廉·屈恩1913年3月30日出生，出生地不详，1939年9月1日就已经是一名少尉，1941年12月24日在第9装甲师第33装甲团第2营第6连以中尉军衔获得过金质德意志十字奖章，1943年6月1日在文斯多夫装甲兵学校任职，1943年8月6日出任第500装甲补充与训练营营长；从第504重装甲营离开后转为高级指挥官后备，1944年11月9日晋升少校，1945年2月在第三军区参谋部任职。后事不详。

※ 奥斯卡·勒里希（1911—1985）生于西里西亚，1943年9月20日曾在第18装甲师第18装甲营以军士长军衔获得过金质德意志十字奖章，获得骑士十字勋章时是第504重装甲营第1连的一名排长，战时的最终军衔是少尉。战后经历不详，1985年8月4日在下萨克森州的德兰斯费尔德（Dransfeld）去世。

第1章 陆军第504重装甲营

陆军第504重装甲营虎式/虎王坦克接收及保有数量统计表

接收日期	虎式坦克	虎王坦克	保有数量	备注
1943.2	20	—	20	另有16辆三号L型
1943.3	11	—	?	第501重装甲营余部并入
1943.5.20	2	—	11	配属第2连,另有9辆三号L型
1943.6	6	—	17	配属第2连
1943.7.2	+/−14	—	0	第504营第3连转隶于"大德意志"师
1944.2.29	5	—	5	
1944.3.1	6	—	11	
1944.3.14	6	—	17	
1944.3.17	18	—	35	
1944.3.19	6	—	41	
1944.3.21	4	—	45	
1944.7.21	6	—	25	配属第2连
1944.7.22	6	—	31	配属第2连
1945.2.12	15	—	36	由第508重装甲营移交
总计	109	0		

※ 原书统计如此,估计有误。责编注。

陆军第504重装甲营虎式/虎王坦克损失情况统计表

损失日期	损失数量	保有数量	备注
1943.3.31	1	21	被己方乘员摧毁
1943.4.19	1	20	被缴获
1943.4.20	1	19	被击毁
1943.4.21	2	17	1辆被缴获
1943.4.29	2	15	被击毁
1943.5.6	1	14	被己方乘员摧毁
1943.5	14	0	大多被己方乘员摧毁
1943.7.11	5	12	3辆被击毁
1943.7.12	6	6	3辆被己方乘员摧毁
1943.7	2	4	被己方乘员摧毁
1943.8.16	3	1	被己方乘员摧毁
1943.8	1	0	被己方乘员摧毁
1944.6.22	2	43	被击毁
1944.6.25	3	40	被己方乘员摧毁
1944.6.30	22	18	被己方乘员摧毁
1944.7.1	1	17	被击毁
1944.7.22	1	16	用作固定碉堡
1944.9.14	2	26	被己方乘员摧毁
1944.9.15	2	24	被己方乘员摧毁
1944.9.16	1	23	无法回收而被遗弃
1944.9.18	3	20	被己方乘员摧毁
1944.10.18	1	19	被反坦克炮击毁
1944.12.18	2	17	被击毁
1945.4.10	1	31	被己方乘员摧毁
1945.4.12	2	27	1辆被己方乘员摧毁
1945.4.15	1	26	被己方乘员摧毁
1945.4	24	2	被己方乘员摧毁
1945.5	2	0	被己方乘员摧毁
总计	109		战损27%,自毁73%

※ 原书统计如此,估计有误。责编注。

陆军第504重装甲营编制序列（1943年2月）

01	02	01	02	03	04

1.
100	101	102		05
111	112	113	114	
121	122	123	124	
131	132	133	134	
141	142	143	144	

2.
200	201	202	
211	212	213	214
221	222	223	224
231	232	233	234
241	242	243	244

第1章　陆军第504重装甲营

陆军第504重装甲营编制序列（1944年4月）

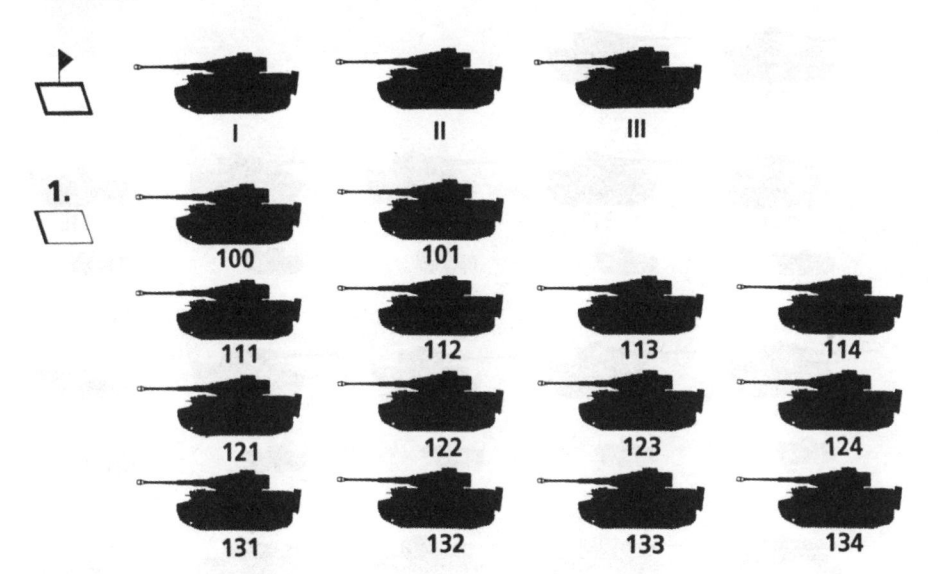

I	II	III	
100	101		
111	112	113	114
121	122	123	124
131	132	133	134
200	201		
211	212	213	214
221	222	223	224
231	232	233	234

059

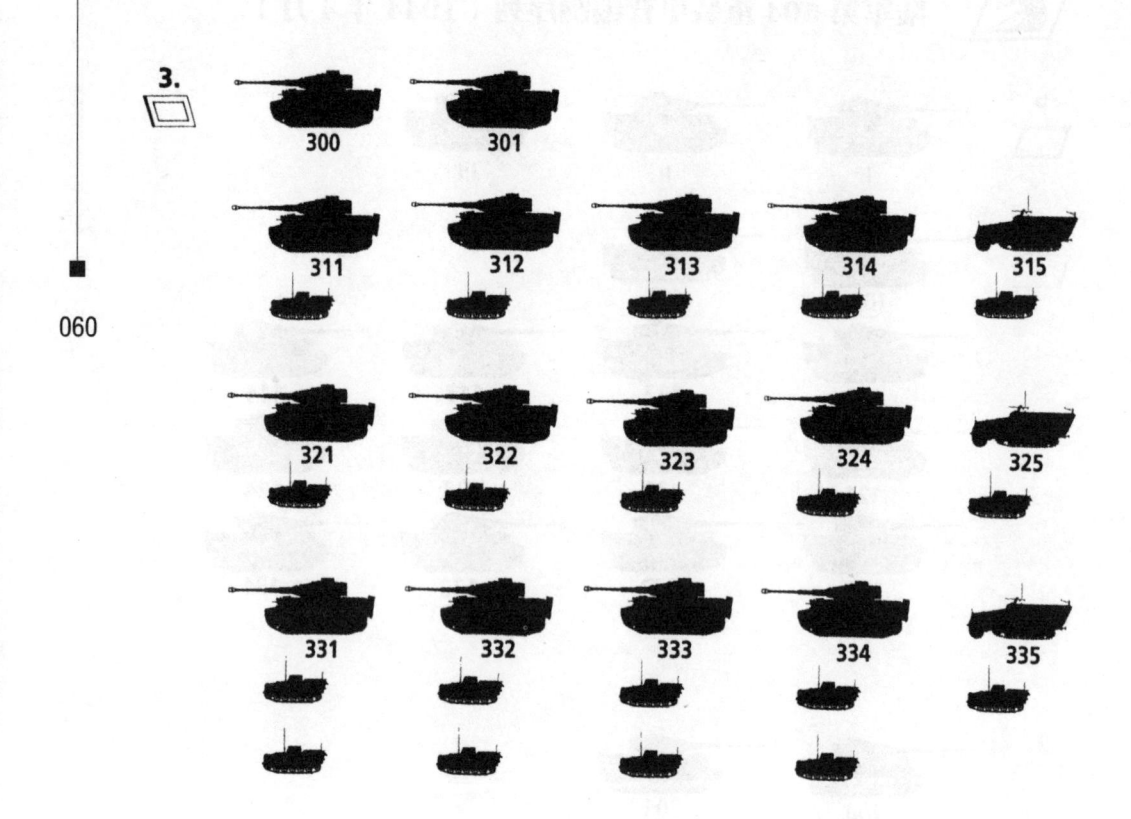

虎式坦克 全景战史

3.

300 301

311 312 313 314 315

321 322 323 324 325

331 332 333 334 335

第1章 陆军第504重装甲营

※ 上图　摄于1943年2月底即将乘火车前往意大利前夕，第504重装甲营第2连连部所属的202号三号坦克正在补充炮弹。注意在车体侧面前端有一个白色平行四边形标志和数字2，即第2装甲连的战术符号，在坦克上涂绘各连的战术符号是第504营在车体涂装上的一个特点。

※ 下图　摄于1943年3月初第504营抵达西西里之时，一辆编号不明的虎式和一辆桶车停在一起。

虎式坦克 全景战史

※ 第504重装甲营组建于1943年1月,最初编有两个装甲连,每连混编有虎式坦克和三号L型坦克,这与先前组建的三个重装甲营的装备情况相同。第504营于1943年2月间接收了两个连的全部坦克,并展开作战训练,同时在2月底接到开赴北非战场的命令,本页的两幅图片均拍摄于1943年3月来到北非之后,第504营第1连从突尼斯以公路行军前往斯法克斯−马克纳西地区期间。上图是虎式坦克,车身上用大量树枝进行了伪装,注意此时在首下位置已经加挂了大片的备用履带板;下图是三号L型坦克,值得注意的是这辆坦克上还架设了一挺MG 42型机枪。

第 1 章　陆军第 504 重装甲营

※ 上图　摄于1943年3月在突尼斯，第504营第1连的142号虎式在全速行驶。

※ 下图　也是摄于1943年3月的北非突尼斯，这也是第504重装甲营第1连的一辆虎式坦克。坐在车体正面左侧的那名军官是第1连连长罗斯希尔特上尉，他和那位站在炮塔上的军士都佩戴着多枚勋章，可见都已久经战阵。从这幅照片中可以看到当时第504营的官兵们都穿上了非洲军的热带制服。

虎式坦克 全景战史

※ 1943年4月19日的战斗中，第504重装甲营第1连的131号虎式坦克在被英军丘吉尔坦克连续击中两次后，车组成员惊慌失措，弃车而逃。实际上这辆虎式坦克几乎未受损伤，随后被英军缴获，运回国内，至今仍在博文顿坦克博物馆内展出，还出演了2014年的电影《狂怒》。上图为被缴获之后的131号坦克，注意车体侧面前部第1连的战术符号。

※ 下图 为第504重装甲营第1连的121号虎式坦克残骸，它是在1943年5月的一场战斗中被命中了三弹，炮塔及车体上部均被击穿。

第1章　陆军第504重装甲营

※ 第504重装甲营第2连并没有随第1连一道前往突尼斯，而是留驻西西里岛帕切科地区，同时负责训练意大利坦克车组。上图为德意两军的坦克兵们在一辆虎式坦克前合影留念，别看面对镜头大家都笑逐颜开，一团和气，一旦盟军进攻开始，这些意大利人肯定人间蒸发。

※ 对于第504重装甲营第2连的官兵来说，在1943年夏季驻防西西里岛的日子有如度假般悠闲，下面这两幅照片就说明了当时生活的舒适，左下图的德军坦克兵头戴草帽，正在为自己倒上一杯当地特产的玛萨拉葡萄酒，看起来十分轻松惬意；右下图是第2连连长座车的驾驶员拜尔下士在树荫下阅读家信，他身后是经过良好伪装的虎式坦克，在前挡泥板上还放有一部电台。

虎式坦克 全景战史

※ 1943年6月，第504重装甲营第2连得到一批补充装备，包括6辆新的虎式坦克和不少辅助车辆，上图为增援的车辆装备由渡船载抵西西里海岸。

※ 下图　是新抵达的虎式坦克在西西里海岸上更换宽幅履带，然后准备以履带行军的方式前往第2连位于内陆的驻地，此时这些坦克没有涂绘车辆编号和标志。

第1章 陆军第504重装甲营

※ 上图 第504重装甲营第2连的军官在接待两名意大利高级军官的来访，并带领他们参观新抵达的虎式坦克，这也算是维持两军同盟关系的一种表现，从这幅照片上还可以观察到新补充的虎式坦克在炮塔侧面加装了履带板挂钩，可以挂载备用履带，加强防护。

※ 1943年7月10日，盟军开始在西西里岛登陆，左图为得到警报的第504重装甲营第2连的虎式坦克立即从驻地向滩头开进，配合友军部队实施反击，但很快被优势的盟军火力所挫败。

虎式坦克 全景战史

※ 上图　是1943年7月11日在杰拉附近的庞特底里罗（Ponte Dirillo）被击毁的一辆第504重装甲营第2连的虎式坦克，编号不明。

※ 下图　是1943年7月12日在卡尔塔吉龙被击毁的第504重装甲营第2连211号虎式坦克，该坦克为海姆少尉的座车。

第1章 陆军第504重装甲营

※ 上图 是在对滩头的反击失利后，第504重装甲营第2连的231号虎式坦克在一处树林中暂时隐蔽起来，车组成员利用战斗间歇暂时的平静进食和休息，同时为坦克补充油料和弹药，注意坦克车体侧面前部的第2连战术标志。

※ 与所有在西线与盟军作战的德军装甲部队一样，第504重装甲营最大的威胁不是敌军坦克和反坦克炮，而是盟军铺天盖地的空中优势，因此伪装工作是绝对不能马虎的，下图中该营第2连的一辆虎式坦克利用一处果园的橘子树巧妙隐蔽了自己的身形。

虎式坦克 全景战史

※ 在西西里岛的崎岖山地中,第504重装甲营的虎式坦克在长途行军后常常遭遇行走机构的损伤,不少坦克因为得不到备件和维修而被迫遗弃,相对来说,上图中的231号坦克比较幸运,得到了一个新的主动轮,但是更换车轮毫无疑问是相当费时费力的工作。

※ 下图　是1943年8月初在埃特纳地区作战的一辆虎式坦克,属于第504重装甲营第2连,当时停在一条公路旁边,负责掩护沿公路撤退的补给车队,不过这辆坦克正面很干净,毫无弹痕,炮口和车首机枪的帆布护罩都未取掉,车组成员也一身轻松地坐在炮塔上,不大像处于战斗状态。

第1章 陆军第504重装甲营

※ 在战斗中,第504重装甲营第2连缴获了一辆美军的谢尔曼坦克,并将其用于拖曳受损的虎式坦克,直到这辆坦克因车轮损坏而无法使用,上图为德军士兵在检查这辆谢尔曼的负重轮。

※ 下图 是第504重装甲营第2连的海姆少尉将自己的222号车停在一处火山岩峭壁下,并且用大块的帆布将车身遮盖起来,以便与火山岩背景相协调,达到隐蔽效果;最有趣的是他还在火炮的炮管上盖了一片铁皮,少尉本人则坐在炮塔储物箱上,他似乎对自己的杰作很是满意。

虎式坦克 全景战史

※ 上图 是1943年8月16日在西西里岛皮萨诺地区被第504重装甲营第2连自毁的3辆虎式坦克中的一辆，也属于最后交付的6辆中的一辆。

※ 在西西里岛经历了一个多月的苦战后，第504重装甲营第2连的17辆虎式坦克损失殆尽，最后仅剩222号虎式坦克渡过墨西拿海峡撤到意大利本土。下图为1943年8月17日乘坐渡轮渡过墨西拿海峡的222号虎式坦克，注意其旁边还有一辆轻型装甲车。

第 1 章　陆军第 504 重装甲营

※ 第504重装甲营于1943年底在荷兰的韦泽普重建，并在1944年2月至4月间得到了45辆虎式坦克，达到满编状态，上图为重建后该营第1连连长乘坐的100号坦克，这批新的坦克都敷设了防磁涂层，并施以迷彩涂装，注意车体前部打开的舱门，可以观察到潜望镜装置。

※ 得到新的坦克后，重建的第504重装甲营立即展开训练，下图为该营第1连第1排在进行野外编队进攻演练，注意车组成员直接坐在炮塔舱口外，这在战斗中是绝对不允许的，此外注意其炮塔侧面车辆编号的独特样式。

虎式坦克 全景战史

※ 1944年4月底，达到满编的第504重装甲营又连续进行了多次野外驻训演习，上图中一名戴白袖标的演习裁判员正与第2连200号坦克的无线电操作员讨论训练事宜，从图中可以看到这辆虎式坦克是换装钢缘负重轮的后期型号。

※ 重建后的第504重装甲营收编了前第314（遥控爆破）装甲连，作为该营的第3连，除虎式坦克外还装备了博格瓦尔德Ⅳ型遥控爆破车。下两图是第3连第3排排长乘坐的331号坦克的局部特写，可见炮塔储物箱背面的车辆编号后两位尚未描边，但侧面已经绘上了营徽图案。

第 1 章　陆军第 504 重装甲营

※ 1944年4月底，第504重装甲营奉命由荷兰向法国转移，上图摄于1944年4月30日，为该营第3连的311号虎式通过跳板驶上平板货车。

※ 下图　是运输第504重装甲营的军列已经装载完毕，准备出发，所有的坦克和车辆都经过了伪装，在1944年春季，盟军对西欧地区的空袭已经非常频繁了。

虎式坦克 全景战史

※ 1944年6月初，第504重装甲营又接到命令，从法国出发重返意大利战场，尽管此时盟军即将在诺曼底登陆。上图为1944年6月4日运载第504重装甲营的军列。

※ 下图 是在前往意大利的漫长旅途中，第504重装甲营第3连的冯·德·加布伦茨少尉在平板货车尾部的躺椅上享受阳光，酣然入睡，身旁还放着他的MP 40冲锋枪。

第1章　陆军第504重装甲营

※ 上图　是第504重装甲营的军列在途经布伦纳山口时短暂休息，照片显示了该营第3连第1排的一辆Sd.Kfz.251型半履带运兵车，其车辆编号为315。

※ 下图　摄于抵达意大利并卸车之后，第504重装甲营的虎式坦克还要沿着蜿蜒曲折的山间公路前往战区，在这种地形条件下，虎式坦克的机械故障非常频繁。

虎式坦克 全景战史

※ 上图 是1944年夏季在意大利战场上配合党卫军部队作战的第504重装甲营331号虎式，这幅照片比较特别的是其炮塔右侧的车辆编号数字为下缘对齐，而不是像炮塔左侧编号那样上缘对齐。

※ 左图 是第504重装甲营第3连装备的博格瓦尔德Ⅳ型遥控爆破车，摄于1944年6月12日乘火车抵达维罗纳时。

※ 重返意大利战场后，第504重装甲营举行了一次武器展示，上图为该营第3连311号虎式坦克将各种型号的88毫米炮弹在车外一字排开，注意其炮塔侧面车辆编号的特点。

第1章　陆军第504重装甲营

※ 上图　是在一辆机动吊车的协助下，第504重装甲营第3连的311号虎式坦克进行引擎更换作业，此时已接近完成，不过接下来维修人员还要设法将这辆坦克松脱的右履带重新紧固。

※ 下图　摄于1944年8月24日，第504重装甲营第3连乘火车调往沃盖拉，在意大利战场作战期间，该营大部分时间都消耗在频繁的调动中。

虎式坦克 全景战史

※ 上图 是第504重装甲营防空排装备的四联装20毫米机关炮，安装在一辆半履带卡车底盘上，后来更换为四号坦克底盘的自行高炮，鉴于意大利战场上盟军的空中优势，这些防空武器的效能对于重装甲营作战具有非常重要的作用。

※ 左图 是1944年夏季第504重装甲营营长屈恩上尉（前）在另一名军官的陪同下前往参加冯·德·加布伦茨少尉的生日庆祝会。屈恩上尉一直对上级部署使用虎式坦克的方式存在异议，屡屡提出批评，最终因此在1944年9月被解职。

第1章　陆军第504重装甲营

※ 在意大利战场上，盟军坦克通常都会避免与强大的虎式坦克正面交锋，但下图中这辆谢尔曼坦克并不走运，成为虎式坦克的牺牲品；但是这场较量的胜利者也很快步其后尘，在谢尔曼旁边就是一辆虎式的残骸。

※ 1944年9月14日黄昏，第504重装甲营的一个战斗群在撤退途中，312号虎式坦克不慎坠入路边的深沟中，而紧随其后的另一辆坦克未能注意到前方状况，也跟着滑下路基，结果双双被遗弃。下图为事后拍摄的事故现场。

虎式坦克 全景战史

※ 1945年4月9日，第504重装甲营第2连的211号虎式坦克遭手榴弹袭击后丧失行动能力，被盟军缴获，其部分车组成员在试图投降时遭到新西兰第2师士兵的射杀。上图及下图为1945年4月13日拍摄的该车。

第1章 陆军第504重装甲营

※ 上图 是1945年4月10日在塞尼奥河附近被新西兰第2师士兵用PIAT摧毁的第504营的332号虎式。

※ 下图 是1945年4月12日在卢戈至马萨洛姆巴达公路上自毁的第504营第2连200号虎式。

虎式坦克 全景战史

※ 第504重装甲营损失的大部分虎式坦克并非毁于敌手,而是因为机械故障而被乘员自行摧毁,正如上图中的212号虎式,它是在1945年4月中旬损失的,可见这辆坦克的防磁涂层已经大片剥落。

※ 战争结束很久之后,在意大利乡间公路边仍能看到德军虎式坦克的残骸,比如下图就是一辆第504重装甲营的虎式,由于地形因素和盟军的空中优势,虎式坦克很难在意大利战场上发挥威力。

第2章 陆军第505重装甲营

Schwere Panzer-Abteilung 505

1943年1月29日根据第三军区的一道命令,利用第3和第26装甲师分出的人员在法灵博斯特尔组建陆军第505重装甲营,计划部署到北非。1943年2月20日根据第十一军区的一道命令,该营被转用于东线。首任营长是伯恩哈德·绍万特(Bernhard Sauvant)少校。

1943年2月14日:第505重装甲营第1连更名为第504重装甲营第2连,三天后取消这项命令。

1943年2月28日:根据德国最高统帅部的命令,第505营第1连向西线转移。

1943年3月1日:根据德国最高统帅部的命令,第505营整体转移至西线。

1943年3月4日至16日:第505营乘火车前往比利时的伊泽海姆(Iseghem)。

1943年3月28日至30日:第505营重新部署在根特(Ghent)。

1943年3月31日:第505营可用兵力为16辆虎式和23辆三号长身管型。

1943年4月3日:来自第2装甲师的人员组建了第505营第3连。

1943年4月20日:第505营可用兵力为20辆虎式和25辆三号长身管型。

1943年4月9日至30日:第505营在贝弗洛(Beverloo)进行野战演习。

1943年5月1日:第505营被调往东线,配属于中央集团军群,乘火车转运至奥廖尔(Orel)地区。

1943年5月6日:第505营最后一批人员物资运抵斯米杰夫卡(Smijevka),全营在诺沃彼得罗夫卡(Nowopetrowka)、阿纳谢夫卡(Awanasewka)和奥瑟基(Oserki)一带集结,配属于第2装甲师。

1943年5月9日:第9集团军司令瓦尔特·莫德尔(Walter Model)大将访问了第505营。

1943年5月10日：第505营可用兵力为18辆虎式和24辆三号。

1943年5月15日：第505营与第304装甲掷弹兵团在加戈夫卡（Jagovak）、利科沃（Lykowo）等地进行演习。

1943年5月20日：第505营可用兵力为19辆虎式和24辆三号。

1943年5月30日：第505营可用兵力为20辆虎式和24辆三号，同日11辆新虎式交付该营，使全营虎式坦克的保有数量达到31辆。

1943年6月4日：第505营在科特托沃（Chotetowo）举行演习，中央集团军群司令京特·冯·克鲁格（Günther von Kluge）元帅莅临观摩。

1943年6月10日：第505营可用兵力为18辆虎式，所有三号坦克转为他用，第505营第3连在国内整训完毕，获得14辆虎式，全营达到满编状态，共有虎式45辆。

1943年6月20日：第505营有28辆虎式可以使用。

1943年6月25日：第505营第2连与一个遥控爆破装甲连在诺沃彼得罗夫卡进行演习，莫德尔大将再次到场参观。

1943年6月28日：第505营部署于布布尔（Bobr）附近，与第5装甲师一部组成绍肯战斗群（Gruppe Saucken）。

1943年6月29日：绍肯战斗群的部分兵力部署在克鲁普基（Krupki）以西6公里的公路沿线，保卫鲍里索夫（Borissow）以东的桥头堡阵地。

1943年6月30日：第505营部署在桥头堡阵地和泽姆宾（Zembin）东北的防御阵地，后来撤回公路一线，全营有27辆虎式可以使用。

1943年7月1日：第505营撤回鲍里索夫以西20公里、盖纳（Gayna）以南10公里的战线。

1943年7月2日：第505营接到命令，与当面苏军部队脱离接触，经拉多谢科夫奇（Radoshkovichi）向马罗德切诺（Malodeczno）转移，编入冯·戈特贝格军级集群。同日，第505营第3连在帕德博恩登上火车，开赴东线。

1943年7月3日：第505营主力（欠第3连）进至维塞里克（Wesselik）和波塞洛克（Posselok）以东的集结地域，为"堡垒"行动进行最后的准备，第312（遥控爆破）装甲连的一个排配属该营，第505营将配合第6步兵师展开行动。

1943年7月5日："堡垒"行动开始。第505营作为德军北翼攻击集团的尖刀率先发起冲锋，奉命穿过步兵阵地，向奥卡河（Oka River）附近的波多利亚（Podolian）及其西北侧的高地实施冲击，该营的虎式坦克攻势凌厉，迅速突破了苏军防线，向纵深推进至布提尔基（Butyrki），在那里击毁了42辆T-34，导致苏军第15步兵师

第 2 章　陆军第 505 重装甲营

的全面崩溃，给侧翼的苏军第70集团军造成严重威胁，如果第2装甲师不按照进攻计划于次日展开攻击，而是立即发起进攻的话，北翼德军很可能在战役第一天就摧毁苏军的整条防线。不过，成功总是需要付出代价，第505营第1连连长里德泽尔（Riedesel）上尉在首日战斗中阵亡。

1943年7月6日：第505营配属于第2装甲师继续进攻，夺取索博乌卡（Soborwka），进而向奥里霍瓦特卡（Olochowatka）附近的高地推进。

1943年7月7日：德军继续强攻苏军防御阵地，面对苏军强大的反坦克炮火力和反坦克壕，战斗日渐艰难，第505营的所有坦克都受到猛烈攻击，多次中弹，3辆虎式完全损毁，保有坦克数量降至42辆。

1943年7月5日至8日：第312（遥控爆破）装甲连的20辆博格瓦尔德Ⅳ型遥控爆破车在前期战斗中表现不错，摧毁了1辆T-34、3个反坦克炮掩体、3个火炮掩体和数座碉堡，损失4辆遥控爆破车。

1943年7月8日：第505营最后3辆可以作战的坦克投入对274.5高地的进攻。同日，由巴尔克豪森（Barkhausen）中尉指挥的第505营第3连终于抵达前线，此时该连的坦克还涂着适于北非战场的热带涂装。

1943年7月9日：第505营因为坦克多数受损而撤出战斗，进行紧急维修，之后被重新指定为第47装甲军的预备队。

1943年7月10日：当日第505营可以作战的车辆包括：26辆虎式、5辆三号短身管型、5辆三号长身管型和3辆三号架桥坦克。该营被配属于第4装甲师后，与第35装甲团第1营一起转移至索博乌卡以南的集结地，奉命向特普罗耶（Teploje）发起进攻，挺进至特普罗耶与240高地之间的地区，但从那里对260高地的进攻归于失败。

1943年7月11日至12日：第505营的5辆虎式奉命守卫特普罗耶以南及西南方向的高地，该营在这两天一直保持11辆虎式的可用兵力。

1943年7月13日：第505营（欠一个连）配属于第47装甲军，有14辆虎式可用。

1943年7月14日：第505营的可用兵力为20辆虎式。

1943年7月14日至17日：各连轮流派出5辆虎式部署在索博乌卡以南的掩护阵地上。

1943年7月15日：第505营的2辆虎式协助第4装甲师第12装甲掷弹兵团在特普罗耶附近打退了苏军的多次攻击，击毁22辆坦克。

1943年7月16日：第505营还剩下16辆虎式可以作战，被部署到第47装甲军的左翼，同时派出一个连在索博乌卡和博布日卡（Bobrik）附近掩护第35装甲团第1营的撤退。

1943年7月17日：第505营奉命发起反击，救援受困的第6步兵师，在维尔切（Werch）和塔奇诺（Tagino）摧毁了32辆T-34，2辆虎式全损，该营保有虎式坦克的数量降至40辆。

1943年7月18日：第505营转移至拉格雷沃（Lagrewo）。

1943年7月19日：第505营转移至戈尔特察科沃（Gortschakowo）以西地区，并配属于第46装甲军。

1943年7月20日：第505营可用兵力包括19辆虎式、2辆三号短身管型、2辆三号长身管型和3辆三号架桥坦克，1辆虎式送往后方工厂大修，该营保有虎式坦克的数量降至39辆。

1943年7月22日：第505营经伊津卡（Iginka）从第258步兵师的防区向第4装甲师的防区转移，之后与一支战斗群一起发起攻击，阻止苏军向特切诺德耶（Tschernodje）东北地区的突破，装甲部队夺取了254.9高地，但由于没有步兵支援而被迫放弃。

1943年7月23日：第505营转移至克拉斯尼科夫（Krassnikow）建立掩护阵地，同时配属于第7步兵师，掩护任务持续到次日。

1943年7月25日：第505营在诺沃日谢科夫斯基（Nowo Ryshkowskij）、波切维斯尼沃（Pochwissnewo）和尼什沃卡（Neshiwka）以北与苏军交战。

1943年7月26日：第505营的7辆虎式击退了苏军步兵在克拉斯尼科夫以南发动的一次进攻。

1943年7月27日：第505营的2辆坦克直接支援部署在雅博尔诺维茨（Jabolnowiz）的第101步兵师第232步兵团。

1943年7月28日：第505营营长绍万特少校被授予橡叶饰，他是第260位获得者。

1943年7月29日：第505营撤往苏察加（Suchaja）地区进行装备维修，第312（遥控爆破）装甲连脱离该营编制。由瑙曼（Naumann）少尉指挥的3辆坦克在马斯洛夫斯基耶（Maslowskij）支援第4装甲师第12装甲掷弹兵团的一次进攻，但未能取得成功。

1943年7月31日：第505营可用兵力包括3辆虎式、5辆三号短身管型、5辆三号长身管型和3辆三号架桥坦克。该营第3连的三号坦克被改装成弹药运输车。

1943年8月1日：第505营仅有4辆虎式可以使用。

1943年8月3日：威廉·克瑙特（Wilhelm Knauth）少尉指挥6辆虎式配属于部署

第 2 章　陆军第 505 重装甲营

在奥帕尔科沃（Opalkowo）的第6步兵师，第505营其余坦克在夜间继续部署在克拉斯尼（Krassny）和帕察尔（Pachar）地区。

1943年8月4日：第505营向格里尼基（Glinki）附近的科罗马河（Kroma River）南岸进攻，目标直指科尔基（Kolki），该营第3连在克瑙特少尉指挥下在达尔古斯卡亚（Dragunskaja）附近与敌军交战，击毁14辆坦克。

1943年8月5日：马容特克（Majuntke）中尉指挥4辆虎式支援第383步兵师第532掷弹兵团，在格里尼基附近击毁5辆T-34，333号虎式发生自燃焚毁，第505营保有虎式坦克数量降至38辆。

1943年8月6日：马容特克中尉指挥4辆虎式与第12装甲掷弹兵团在克拉斯尼附近的233.5高地和247.8高地与苏军坦克发生遭遇战，击毁3辆坦克，该营第1连的1辆虎式在被多次击中后严重受损，随后被迫炸毁，第505营保有的虎式坦克数量降至37辆。当天下午，2辆虎式与第35装甲团第1营一起在克拉斯尼地区发起进攻。

1943年8月7日：第505营在奥帕尔科沃西郊击毁7辆T-34。

1943年8月8日：第505营向特洛伊兹科耶（Troitzkoje）发动反击，击毁13辆T-34，其行动得到第383步兵师的支援。

1943年8月10日：马容特克中尉指挥4辆虎式奉命前往索科沃（Ssokowo），协助肃清渗透到第12装甲师第2装甲掷弹兵团防区内的苏军，他们后来得到克瑙特少尉指挥的4辆虎式的支援，击毁5辆T-34。之后，第505营在多尔基布格尔（Dolgij Bugor）以东的一处峡谷建立了集结地。当日该营可以作战的虎式坦克有9辆，还有3辆虎式后送大修，虎式的保有数量降至34辆。

1943年8月13日：营长绍万特少校负伤。

1943年8月14日：冯·卡尔洛维茨（von Carlowitz）上尉代理营长职务，第505营奉命沿公路进入特斯奇切诺耶（Tschitschenoje）以西地区。

1943年8月16日：第505营配属于第35军，部署在安德烈尼基（Andrynki）以西2公里处的集结地，以对付苏军可能从科特耶沃（Chotejewo）发起的进攻，但是没有出现任何状况，于是转而配属于第4装甲师，前往特斯奇切诺耶附近的集结地。

1943年8月17日：第505营可用兵力仅为6辆虎式，并在随后三天里一直保持这一水平。

1943年8月25日：第505营配属于第35军，有11辆虎式可以使用。

1943年8月28日：第505营转移到拉斯索契卡（Rassoschka）地区。

1943年8月29日：第505营接到警报，在布拉索沃（Brassowo）登上火车，前往与第41装甲军的哈佩战斗群（Kampfgruppe Harpe）会合。同日，新任营长冯·诺斯蒂茨-瓦尔尼茨（von Nostitz-Wallnitz）上尉到任。

1943年8月30日至31日：除了7辆虎式和4辆三号需要送往工厂大修外，第505营其余坦克均被装上火车，该营保有的虎式坦克数量降至27辆。

1943年8月31日：马容特克中尉指挥的5辆虎式经杰基莫维特施（Jekimowitschi）前往克雷尼瓦（Korenewa）的集结地，当日第505营有11辆虎式可用。

1943年9月1日：马容特克战斗群转移至杰恩加（Jelnja）以南9公里处的博尔斯察加（Bolschaja）和利普尼亚（Lipnia）地区，配属于第20装甲师，随后作为预备队部署在斯察特科沃（Schatkowa）以南1公里处。

1943年9月3日：第505营奉命行军至科尔托夫卡（Kortowka），据报告当地有苏军坦克活动。

1943年9月4日：第505营最后一批转运的人员装备抵达。

1943年9月6日：第505营在谢莫特施波夫卡（Shemtschupowka）和斯莫罗迪尼卡（Smorodinka）集结，该营的3辆虎式击退了苏军的一次攻击。

1943年9月8日：马容特克中尉指挥3辆虎式击退渗透到诺沃斯帕斯科耶（Nowospasskoje）以东森林中的苏军部队，并在夜间转移至达尼洛夫卡（Danilowka）。

1943年9月10日：第505营有9辆虎式可以使用。

1943年9月12日：第505营沿公路行军至塞什斯卡加（Seschinskaja），之后继续前往特瑟尔基斯卡加（Tscherkeskaja）。

1943年9月13日：马容特克中尉指挥4辆虎式向德沃特施基诺（Dewotschkino）发起反击，击毁3辆T-34。

1943年9月14日：第505营经戈拉比加（Golabeja）向德沃特施基诺发动新的攻击，该营被配属于第129步兵师。

1943年9月15日：第505营继续向德沃特施基诺周围坚固异常的苏军阵地展开进攻，上任仅两周的营长冯·诺斯蒂茨-瓦尔尼茨上尉被弹片击中身亡，由马容特克中尉代理指挥，311号虎式被一门反坦克炮打断履带，瘫痪在战场上难以回收，最后被迫炸毁。第505营保有的坦克数量降至26辆。

1943年9月16日：第505营在罗斯劳尔（Rosslawl）地区集结。

1943年9月17日：第505营开始向斯摩棱斯克防区转移，配至第4集团军麾下的第9军。该营转移至波切奇诺（Potschino）西北地区，部分兵力前往支援在德尼索夫卡（Denisowka）附近的第330步兵师。

第2章 陆军第505重装甲营

1943年9月18日：第505营粉碎了苏军在迪阿特罗夫卡（Diatlowka）附近发起的反击，200号虎式在战斗中迷路，被击中指挥塔后被苏军俘虏。当天下午，第505营在罗苏瓦耶夫卡（Rosuwajewka）附近建立了一处掩护阵地，之后又撤回斯特尔基诺（Strijino）以西地区，在当日战斗中共击毁26辆T-34，第505营保有的虎式坦克数量降至25辆。

1943年9月19日：第505营经拉迪斯科沃（Radyschkowo）转移至奥尔沙（Orscha）地区。

1943年9月20日：第505营压制了突入卢波瓦托耶（Lupowatoje）的苏军部队，击毁2辆T-34，全营有6辆虎式可用。

1943年9月21日：继续进行防御作战。

1943年9月22日：第505营直接配属于第9军的第35步兵师，在斯维尔特斯科沃（Swertschkowo）附近建立掩护阵地。

1943年9月23日：克瑙特中尉的311号虎式和博赫（Boche）上士的133号虎式在防御阵地上击毁了8辆T-34。第505营第1、2连部署在西利特切（Sselitsche），第3连驻守西勒科塔（Selekta）。

1943年9月24日：第505营继续坚守在波切奇诺地区，击毁4辆T-34，311号虎式引擎受损，被牵引到修理厂接受维修。

1943年9月25日：133号虎式单枪匹马粉碎了苏军的一次坦克攻击。

1943年9月26日：在多次转换阵地后，133号虎式的变速箱出现故障，只能缓慢地驶向斯摩棱斯克，在途中支援一支党卫军部队击退一次苏军进攻，并击毁1辆自行火炮后，133号虎式彻底瘫痪了，最后由2辆三号坦克将其拖往斯摩棱斯克，在那里由2辆牵引车接手，将其拖往卡廷（Katyn）接受维修。

1943年9月27日：5辆新虎式交付第505营，使该营保有虎式坦克数量增至30辆。

1943年9月29日：维尔纳·冯·贝施维茨（Werner von Beschwitz）上尉就任第505营营长。

1943年9月30日：第505营可以作战的虎式有6辆。

1943年10月2日：第505营的6辆虎式和营部的1辆三号奉命前往克拉斯诺耶（Krasnoje），配属于第27军，但这项命令在中午取消。

1943年10月4日：第505营第3连乘火车转移至高尔基（Gorki），配属于第4集团军。

1943年10月9日：第505营第3连又转回利斯奇耶（Leschije），营部和第1连重新部署于比特斯奇察（Bytschicha）。

1943年10月11日：第505营配属于第9军，全营有14辆虎式可以作战。

1943年10月12日：第505营进入戒备状态，集结在杰塞尼什特切（Jesenischtsche）和奥尔多沃湖（Lake Ordowo）之间，全营可用兵力为16辆虎式。

1943年10月15日：第505营奉命重新夺回黑豹阵地，并配属于第129步兵师，但该命令随后被取消。

1943年10月17日：第505营第1连配属于第129步兵师，经扎尼（Zani）向罗维基（Rowiki）和安东尼卡（Antonika）发动反击，第3连被重新部署在第20装甲师防区内的克里斯佐沃（Klischowo），但没有与敌军发生接触。

1943年10月18日：第505营配属于第20装甲师，于晚间23时执行新的任务，随后又配属于第129步兵师，在切沃施诺（Chwoschno）集结向北发动进攻，但被苏军的防御火力所阻止，13辆虎式中有9辆严重受损，3辆全毁，该营奉命作为预备队部署在比特斯奇察附近，但第3连仍部署在特雷齐（Terechi）。第505营保有的虎式坦克数量降至27辆。

1943年10月20日：第505营可以作战的虎式有10辆。

1943年10月21日至23日：第505营（欠第2连）乘火车转移至莫吉廖夫（Mogilew）。

1943年10月24日至25日：第505营作为集团军群预备队回到奥尔沙地区。

1943年10月31日：第505营有15辆虎式做好战斗准备，另有2辆虎式返厂大修，全营保有虎式坦克的数量降至25辆。

1943年11月1日至4日：第505营（欠第3连）转移至比特斯奇察，与第9军一道作为集团军群预备队，该营第3连仍留在奥尔沙，但没有坦克。

1943年11月5日：第505营第2连配属于第129步兵师，在戈里巴特斯奇（Gribatschi）附近与苏军交战。

1943年11月6日：第505营全部配属于第129步兵师，在勒加奇（Ljachi）以东1公里处的沟壑附近建立了集结地，随后配合第428步兵团发起攻击，但未能取得成功，随后返回比特斯奇察，配属于第252步兵师。

1943年11月8日：第505营在利斯特兰佐斯（Lestranchos）集结，随后与第461步兵团一道向洛波克（Lobok）东北方的高地发起进攻，不慎陷入雷区，有14辆虎式触雷失去行动能力。

1943年11月9日：第505营所有可用的5辆虎式集结在第461步兵团的防区内。

1943年11月10日：第505营在施莫特基（Schmotki）以北集结，向波罗克（Borok）发动进攻，2辆虎式触雷瘫痪，全营有2辆虎式和4辆三号可用。

1943年11月11日：第505营返回利斯特兰佐斯。

第 2 章　陆军第 505 重装甲营

1943年11月13日：施兰格（Schlange）少尉指挥的5辆虎式奉命前往洛波克，部署于第461步兵师第2营的防区内，但没有发生战斗，稍晚返回营驻地。

1943年11月14日：第505营转移至第87步兵师的防区，在科斯特尔尼基（Kostelnyki）、乌斯特耶（Ustje）和马斯科维（Maskowi）附近部署，施兰格战斗群则向希尔约斯科沃（Sserjoskowo）两侧发起反击。

1943年11月15日：第505营的223号虎式在攻击中被苏军俘获，该营保有的虎式坦克数量降至24辆。

1943年11月16日至17日：第505营转移至维帖布斯克南部，该营第2连部署在卢契沙（Luchessa）。

1943年11月18日：第505营（欠第3连）配属于第206步兵师，重新部署到波德波尔斯耶（Podboresje）。

1943年11月20日：第505营可用兵力为9辆虎式。

1943年11月22日：第505营经迪尔纳诺沃（Dyrnanowo）前往马里奇-克里尼克（Malige-Krink），配属于第246步兵师。

1943年11月24日：第505营第1连（无坦克）与部署在奥尔沙的第3连换防。

1943年11月29日：在接到前沿警报后，第505营配属于第14步兵师，并展开地形侦察。

1943年11月30日：第505营有13辆虎式可以行动，1辆虎式被判定为报废，全营保有虎式坦克的数量降至23辆。

1943年12月1日至2日：第505营乘火车经奥尔沙转移至科卢斯蒂诺（Chlustino），配属于第27军，在沙拉斯奇诺（Schalaschino）建立营地，乌克特（Uckert）上尉奉命指挥5辆虎式与第195工兵营相互配合，封闭了诺沃耶-希洛（Nowoje-Sselo）战线上的缺口。

1943年12月3日：克瑙特中尉指挥6辆虎式在沙皮克（Schapyk）路口附近集结，与第78突击师第215突击团以及第195工兵营一道向诺沃耶-希洛以南发动反击，虎式坦克击毁了多座碉堡，并成功从泥泞地形中脱身，返回沙拉斯奇诺。

1943年12月4日：乌克特上尉指挥6辆虎式再次集结在沙皮克路口，施兰格少尉指挥第3连的2辆虎式奉命与第195工兵营部署在沙皮克。

1943年12月5日：乌克特上尉指挥4辆虎式与第78突击师第14步兵团一起进攻苏军的碉堡防线，有3辆虎式陷入泥沼，1辆坦克丢失了履带，但都被成功回收，击毁2辆T-34，再次回到沙皮克。

1943年12月6日：哈特维希（Hartwig）少尉指挥2辆虎式在洛巴尼（Lobany）与

隐蔽在壕沟内的T-34交战，击毁1辆T-34。

　　1943年12月8日：第505营奉命向第4集团军报到，全营向奥尔沙转移。

　　1943年12月10日：第505营可用兵力为9辆虎式。

　　1943年12月11日：第505营奉命转移至莫吉廖夫。

　　1943年12月12日至13日：第505营乘火车转移至马拉勃罗夫卡（Mal. Borowka）。

　　1943年12月20日：第505营有19辆虎式可以使用。

　　1943年12月23日：第505营重新部署在维帖布斯克第3装甲集团军的防区内。

　　1943年12月24日至25日：第505营最初两批运输队抵达新防区，并立即进行部署，第3连与第6空军野战师部署在格拉比特斯奇（Grabitschi）附近，但未与苏军交火。

　　1943年12月26日：后续部队陆续抵达，在斯维尔加（Swirja）集结，第2连部署在诺沃（Nowo）附近，负责掩护格拉比特斯奇和普拉德多沃（Pradedowo）之间的公路，在战斗中击毁4辆坦克。第3连返回营集结地，但2辆坦克留在德沃利斯切（Dworitsche）附近的阵地上，当天第505营总共击毁了9辆坦克。

　　1943年12月27日：战线趋于平静，仅偶尔有小规模交火，第505营有4辆坦克中弹损伤，乌克特上尉指挥的第2连得到4辆虎式的加强，在杰尔达斯奇（Jeldaschi）附近与苏军交战，击毁5辆坦克和1辆自行火炮。

　　1943年12月28日：第505营在执行掩护任务时击毁1辆T-34。

　　1943年12月29日：在杰尔达斯奇和斯奇加洛夫（Schigalowo）附近各有1辆虎式作战，第505营第2连的2辆虎式在马特拉斯伊（Matrassy）附近成功牵制了苏军的进攻，随后返回杰尔达斯奇，击毁6辆坦克。

　　1943年12月30日：第505营第3连的2辆虎式在鲍多雷沃（Boudorewo）附近作战，还有2辆在马特拉斯伊附近战斗，击毁2辆坦克，301号虎式被炮弹直接命中而损毁，所有虎式重新部署到诺沃。第505营保有的虎式坦克数量降至22辆。

　　1943年12月31日：第505营第3连的2辆虎式部署在马特拉斯伊附近的掩护阵地上，轻型排的2辆三号部署在斯奇加洛夫附近，该营的22辆虎式中有10辆可以作战。

　　1944年1月1日：第505营有10辆虎式可以使用，配属于第6空军野战师，1辆虎式需要后送大修，全营保有的虎式坦克数量降至21辆。

　　1944年1月3日：由于暴风雪的影响，第505营停止向波洛伊尼凯（Poloinikai）进攻，2辆虎式转移到辛格洛沃（Shiglowo），第3连则部署在苏巴特切瓦（Subatchewa）。

　　1944年1月4日：第505营第2连的4辆虎式在萨罗诺夫斯科耶湖（Lake Saronowskoje）

第 2 章　陆军第 505 重装甲营

和波洛茨克（Polozk）附近进行战斗，在傍晚时分返回诺沃。

1944年1月5日：第505营第2连向马特拉斯伊发动进攻，牵制苏军的坦克部队，第3连则撤出苏巴特切瓦，奉命进入诺沃和辛格洛沃之间的掩护阵地，在当天战斗中击毁了18辆坦克，第2连稍晚移驻苏巴特切瓦。

1944年1月6日：第505营第3连与第456掷弹兵团对马特拉斯伊实施了成功的进攻，但步兵未能及时跟进，巩固战果，在战斗中击毁了12辆坦克，随后返回诺沃。

1944年1月7日：第505营击退苏军在诺沃附近发动的袭击，击毁8辆坦克，随后转移至沃洛斯奇洛夫（Woroschilow）。

1944年1月8日：第505营第2连再次击退苏军对诺沃的进攻，摧毁15辆坦克。

1944年1月9日：第505营第2连部署在诺沃附近的一处掩护阵地上，击毁2辆坦克。

1944年1月10日：第505营第3连的4辆虎式在戈洛迪特斯契（Goroditsche）以西1公里处与苏军交战，摧毁了诺沃附近的几座苏军碉堡。

1944年1月11日：第505营第3连的3辆虎式在诺沃附近作战，1辆虎式触雷受损。

1944年1月12日：第505营第2连的2辆虎式在戈洛迪特斯契以西的"155.2"高地与苏军交战，击毁4辆坦克。

1944年1月13日：第505营被配属于第12装甲掷弹兵团，第2连在托波里诺（Toporino）以西1公里处实施反击。

1944年1月14日：第505营再次被配属于第6空军野战师。

1944年1月15日：第505营第3连的2辆虎式部署在155.2高地的掩护阵地上，第2连的2辆虎式部署在托波里诺附近，稍后返回沃洛斯奇洛夫。

1944年1月19日：第505营第1连奉命与第2连换防。

1944年1月21日：从奥尔沙赶来的第1连抵达卡科里（Kakory），第2连的2辆虎式移交第3连，第2连则前往奥尔沙。

1944年1月23日：第505营被配属于第53军。

1944年1月24日：第505营的21辆虎式中有15辆可以使用。

1944年1月28日：第505营第3连奉命前往波尔特斯佐瓦（Bortschowa）进行重整。

1944年1月31日：根据《国防军每日公报》的报道，第505营自1943年7月5日起已经击毁了446辆坦克，其中克瑙特中尉指挥的车组击毁了68辆。

1944年2月1日：克瑙特战斗群重新部署至沃罗斯奇洛沃（Woroschilowo），全营有17辆虎式和1辆三号可用，但1辆虎式宣布报废，全营保有虎式坦克的数量降至

20辆。

1944年2月3日：第505营的3辆虎式部署在托波里诺附近，施佩利希（Sperlich）中尉指挥的3辆虎式部署在"155.2"高地，罗德尔（Roder）少尉指挥的3辆虎式先在"177.5"高地防守，后来又转移到"172.7"高地。200号虎式和肖尔茨（Scholz）少尉的213号虎式在苏巴德斯切瓦（Ssubadschewa）附近阻止了苏军的一次进攻。132号虎式在托波里诺附近中弹受损，312号虎式在布里尼（Bliny）附近被一门反坦克炮击毁。当天第505营总共击毁10辆T-34，保有虎式坦克数量降至19辆。

1944年2月4日：第505营在苏巴德斯切瓦和沃罗斯奇洛沃地区连续作战，击毁11辆T-34。

1944年2月5日：第505营继续在前日的地点作战，击毁6辆T-34。

1944年2月6日：又有2辆T-34成为第505营的战果。

1944年2月7日：第505营的3辆虎式部署在主要道路附近的掩护阵地上，另有2辆部署在科沃尔基（Kowalki）。

1944年2月9日：第505营在维尔维斯特奇纳（Werewschtschina）附近作战，击毁17辆T-34。

1944年2月10日：第505营在卡科里以西和科沃尔基建立掩护阵地。

1944年2月11日：罗德尔少尉指挥3辆虎式部署在帕施科沃（Paschkowo）以东的159.1高地附近，在三个小时的接敌运动后在黄昏时分返回营地。

1944年2月12日：第505营部署在科沃尔基和卡科里附近的掩护阵地，摧毁1辆T-34。

1944年2月13日：第505营继续执行与前日相同的任务，罗德尔少尉的2辆虎式部署在科斯利（Kosly）。

1944年2月14日：戈辛（Gosing）上士指挥第505营第1连的3辆虎式部署在科沃尔基附近的掩护阵地。

1944年2月15日：第505营继续执行与前日相同的任务，击毁1辆坦克。全营有11辆虎式可用。

1944年2月16日：300号虎式被炮弹击中车体后部而损毁，第505营保有的虎式坦克数量降至18辆。

1944年2月22日：希尔比希（Hilbig）少尉的2辆虎式在米察里（Michali）附近第95步兵师的前沿与苏军交火。

1944年3月1日：第505营可用兵力为15辆虎式。

第2章　陆军第505重装甲营

1944年3月3日：第505营配属于第6军，全营有16辆虎式可用。

1944年3月4日：第505营沿公路行军，从博尔施特佐瓦（Borschtschowa）进入格罗德诺湖（Lake Gorodno）西南地区。

1944年3月5日：罗德尔少尉指挥3辆虎式在沃洛索沃（Wolossowo）对敌军的阻击阵地发起反击，一个排的虎式部署在斯塔里尼基（Starinki）附近的阵地上。

1944年3月5日：第505营的一个连向沙皮基（Schapiki）的十字路口转移，罗德尔少尉指挥3辆虎式在那里占据防御位置。

1944年3月6日：第505营继续执行与前日相同的任务。

1944年3月7日：第505营在维帖布斯克登上火车前往斯摩棱斯克，集结在鲁特施科维茨特切（Lutschkowischtsche），并配属于第78突击师。

1944年3月9日：第505营转移至奥斯特鲁夫（Ostrowo），击毁2辆KV-1和1辆自行火炮。

1944年3月10日：罗德尔少尉的6辆虎式支援纽斯洛（Neuselo）以南墓地山（Cemetery Hill）被苏军进攻的阵地，傍晚时3辆虎式被召回沙皮基。

1944年3月12日：第505营又向奥尔沙地区转移，再次配属第4集团军。

1944年3月31日：第505营的18辆虎式中有14辆可以使用。

1944年4月1日：第505营可用兵力为15辆虎式和3辆三号。

1944年4月4日：7辆装甲运兵车交付第505营，加强给侦察排。

1944年4月13日：5辆新虎式交付第505营，其中3辆装备第2连，2辆装备第3连，全营虎式坦克的数量增至23辆。

1944年4月20日至26日：第505营从奥尔沙乘火车，经明斯克（Minsk）、布列斯特（Brest）、卢布林（Lublin），抵达马切约韦（Maciejow）。

1944年4月26日：第505营第1连和第2连转移到塔尔哥维茨察（Targowiszcze）附近的集结地。

1944年4月27日：第505营第3连随后也抵达集结地，配属于驻鲁茨尼（Ruzyn）的第56装甲军，在随后的战斗中有3辆虎式受损，在夜间又攻击了图尔茨斯克（Turzysk），共击毁13辆苏军坦克。

1944年4月28日：第505营各部返回塔尔哥维茨察。

1944年4月29日：第505营第1连重新部署于马切约韦，与第5装甲师会合。

1944年4月30日：第505营第2、3连的9辆虎式经米罗维茨（Mirowicze）支援一次正在计划的进攻行动，但由于图尔加河（Turja River）无法架桥，因此取消了这次行动。该营当日有18辆虎式可用。

1944年5月1日：第505营第1连仍与第5装甲师一起部署在斯米廷（Smidyn），其他部队部署在图尔约斯克（Turyjsk）以南的阵地上，全营有17辆虎式可用。

1944年5月2日：第505营第2连集结在拉斯托夫（Rastow）以北地区。

1944年5月3日：一次计划中的袭击行动被取消，第2连占据了库尔茨尼（Kulczyn）以北阵地。

1944年5月4日：第505营奉命进入斯塔沃基（Stawki）周边地区。

1944年5月9日：第1连返回斯塔沃基，与营主力会合。

1944年5月26日：12辆新虎式和1辆黑豹坦克回收车交付第505营，使全营虎式坦克的保有数量增至41辆。

1944年6月1日：第505营可用兵力为36辆虎式和2辆三号，同日1辆新虎式运抵，使全营虎式坦克数量增至42辆。

1944年6月6日：在普热梅希尔（Przemysl）西南40公里处的萨诺克（Sanok），6辆修复的虎式交付第505营，使该营虎式坦克数量达到48辆，恢复满员状态。

1944年6月12日：第505营重新部署在诺维科斯扎里（Nowe Koszary）地区，第3连和营部部署在彼雷维希（Perewisy）。

1944年6月17日：在萨诺克修复的3辆虎式交付第505营，使全营虎式坦克保有量增至51辆。

1944年6月23日：第505营转移至马切约韦和卢波梅尔（Luboml）。

1944年6月24日：苏军于前日发动大规模攻势，第505营匆忙登上火车重返前线。

1944年6月25日至26日：第505营在运输途中遭遇空袭，在斯拉夫诺耶（Sslawnoje）、布布尔、普尔雅米诺（Prjamino）等地下车，配属于冯·阿尔特罗克将军集群。

1944年6月27日：第505营可用的坦克占领布布尔河（Bobr River）西岸阵地，格雷文（Grewen）少尉指挥的2辆虎式部署在奥斯诺夫卡（Ossinowka）附近。在夜间，一支虎式坦克群在克鲁普基与苏军交火，击毁16辆坦克，该营最后一批装备运抵前线。

1944年6月28日：第505营第1连在当天的战斗中击毁17辆坦克。为了牵制苏军的进攻，罗德尔少尉指挥3辆虎式前往巴图日（Batury），所有的坦克都在战斗中受损或发生故障。据报告苏军60~70辆坦克在克鲁普基发动集团冲锋，第3连的6辆虎式占据斯洛博达（Ssloboda）以北阵地，随后向洛施尼特扎（Loschnitza）地区实施阻滞战斗，总共摧毁了34辆坦克。在当日的战斗中，第505营损失6辆虎式，全营保有的虎式坦克数量降至45辆。

第2章 陆军第505重装甲营

1944年6月29日：第505营第1连在波卢佐-罗迪（Bolucho-Lody）一带阻击大约30辆苏军坦克的进攻，3辆虎式在战斗中被击毁。剩余的虎式继续在该地区进行防御战。该营第1连陷入包围、弹药告急。第505营其余各部发动解围行动，与第1连重新取得联系，但是他们发现波卢佐-罗迪附近的桥梁无法承受虎式坦克的重量，然而，上级指挥机关认为步兵的撤退比坦克的撤离更重要。直到夜间工兵才得以加固桥梁，使第505营逃出险境。当天，第505营击毁了21辆坦克，包括一辆KV-85，全营保有虎式坦克的数量降至42辆。

1944年6月30日：第505营所有坦克均撤过布布尔河，其中3辆虎式及1辆指挥坦克被派往姆罗沃（Murowo）支援第14装甲师，其他可以作战的坦克奉第5装甲师的命令转移至诺维塞尔吉（Noweselki）。由于步兵部队违反命令，放弃了前沿阵地，迫使第5装甲师部分部队撤退，而第505营负责掩护通往东南方向的主干道。

1944年7月1日：第505营经过慎重考虑后，向维尔茨-别雷索维茨（Werch Beresowize）附近主要公路以北的森林撤退。

1944年7月2日：第505营与第5装甲师的第14装甲掷弹兵团第1营及第31装甲团一部发起反击，随后又撤往斯莫洛维特施（Smolowitsche），该营第3连负责保卫斯洛博达附近的十字路口，随后各部德军经戈洛德克（Gorodek）向莫洛杰奇诺（Molodeczno）撤退。

1944年7月3日：第505营在罗戈瓦（Rogowa）的交叉路口建立掩护阵地，该营第3连部署在布茨拉基（Buchlaki）东郊的阵地上，随后第505营转移至拉多斯科维奇（Radoskowice）。

1944年7月4日：第505营转移到普列班加（Plebanja），击退了苏军对伊万索维茨（Iwansowitsche）的袭击，击毁4辆坦克。

1944年7月5日：第505营在莫洛杰奇诺以东展开防御战，阻止苏军的进逼，最后向霍洛茨基（Horozki）转移，在当日战斗中击毁6辆坦克，全营有15辆虎式可用。

1944年7月6日：第505营发动一次解围行动，试图营救第170步兵师一个被围的步兵团，但没有成功，随后撤往洛斯克（Losk）以东及东南面的高地，再经格雷沃（Grewo）向西撤退。第505营第3连仅有的3辆可作战的虎式及第1连的1辆虎式被配属于第170步兵师。第505营余部集结在距利达（Lida）35公里的森林里进行紧急维修。

1944年7月7日：苏军部队沿着特拉比（Traby）和索维茨（Sowicze）之间的公路

干线推进，逼近第505营的战地维修厂，12辆受损坦克和1辆牵引车被迫自毁，仅有5辆虎式可以执行有限的战斗任务。全营虎式坦克的保有量降至30辆。

1944年7月8日：第505营重新部署到奥古斯托沃（Augustowo）以东8公里处，由冯·博蒂歇尔（von Botticher）中尉指挥的2辆虎式坚守前沿。在6月26日至7月8日期间，第505营已经击毁了128辆坦克。

1944年7月9日：第505营分散的部队陆续抵达格罗德诺（Grodno）。

1944年7月12日：第505营乘火车撤离前线，转往奥尔德鲁夫训练场。

1944年7月15日至25日：第505营各部陆续抵达奥尔德鲁夫（Ohrdruf），随部队运来的还有11辆虎式，它们都交给后勤部门进行维修。

1944年7月26日：6辆新的虎王坦克交付第505营，同时根据上级命令该营将换装这种新型坦克。不过，刚刚生产的虎王还存在很多问题，第505营最早的6辆虎王中竟有3辆发生自燃事故而焚毁，它们的空缺在9月间由后备军调拨的新坦克填补。

1944年8月10日至29日：陆续有39辆虎王交付第505营，全营达到换装后45辆坦克的满编状态。

1944年9月8日：完成换装的第505营乘火车重返东部前线。

1944年9月9日至10日：第505营在纳谢尔斯克（Nasielsk）下车，配属于第2集团军进行支援作战，作为集团军预备队。之后，第505营配属于第24装甲师，在纳雷夫河（Narew River）沿岸展开地形侦察，苏军部队在此突入了"东普鲁士"阵地，第505营第1、3连集结在切尔茨诺（Chrcyrnno）以西，第2连集结在吉德茨乌诺沃（Giedziunowo）以西。

1944年9月12日：第505营当天有38辆虎王可以作战，并且做好准备向纳雷夫河桥头堡发起进攻，在其北面约15公里处，第507重装甲营也进入集结地域。

1944年9月15日：第505营第1连的5辆虎式前往杜博罗瓦（Dubrowa）地区部署，防御苏军对第24步兵师发起的钳形攻势。

1944年9月16日：第505营奉命负责掩护桥头堡西南边缘地带。

1944年9月21日：第505营的2辆虎式和第131步兵师支援第24步兵师在马德列纳（Madliena）以南发动反击，击毁1辆JS坦克和2辆T-34，但1辆虎王被JS坦克击毁，全营保有虎王坦克的数量降至44辆。

1944年9月25日：6辆新虎式交付第505营，其中2辆装备营部，3辆装备第1连，1辆装备第3连，全营保有虎式坦克数量增至29辆。

1944年9月30日：第505营配属于新抵达的第3装甲师，准备参加"向日葵"行动

（Operation Sonnenblume）。

1944年10月1日：第505营可用兵力为44辆虎王。

1944年10月3日：第505营于夜间重新部署在德姆斯劳（Demsslaw）以东的集结地。

1944年10月4日：德军对纳雷夫河桥头堡的攻击取得了最初的成功，第505营在战斗中击毁23辆坦克，2辆虎王全损，全营保有坦克数量降至42辆。

1944年10月5日：苏军发起反击，遭到德军的迎头痛击，第505营在战斗中再次摧毁22辆坦克，2辆虎王发生故障而被烧毁，全营保有坦克数量降至40辆。

1944年10月7日：第505营重新部署到雷布科沃（Rebkowo）西南方，集结部队从北面向桥头堡发动进攻，配属于第104装甲旅。

1944年10月8日：第505营经维尼茨（Winnics）向基塞波沃（Kiesepowo）实施迎敌行动，并在浓雾掩护下发起进攻，但被一片雷区所阻，2辆坦克触雷受损，部分部队撤至科拉德科沃（Koladkowo）。随后该营配属于第225步兵师，在战斗中击毁5辆坦克。

1944年10月9日：第505营第1连部署在一片森林做掩护的阵地中。

1944年10月10日：第505营奉命在纳谢尔斯克登上火车。

1944年10月12日至14日：第505营抵达维尔巴伦（Wirballen），配属于第103装甲旅，作为预备队驻留当地，防备苏军即将发动的进攻。

1944年10月16日：苏军成功突破了第561步兵师的防线，第505营在凯尔亚（Kairiai）至帕杰弗尼斯（Pajevonys）的公路以东建立了阻击阵地，击毁了34辆坦克，损失2辆虎王，全营保有的坦克数量降至38辆。

1944年10月17日：第505营继续在维尔巴伦附近的森林地带进行阻滞战斗，击毁26辆坦克。

1944年10月18日：第505营撤至二线阵地，该营第2连转移到克莱因哈尔德瑙（Klein Haldenau），第1连部署在施勒温（Schleuwen），第3连的3辆虎式在塔尔弗里德（Talfriede）阻击苏军，2辆虎王奉命前往希巴赫（Seebach），1辆虎王被反坦克炮击毁。在当日战斗中，第505营击毁坦克7辆，损失1辆，全营保有坦克数量降至37辆。

1944年10月19日：第505营第2、3连的4辆坦克部署在格吕韦德（Grunweide）附近的掩护阵地中，第1连则部署在哈尔德瑙（Haldenau）西南方。之后第1连转移至阿列克斯布鲁克（Alexbruck）以北，第3连转移到戈利滕（Goriten）周边，击毁7辆坦克。

1944年10月20日：第505营配属于"赫尔曼·戈林"伞兵装甲军，第1连击退苏军多次进攻。该营经穆伦加尔滕（Mühlengarten）重新部署在罗德巴赫（Rodebach），第1连转移至比森（Bissnen），在当日战斗中，第505营的战果是击毁4辆坦克。

1944年10月21日：第505营接到攻击命令，任务是立即向西对雅戈尔沙根（Jagershagen）发起攻击，之后向南朝松因滕（Soginten）推进。傍晚时分，第505营抵达比森至施彭多尔夫（Schoppendorf）的公路，建立环形防御阵地，之后又穿过敌方占领区域转移至罗德巴赫。

1944年10月22日：第505营从维尔巴伦向格吕菲利斯（Grunfliess）发动新的进攻，之后返回罗德巴赫，配属于第5装甲师，在当日战斗中该营击毁10辆坦克。

1944年10月23日：为了支援第5装甲师渡过罗明特河（Rominte River）发动进攻，第505营可以作战的坦克从特拉科嫩（Trakehnen）出发，向霍赫菲利斯（Hochfliess）以东2公里处前进，随后部署在基尔嫩（Girnen），建立一处面向南方的掩护阵地。

1944年10月24日：德军从大瓦尔特斯多夫（Gross Waltersdorf）西北方发动的进攻遭到挫败，第505营所有可作战坦克奉命支援第14装甲掷弹兵团第2营。

1944年10月25日：伦茨（Lenz）少尉指挥4辆虎式向格吕韦德附近的路口发起反击，击毁9辆坦克。

1944年10月27日：第505营重新部署到奥尔德鲁夫，在格吕韦德的战斗仍在进行中，该营的虎王在当天击毁1辆坦克。

1944年10月28日：第505营再次配属于"赫尔曼·戈林"伞兵装甲军，并奉命在阿尔克鲁格（Altkrug）以南集结。

1944年10月29日：第505营第1连抵达佩特尔斯塔尔（Peterstal），并发起反击，由于未能与步兵保持联系，虎王坦克于傍晚撤退。

1944年10月31日：第505营为准备中的"伊尔斯"行动（Operation Ilse）执行侦察任务，但并未参与这次行动，而是作为预备队部署在克莱因古登（Klein Guden）。

1944年11月1日：第505营有18辆虎王可以作战，配属于第2"赫尔曼·戈林"伞兵装甲掷弹兵师。

1944年11月3日：苏军逼近特里基施肯（Trikischken）后，第505营第1连和营部重新部署到库尔嫩（Kurnen），拥有7辆坦克的第3连则重新部署到奥瑟菲尔德（Auersfeld）。

1944年11月4日：第505营配属于元首警卫旅，该营第3连的5辆坦克在普劳恩多

第2章　陆军第505重装甲营

尔夫（Plauendorf）东南1公里处的"185.7"高地作战，第1连奉命沿普劳恩多尔夫至沙菲尔贝格（Schaferberg）的公路作战，在夜间，第1连撤回普劳恩多尔夫，当日战斗击毁2辆坦克。

1944年11月5日：施兰格少尉指挥2辆虎王掩护霍亨罗德（Hohenrode）附近的交叉路口，另外2辆虎王掩护185.7高地。

1944年11月6日：第505营将所有坦克撤到普劳恩多尔夫和奥尔斯多夫（Auersdorf），作为第39装甲军的预备队。

1944年11月9日：第505营重新部署到沙尔廷根（Schardingen），第1连驻守在旺根海姆（Wangenheim）。

1944年11月16日：第505营有24辆虎王可用。森费特·冯·皮尔沙赫（Senfft von Pilsach）少校被任命为第505营营长。

1944年11月30日：第505营成为第4集团军的预备队。

1944年12月1日：第505营可用兵力为30辆虎王，配属于第49装甲军。

1944年12月7日至20日：第505营的所有虎王坦克更换传动轴。

1945年1月1日：第505营有34辆虎王可用，配属于第31军。

1945年1月12日：第505营集结在安格尔拉普（Angerapp），克鲁泽（Kruse）上尉出任第505营第3连连长。

1945年1月15日：第505营有34辆虎王可以作战，1辆虎王宣布报废，全营保有虎式坦克数量降至36辆。

1945年1月19日：第505营转移至诺尔基腾（Norkitten）和利尔瓦尔德（Lehrwald），配属于第5装甲师。

1945年1月20日：第505营奉命向大雅戈尔斯多夫（Gross Jagersdorf）转移，配属于第26军的装甲战斗群，在奥伦巴赫（Aulenbach）附近执行牵制任务。

1945年1月21日：第505营转移到比尔肯霍斯特（Birkenhorst）附近，再次配属于第5装甲师。在傍晚时分，为了保卫诺尔基腾附近的大桥，向萨劳（Saalau）附近的苏军发起反击。

1945年1月22日：第505营继续坚守诺尔基腾桥头堡。

1945年1月23日：诺尔基腾桥头堡被放弃，第505营经雅戈尔塔尔（Jagertal）向维霍劳（Wehlau）转移，肃清了该城西部的苏军。

1945年1月24日：第505营奉命肃清塔皮奥（Tapiau）附近的苏军桥头堡，在黄昏过后重新夺回达默奥（Damerau）农场，当日击毁30辆苏军坦克。

1945年1月25日：第505营经弗里德里希鲁斯农场（Friedrichsruh farm）向普

雷盖斯瓦尔德（Pregeswalde）附近的苏军坦克部队侧翼发起攻击，最后又向罗毛（Romau）以南挺进的苏军展开反击，下午经别布尔斯瓦尔德（Bieberswalde）向林登霍夫（Lindenhof）前进，在夜间于大林德瑙（Gross Lindenau）周围建立掩护阵地。

1945年1月26日：第505营向东面的普雷加尔劳兰德斯（Pregel Lowlands）发起反击，之后撤回大林德瑙组织防御，顶住了苏军发动的数次攻击。由于侧翼受到威胁，第5装甲师撤退到罗文哈根（Lowenhagen）附近的阵地。第505营在抵御了苏军的猛烈攻势后，撤往斯泰因贝克（Steinbeck）地区继续进行防御战斗。海因里希·毛斯贝格（Heinrich Mausberg）中士的虎王与营部的另一辆虎王向戈尔德施梅德（Goldschmiede）推进，沿途摧毁了数辆坦克。

1945年1月29日：第505营第1连连长冯·赖布尼茨（von Reibnitz）中尉阵亡。

1945年2月4日：第505营第3连连长克鲁泽上尉阵亡。

1945年2月5日：据统计，自1945年1月19日起，第505营总共击毁了116辆坦克和74门反坦克炮。该营的纸面实力还有13辆虎王，加上第511营（即第502营）移交的4辆虎式，共有17辆坦克。在战斗中，第505营损失16辆虎王，4辆无法修复而报废，2辆失踪，1辆被拆解作为备件，还有3辆配属于第4集团军作战。

1945年2月10日：第505营在毛伦（Maulen）发动攻击。

1945年2月17日：第505营奉命从柯尼斯堡地区突围，向西前往皮劳。

1945年2月18日：第505营重新部署到皮劳西部。

1945年2月19日：第505营在容迪腾（Juditten）的公路、铁路交叉路口集结，出动10辆坦克向梅特盖亨（Metgethen）发动反击。先头部队继续沿铁路线和公路向希拉彭（Seerappen）推进。

1945年2月20日：第505营继续发动进攻，与第58步兵师取得联系，在波瓦因（Powayen）火车站附近向萨姆兰（Samland）地区发起攻击。

1945年2月21日：第505营沿公路向坦能瓦尔德（Tannenwalde）进攻。

1945年2月22日至23日：第505营在通往柯尼斯堡的通道附近抵御苏军的进攻。

1945年2月23日：第505营第2连因损失较大，其残余人员被并入第1、3连。

1945年2月24日：第505营从瓦尔利滕（Warglitten）以西1公里处向梅德瑙（Medenau）东南1.5公里处发动进攻。

1945年2月26日：第505营夺取了雷吉滕（Regitten）和巴尔斯尼肯（Barsenicken），重新打通了通往柯尼斯堡的铁路线，使城中超过10万人得以疏散。

第 2 章　陆军第 505 重装甲营

1945年3月3日：第505营向皮特尔尼肯（Pertelnicken）的进攻受阻，乘火车前往巴尔瓦尔德（Barwalde）地区。

1945年3月：第505营主要支援第26军进行防御作战。

1945年3月15日：第505营还有12辆虎王可以作战，所有的虎式都因无法修复而报废，全营保有坦克数量降至13辆。

1945年3月16日：第505营重新部署到皮伊斯半岛（Peyse Peninsula）。

1945年3月20日：第505营可用兵力为9辆虎王。

1945年4月：第505营在科布尔布德森林（Kobbelbud Forest）北部边缘进行防御，损失1辆坦克，全营保有坦克数量降至12辆。

1945年4月4日：第505营全部12辆坦克均可投入战斗。

1945年4月6日：没有坦克的车组成员被编为一支反坦克步兵连。

1945年4月13日：第505营与第1步兵师第43掷弹兵团一起部署在希拉彭西南方，随后在梅德瑙西南方占领一处阻击阵地，在战斗中损失7辆坦克，全营仅剩5辆坦克。

1945年4月14日：第505营的2辆虎式在波瓦因以西地区进行防御。

1945年4月15日：第505营第1连默克尔（Merkel）中尉的坦克在布鲁梅瑙（Blumenau）附近被炸毁，全营仅剩2辆坦克可作战。毛斯贝格中士指挥最后4辆坦克向皮劳转移，但其中2辆在菲什豪森（Fischhausen）附近出现故障而被炸毁，剩下2辆虽然抵达菲什豪森但已经无法战斗了。第505营至此损失了全部坦克。

1945年4月中旬：因为第5装甲师师长匆忙地解散了部队，使得友邻部队陷入困境，最终第505营残部在皮伊斯（Peyse）以北投降，仅有少数士兵设法乘船撤往皮劳。

战果统计

第505重装甲营一直在东线作战，从1943年夏季至1945年4月，该营总共击毁了900余辆坦克和超过1000门反坦克炮，因各种原因损失坦克126辆，其中因战斗损失47辆，其战斗交换比达到1∶19，在陆军各重装甲营中名列前茅，是战斗力较强的一支虎式坦克部队。

第505重装甲营历任营长

伯恩哈德·绍万特（Bernhard Sauvant少校，1943年2月至8月13日，受伤）

冯·卡尔洛维茨（von Carlowitz上尉，1943年8月14日至8月29日，代理指挥）

冯·诺斯蒂茨-瓦尔尼茨（von Nostitz-Wallnitz上尉，1943年8月29日至9月15日，阵亡）

霍斯特-乌尔里希·马容特克（Horst-Ulrich Majuntke中尉，1943年9月15日至9月29日，代理指挥）

维尔纳·冯·贝施维茨（Werner von Beschwitz上尉，1943年9月29日至1944年11月，调职）

森费特·冯·皮尔沙赫（Senfft von Pilsach少校，1944年11月16日至1945年4月，投降）

第505重装甲营骑士十字勋章获得者

伯恩哈德·绍万特（Bernhard Sauvant）少校 橡叶饰（第260位获得者）1943年7月28日
威廉·克瑙特（Wilhelm Knauth）中尉　　　　骑士十字勋章 1943年11月14日
维尔纳·冯·贝施维茨（Werner von Beschwitz）上尉骑士十字勋章 1944年7月27日

第505重装甲营著名虎式坦克王牌

威廉·克瑙特（Wilhelm Knauth）中尉　　　　　　68辆
海因里希·毛斯贝格（Heinrich Mausberg）中士　　50辆以上

第 2 章　陆军第 505 重装甲营

※ 伯恩哈德·绍万特（1910—1967）

※ 维尔纳·冯·贝施维茨（1915—2011）

※ 威廉·克瑞特（1916—1945）

※ 海因里希·毛斯贝格（生卒年不详）

陆军第505重装甲营虎式／虎王坦克接收及保有数量统计表

接收日期	虎式坦克	虎王坦克	保有数量	备注
1943.2	2	—	2	
1943.3	18	—	20	另有25辆三号
1943.6.20	11	—	31	
1943.6.19	14	—	45	配属第3连
1943.9.27	5	—	30	
1944.4.13	5	—	23	
1944.4.25	6	—	29	
1944.4.26	12	—	41	
1944.6.1	1	—	42	
1944.6.6	(6)	—	48	损伤坦克修复
1944.6.17	(3)	—	51	损伤坦克修复
1944.7.26	—	4	4	
1944.8.7	—	2	6	原属第501重装甲营
1944.8.10	—	3	9	
1944.8.11	—	2	11	
1944.8.13	—	3	14	
1944.8.14	—	5	19	
1944.8.17	—	3	22	
1944.8.20	—	1	23	
1944.8.21	—	4	27	
1944.8.23	—	6	33	
1944.8.24	—	5	38	
1944.8.26	—	5	43	
1944.8.29	—	2	45	
1944.9	—	3	45	由陆军预备队调拨
1945.1.28	4	—	?	由第511重装甲营移交
总计	78	48		

※ 原书统计如此，估计有误。责编注。

陆军第504重装甲营虎式/虎王坦克损失情况统计表

损失日期	损失数量	保有数量	备注
1943.7.7	3	42	被击毁
1943.7.17	2	40	被击毁
1943.7.20	1	39	后送维修
1943.8.5	1	38	自燃
1943.8.6	1	37	被己方乘员摧毁
1943.8.10	3	34	后送维修
1943.8.31	7	27	后送维修
1943.9.15	1	26	被己方乘员摧毁
1943.9.18	1	25	被缴获
1943.10.18	3	27	被击毁
1943.10.31	2	25	后送维修
1943.11.15	1	24	被缴获
1943.11.30	1	23	无法修复报废
1943.12.30	1	22	毁于炮击
1944.1.1	1	21	后送维修
1944.2.1	1	20	无法修复报废
1944.2.3	1	19	被反坦克炮击毁
1944.2.16	1	18	毁于炮击
1944.6.28	6	45	无法修复报废
1944.6.29	3	42	被己方乘员摧毁
1944.7.7	12	30	被己方乘员摧毁
1944.9.21	1	44	被JS-1击毁
1944.10.4	2	42	被击毁
1944.10.5	2	40	被焚毁
1944.10.16	2	38	被缴获
1944.10.18	1	37	被反坦克炮击毁
1945.1.15	1	36	无法修复报废
1945.2.5	23	17	大多被己方乘员摧毁
1945.3.15	4	13	无法修复报废
1945.4	1	12	被击毁
1945.4.13	7	5	被击毁
1945.4.15	5	0	被己方乘员摧毁
总 计	126辆		战损37%，自毁49%，其他原因14%

※ 原书统计如此，估计有误。责编注。

虎式坦克 全景战史

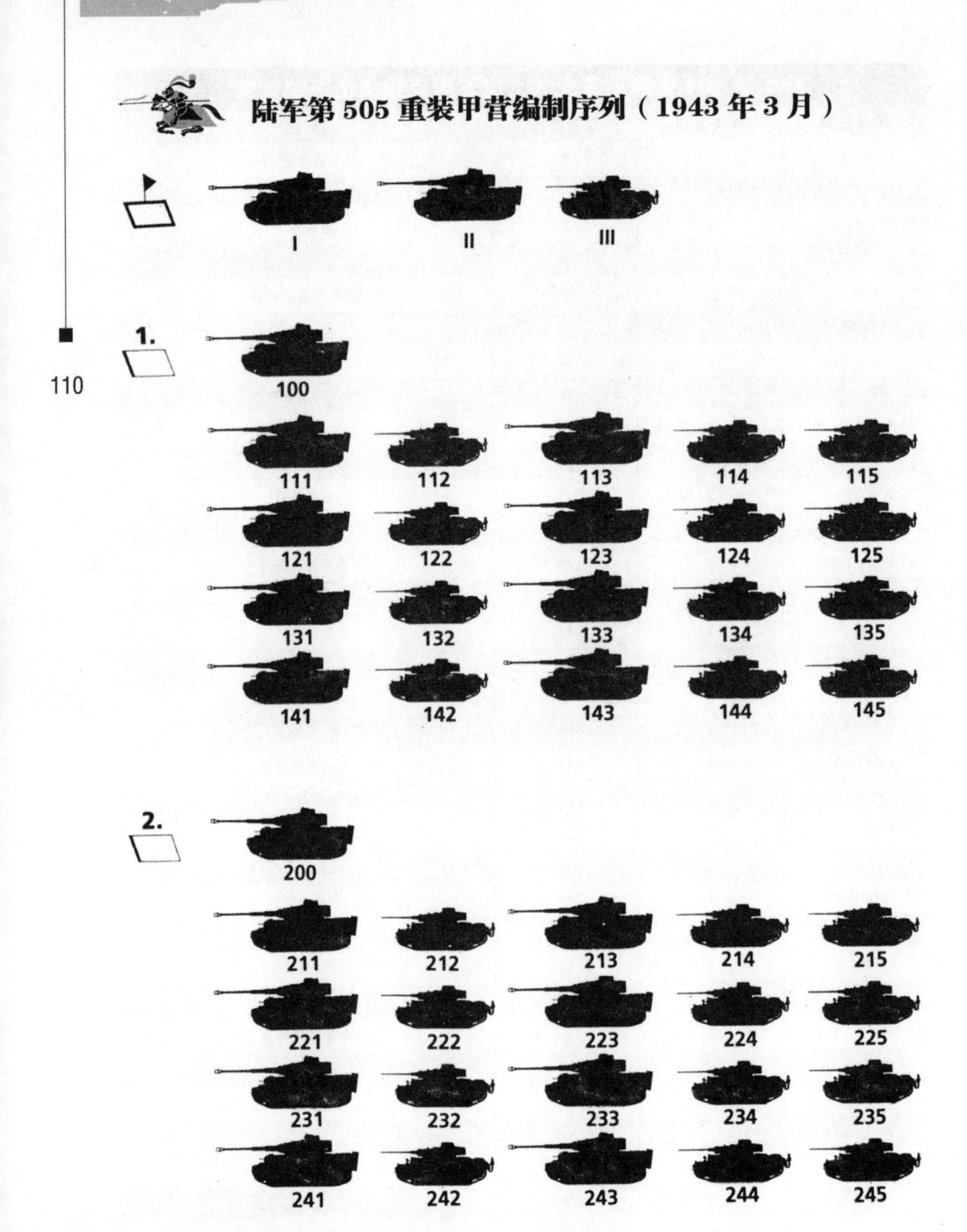

陆军第505重装甲营编制序列（1943年3月）

I II III

1.
100

111 112 113 114 115
121 122 123 124 125
131 132 133 134 135
141 142 143 144 145

2.
200

211 212 213 214 215
221 222 223 224 225
231 232 233 234 235
241 242 243 244 245

陆军第505重装甲营编制序列（1943年7月）

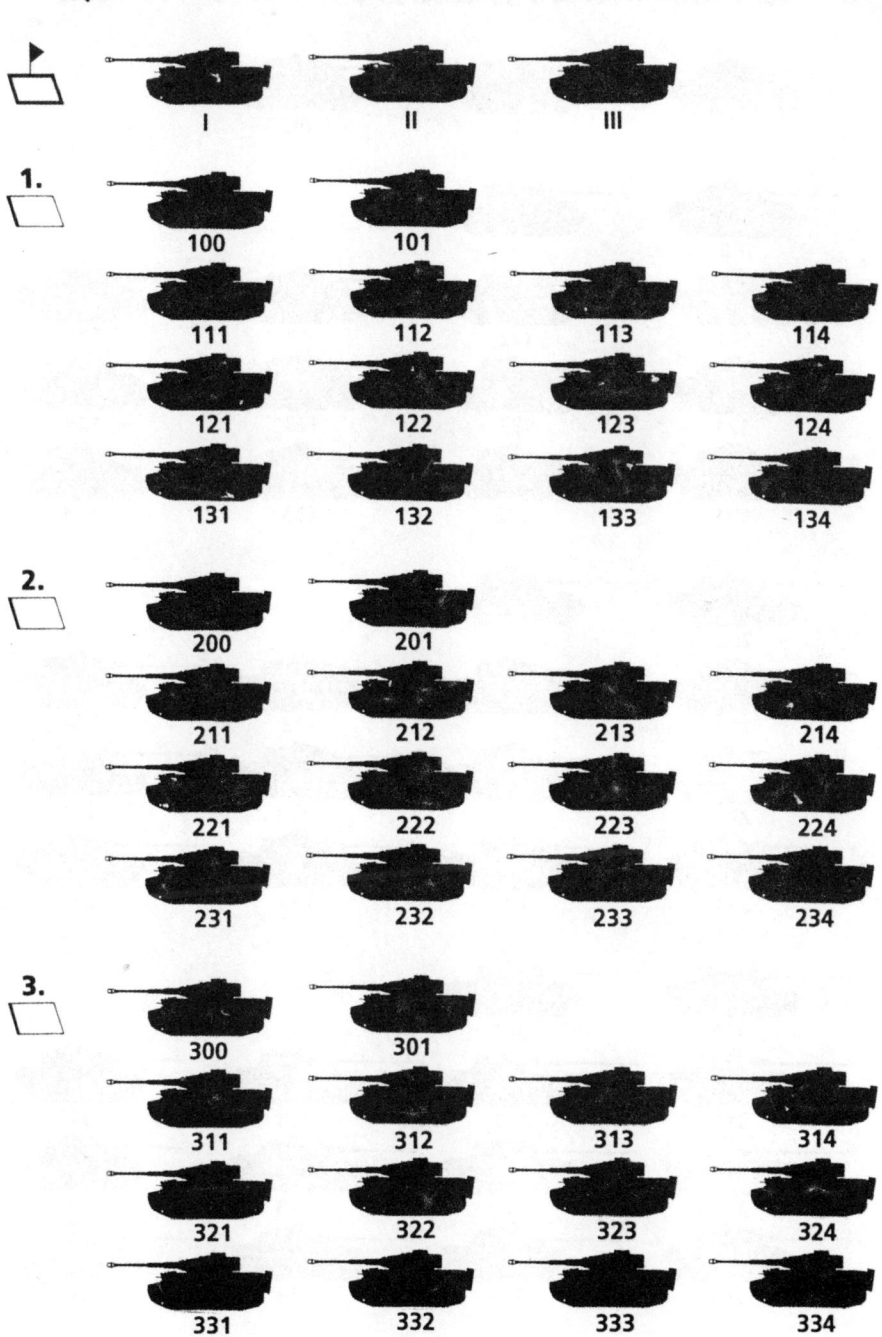

| | I | II | III |

1.
100	101
111	112	113	114
121	122	123	124
131	132	133	134

2.
200	201
211	212	213	214
221	222	223	224
231	232	233	234

3.
300	301
311	312	313	314
321	322	323	324
331	332	333	334

虎式坦克 全景战史

陆军第 505 重装甲营编制序列（1944 年 8 月）

	I	II	III

1.

100	101		
111	112	113	114
121	122	123	124
131	132	133	134

2.

200	201		
211	212	213	214
221	222	223	224
231	232	233	234

3.

300	301		
311	312	313	314
321	322	323	324
331	332	333	334

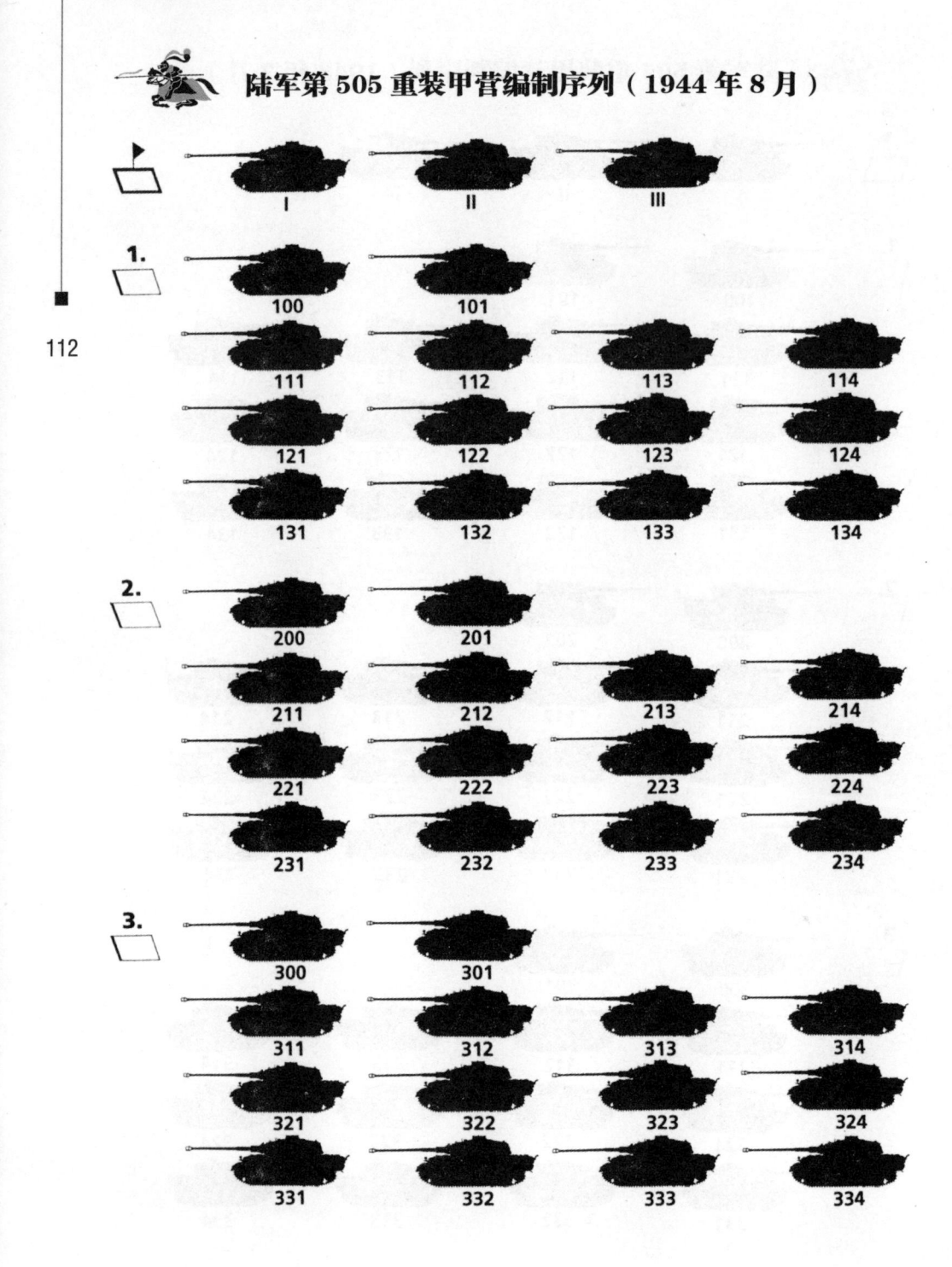

第2章 陆军第505重装甲营

※ 上图 为1943年初，第505重装甲营的官兵们正在试驾新获得的虎式坦克，此时该营的坦克尚未涂绘标志和编号，注意其第一对外负重轮被拆去。

※ 下图 是收到新坦克后，第505重装甲营第1连131号虎式坦克的车组成员在座车前合影，这辆坦克的车长是弗尔克尔候补军官，从这幅照片上可以看到，其中两位成员是获得了装甲突击章的资深坦克兵。

虎式坦克 全景战史

※ 第505重装甲营与之前组建的四个重装甲营一样最初也混编有三号坦克，上图摄于1943年4月13日，某次演习中该营的一辆虎式和两辆三号共乘一艘渡船过河，注意在坦克正面左上角绘有早期的营徽图案。

※ 下图 摄于1943年4月底比利时贝弗洛的街头，第505重装甲营正准备启程前往东线，这是营部所属II号虎式坦克；注意此时这辆坦克已经更换了窄幅运输履带，拆除的侧裙板叠放在车首上位置，炮塔上还有各种箱子，还真是一副出远门的行头。值得注意的是，车组成员用钢缆将宽幅履带拴在坦克车底，由其自行拖上货车。

第2章 陆军第505重装甲营

※ 上图及下图　是第505重装甲营营部所属II号虎式坦克在抵达东线后拍摄的两幅照片，上图中该车还未喷涂迷彩，而下图中该车已经喷涂了迷彩，另一个值得注意的地方是这辆坦克在车尾还装有空气滤清器。

虎式坦克 全景战史

※ 上图　摄于1943年6月某次野战演习期间，这是第505重装甲营第1连的坦克纵队，注意行驶在最前方的是一辆三号坦克。

※ 上图　是第505重装甲营第1连的113号和143号虎式坦克正在进行训练，注意两辆坦克都安装了空气滤清器，在炮塔储物箱后面都挂有一个布卷，那是用于对空识别的卐字旗。

※ 上图　摄于1943年6月"堡垒"行动前夕，第505重装甲营第2连的两辆虎式坦克在校准火炮，其中右侧那辆属于稍晚交付该营的11辆虎式中的一辆，其特征是在炮塔侧面挂有备用履带。

第2章 陆军第505重装甲营

※ 在"堡垒"行动的备战期间,第505重装甲营研究了一些很实用的作战技巧,比如在坦克侧面携带一两根砍伐的树干,便于在陷入泥沼时自救,如上图。

※ 下图 在"堡垒"行动前夕某次夜间演习中,第505重装甲营第1连连长座车100号虎式坦克涉水过河,注意车体侧面已经密集布设了防止步兵攀爬的铁丝网。

虎式坦克 全景战史

※ 在1943年夏季，虎式坦克对于大多数德军官兵来说还是颇为新奇的武器，因此常有友邻部队的战友到第505重装甲营参观，甚至一些平民也有机会过一把骑"老虎"的瘾，上图中这辆第505重装甲营的虎式上就爬满了平民。

※ 下图　是库尔斯克战役开始前夕，第9集团军司令莫德尔大将访问第505重装甲营，并同坦克兵们交谈，中央集团军群司令克鲁格元帅也曾经造访该营。

第 2 章 陆军第 505 重装甲营

※ 上图 摄于"堡垒"行动前的最后一次野战演习中,第505重装甲营的233号虎式坦克在一架鹳式侦察机的支援下展开行动,在未来的战役中,密切的空地联络将有助于空中力量对装甲部队的支援。

※ 1943年6月,第505重装甲营在得到补充后达到了45辆虎式坦克的满编状态,同时按照标准编制重新编组,而营内原有的三号坦克从各连中撤编,并转为其他用途,用于执行侦察警戒任务或改装为辅助车辆,比如架桥坦克或弹药运输车。下图就是两辆由三号坦克改装的弹药运输车伴随两辆虎式坦克在草原上行动,能够依稀看到在其车体正面左上角仍保留着营徽图案。

※ 库尔斯克战役期间,第505重装甲营的虎式坦克大多在首下位置加挂了备用履带,不过像下图中这辆坦克在正面履带板上还额外挂上六顶钢盔的就很少见了,难道车组成员认为这样做会更加保险?

※ 可能是出于迷惑敌人的动机,第505重装甲营部分虎式坦克的车辆编号并未写全,比如下图这辆"23"号,这给后来的研究者造成了很大困扰,很多人将它当作"大德意志"师重装甲连的装备。

虎式坦克 全景战史

※ 上图 摄于1943年7月初"堡垒"行动发动之前，第505重装甲营第1连的虎式坦克向进攻集结地域开进，并与一队正在转移阵地的三号突击炮迎面相遇。

※ "堡垒"行动开始时，第505重装甲营第3连尚未抵达前线，该连的坦克还保持着热带沙漠迷彩。下图为第3连的313号虎式坦克因技术故障抛锚，在原地等待救援。

第2章　陆军第505重装甲营

※ 第505重装甲营用三号坦克改装的弹药运输车实际上还可以运送步兵甚至战俘，上图中一名德军士兵在搜查一名投降的苏军士兵，在他们身后就是一辆载有步兵的第505重装甲营三号弹药运输车，有趣的是为了防止敌军的手榴弹，车上还特意配置了一个铁丝网罩。

※ 第505重装甲营第3连324号虎式坦克在战斗中炮管中弹受损，下图为1943年7月9日拍摄的炮管损伤部位的特写，苏军炮弹打穿了88毫米炮身管，当时战斗的激烈程度。

虎式坦克 全景战史

※ 1943年夏，德国空军在东线战场上逐渐丧失了优势，德军装甲部队面临的空中威胁也愈加严重，因此十分重视对车辆的伪装，尽量减少遭遇空袭的几率。上图中第505重装甲营的一辆虎式坦克用干草进行了严密伪装。

※ 下图 是在某次行动后，第505重装甲营第1连的133号虎式坦克的车组成员在交流战斗的经验得失，注意在炮塔侧面的履带板上挂有一排钢盔，其中一顶还被弹片打中凹陷。

第 2 章　陆军第 505 重装甲营

※ 上图　是第505重装甲营的一名车组成员在检查虎式坦克正面的中弹情况，在驾驶员观察口两侧各有一处被76.2毫米炮弹击中的痕迹，在炮管侧面也有炮弹擦过的划痕，实战表明，苏军76.2毫米野战炮很难对虎式坦克的正面装甲构成威胁。

※ 在库尔斯克战役中经历了初次战斗洗礼后，第505重装甲营的大部分虎式坦克都需要接受保养和维修。下图为第3连的321号坦克在后方维修厂内进行修理，其左侧的多个负重轮和悬挂机构都已被拆解。

虎式坦克 全景战史

※ 在1943年8月12日至8月14日，第505重装甲营获得了几天的休整时间。上图为该营的一名坦克兵在经过良好伪装的虎式坦克旁边进餐，不过从他的姿态看似乎对自己的野战口粮不甚满意。

※ 在敌军火力下进行拖曳回收时速度最重要，下图这辆第505重装甲营的虎式坦克车组显然对此有深刻认识，在车体正面做了一点小改装，加装了一个垂直滑槽用于存放应急的拖曳挂钩，而且还能增加少许的正面防护，一举两得。

第2章 陆军第505重装甲营

※ 上图 是第505重装甲营第1连的124号虎式坦克在更换悬挂扭杆装置,在东线战场的恶劣路面条件下,虎式坦克行走机构的磨损很严重,需要经常维修和更换部件。

※ 下图 可能是拍摄于1943年9月中下旬第505重装甲营向奥尔沙转移时,注意所有已经装上火车的坦克都未更换窄幅运输履带,而是以宽幅作战履带直接装车,这是进行短途铁路运输时的常见做法。

虎式坦克 全景战史

※ 上两图　为第505营乘火车前往奥尔沙途中所摄，根据左上图卡车尾部的战术标识，它们属于第505营第1连。

※ 下图　是1943年11月在奥尔沙地区待命的第505重装甲营的虎式坦克，当时该营作为集团军群的预备队驻守于此。

第 2 章 陆军第 505 重装甲营

※ 上图 是第505重装甲营维修连连长施蒂格勒中尉在奥尔沙的维修场，与100号虎式坦克的炮塔合影，他胸前佩戴有一级铁十字勋章、银质装甲突击章和黑色战伤勋章，右臂上还有独力击毁坦克臂章，作战经验相当丰富，注意他身后的炮塔是用多个200升油桶作为支撑基座的。

※ 下图 是另一幅第505重装甲营驻防奥尔沙地区的照片，这两辆虎式坦克选择了一座被遗弃的厂房作为临时隐蔽所，其中一辆在出动时直接从墙上的破洞开出。

虎式坦克 全景战史

※ 在拖曳陷入泥沼的虎式坦克时，其拖曳环扣都可能被拉断，上图为第505重装甲营维修连的一名士兵正用焊枪修补损坏的拖曳环扣及车体上的裂痕。

※ 下图 摄于1943年11月，第505重装甲营维修连的门式吊车将一座炮塔吊装到车体上，注意这辆虎式坦克的炮管刚刚刷了一半的白漆，而在照片左侧不远处的213号虎式坦克已经通体雪白了。

第2章　陆军第505重装甲营

※ 1943年冬季的第一场雪比预料中提前降临了，此时第505重装甲营有不少虎式坦克还未及时更换涂装，比如上图中第1连的123号坦克及其僚车。

※ 随着冬季的到来，第505重装甲营维修连开始为虎式坦克喷涂白色伪装，右图这辆213号就已经涂了部分，但是这种简单涂刷白漆的做法并不受车组成员欢迎，因为太过洁白反而容易被发现，他们还要想办法将坦克外表弄得脏一点。

※ 下图 是1943年冬季，第505重装甲营侦察排的一辆Sd.Kfz.251型半履带装甲车从营长乘坐的 I 号虎式坦克旁边驶过，两者都已喷涂了白色伪装色。

虎式坦克 全景战史

※ 在冬季路面由于冰雪覆盖，十分湿滑，虎式坦克常常出现滑落公路的状况，比如上图中第505重装甲营212号坦克就中招了。

※ 左图 是第505重装甲营的323号虎式坦克正在重新挂装履带，维修人员需以人工方式先将履带后端挂在诱导轮上，然后才能缓慢驱动车轮，将履带拖挂到负重轮上。

※ 下图 充分说明要以人力翻动整条虎式坦克的履带需要多少人手。

第 2 章　陆军第 505 重装甲营

※ 上图　是第505重装甲营134号虎式坦克的车组成员在雪中享用战斗口粮，从这幅照片中可以看到虎式坦克白色冬季涂装的细节，应该是以白色石灰浆简单刷涂而成，但比使用白色油漆完全涂白效果更好。

※ 上图　是1944年初第505重装甲营向集结地域开进途中的留影，照片正中的桶车是营长座车，而两辆挎斗摩托负责探查路面情况，注意最前面那辆摩托的备胎上有防滑链。

※ 上图　是第505重装甲营的223号虎式坦克在行动中失去了右侧履带，准备由牵引车拖往修理厂，注意坦克侧面还挂有圆木。

虎式坦克 全景战史

※ 1944年2月初,第505重装甲营的数辆虎式坦克在托波里诺附近支援步兵作战,上图中两名指挥官在一辆虎式坦克旁商讨行动计划。

※ 上图 是在接近目标后,负责支援的工兵指挥官爬上坦克,与坦克车长进行沟通,以便协同行动。

※ 下图 摄于进攻的最后阶段,虎式坦克冒着苏军的阻拦火力冲进燃烧的村庄,支援步兵将紧跟其后,巩固战果。

第2章　陆军第505重装甲营

※ 1943年底至1944年初，第505重装甲营开始采用新的营徽——冲锋的骑士，并且将营徽图案绘制在虎式坦克的炮塔侧面，如上图所示。

※ 随着新营徽的采用，第505重装甲营对虎式坦克车辆编号的涂绘方式也做出调整，将其由炮塔侧面移至火炮根部，下图的133号坦克提供了一个很好的范例。

虎式坦克 全景战史

※ 随着1944年春季的到来，东线的泥泞噩梦再度重现，上图为第505重装甲营的两辆虎式坦克正在泥沼般的公路上挣扎，背景中还能看到数辆三号突击炮。

※ 下图　为1944年春，第505营营长冯·贝施维茨上尉（右）站在座车的指挥塔内用望远镜观察地形，另外两名车组成员在一旁等待命令。

第 2 章　陆军第 505 重装甲营

※ 上图　为第505重装甲营营部所属的II号虎式坦克在后方维修主动轮，注意这辆坦克安装了新型车长指挥塔，其车辆编号绘制在火炮根部的防盾套筒侧面。

※ 下图　摄于1944年4月26日，第505重装甲营的虎式坦克群向塔尔哥维茨察的集结地前进，注意此时该营的虎式坦克已经拆除了车尾的空气滤清器。

虎式坦克 全景战史

※ 上图　摄于1944年4月27日，第505重装甲营的虎式坦克在集结地域等待进攻命令，注意车体侧面仍挂有自救圆木。

※ 下图　同样摄于1944年4月27日，第505重装甲营的虎式坦克在前沿掩护位置以固定射击方式为进攻提供火力支援，地面上散落着空炮弹壳，在去除白色冬季涂装后，该营暂时还没有将营徽重新绘制在炮塔上。

第 2 章　陆军第 505 重装甲营

※ 上图　摄于1944年5月27日，第505重装甲营在后方休整期间为荣获骑士十字勋章的克瑞特中尉（右二）举行了隆重的授勋仪式，第5装甲师师长德克尔少将（左一）和第31装甲团团长利珀特上校（右一）出席了典礼，背对镜头者可能是营长贝施维茨上尉。

※ 下图　是第505重装甲营受损的虎式坦克在后方接受维修，修理厂似乎设在一座大型厂房内，相比在前线地带经常露天作业，这里的环境显然要优越很多，但这种良好的地点并不容易找到。

※ 下图　是1944年5月26日交付第505重装甲营的一辆崭新的虎式坦克，车辆编号为211，注意其安装了新的钢缘负重轮和新型指挥塔，但炮塔侧面还未绘制骑士营徽图案。

虎式坦克 全景战史

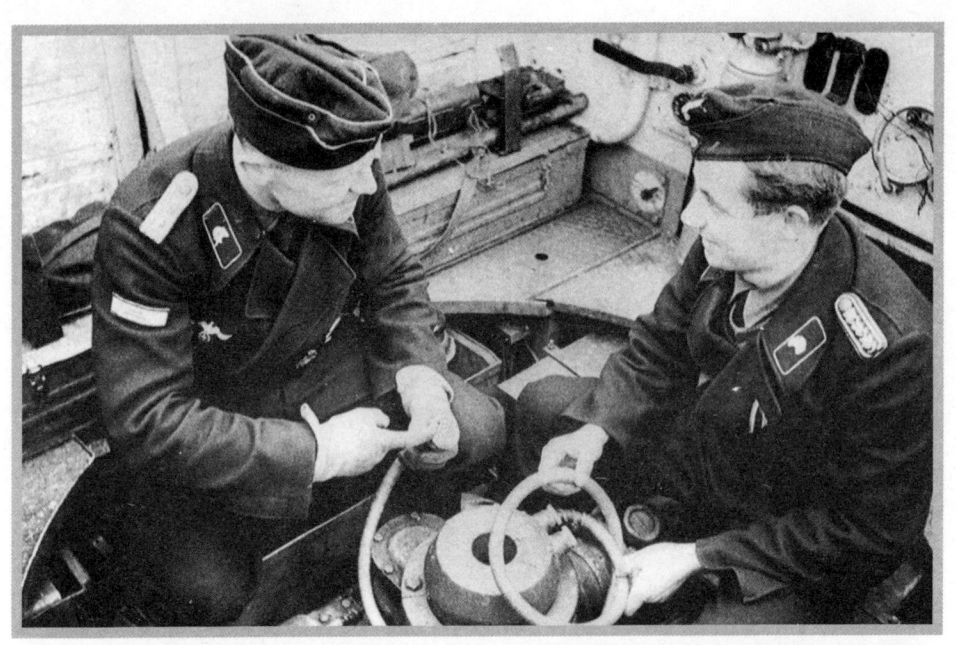

※ 上图　是第505重装甲营维修连连长施蒂格勒中尉（左）与一名配属该营的平民技师（又叫战时技术顾问）坐在一辆虎式坦克的战斗舱，研究设备维修细节，施蒂格勒中尉右臂佩戴着一枚独力击毁坦克臂章，说明他亲历过近身反坦克作战。

※ 下图　是第505重装甲营第1连111号虎式坦克正面特写，它的车体正面焊有两个拖曳挂钩滑槽，可以额外携带四个备用挂钩。

第2章 陆军第505重装甲营

※ 1944年6月27日，第505重装甲营在乘火车转移途中遭遇空袭，上图为遇袭现场，可见有一节车厢中弹起火，多部车辆被焚毁。

※ 下图 是1944年夏第505重装甲营回收排装备的第一辆黑豹坦克回收车，这种车辆对于提高战场回收行动的效率和成功率十分有利。

虎式坦克 全景战史

※ 上图　是1944年6月底，第505重装甲营第3连连长罗德尔少尉在阅读一份新送达的行动命令，注意在他右手边的炮塔顶盖上放有一副剪式望远镜，便于他从指挥塔内观察外部情况。

※ 下图　与上图拍摄于同一时间地点，反映了1944年6月底苏军发起针对中央集团军群的大规模攻势时，第505重装甲营第3连集结准备反击的情况，注意连长的300号坦克在侧面悬挂有自救圆木，并且安装了新型指挥塔。

第 2 章　陆军第 505 重装甲营

※ 在1944年6、7月间的战役中，第505重装甲营遭遇毁灭性的打击，损失了全部坦克，但于8月间在奥尔德鲁夫重建，并且整体换装虎王坦克。上图为重建后的该营第2连201号虎王坦克，注意其车辆编号的特殊样式。

※ 在重建后，第505重装甲营在奥尔德鲁夫地区进行了为期数周的训练，以熟悉装备，尽快做好重返前线的准备，下图为训练期间拍摄。

虎式坦克 全景战史

※ 上图 是在奥尔德鲁夫训练期间，第505重装甲营第3连的321号虎王坦克在一棵大树下寻求对空隐蔽，注意炮塔侧面已经绘上了营徽图案。

※ 下图 是第505重装甲营第1连的132号虎王坦克的车组成员在坦克前列队留影，注意炮塔侧面中央位置的防磁涂层被铲平，便于绘制清晰的营徽图案。

第 2 章　陆军第 505 重装甲营

※ 在奥尔德鲁夫驻训的最后阶段，第505重装甲营也组织了一些文娱活动，让官兵们放松身心。上图为在一次娱乐活动中由本营士兵扮演的小丑在舞台上表演滑稽剧，背景中可以看到111号虎王坦克。

※ 1944年9月初，完成换装训练的第505重装甲营乘火车再赴东线作战。下图是已经登上了平板货车运载的该营第1连虎王坦克，有点不和谐的是车组成员利用炮管晾晒衣物。

虎式坦克 全景战史

※ 上图　摄于1944年9月9日至10日，第505重装甲营奉命向纳谢尔斯克开进途中第2连某辆虎王车组成员在一处小村休息时的合影，中间那位士兵还特意展示了村庄的路牌。

※ 左图　摄于1944年9月12日，第505重装甲营的虎王坦克群隐蔽在纳雷夫河沿岸地区的一片密林中，当时该营充当第2集团军的预备队。尽管战局持续恶化，但第505重装甲营的官兵们在战斗间歇仍能保持笑容，图中右侧这名军官就是营长贝施维茨上尉。

第 2 章　陆军第 505 重装甲营

※ 上图及下图　是1944年9月在纳谢尔斯克附近，第505重装甲营第1连的124号虎王坦克在后方维修厂接受修理，这两张照片就解释了该营车辆编号独特的书写方式，从右侧看，代表连番号的数字1排在第一位，而从左侧看，数字1就排在最后一位了。

※ 上图　摄于1944年10月，第505重装甲营第2连的202号虎王坦克在某次战斗结束后平安返回驻地，车长微笑着向战友们挥手致意。

※ 下图　是1944年10月出任第3连连长的克瑙特上尉（左二）与车组成员的合影，他是第505重装甲营头号王牌车长，骑士十字勋章获得者。

第 2 章　陆军第 505 重装甲营

※ 上图　是第505重装甲营的弗尔克尔中尉在虎王坦克指挥塔上的一幅留影，摄于战争的最后时期。

※ 1945年初，战火已经燃烧到德国领土上，下图为在东普鲁士某地集结的第505重装甲营的虎王坦克群。

虎式坦克全景战史

※ 上图　是1945年4月在东普鲁士的布鲁梅瑙被击毁的第505重装甲营第1连的一辆虎王。

※ 下图　是1945年4月13日在东普鲁士的梅德瑙被击毁的两辆第505重装甲营的虎王残骸，其中一辆可能是321号。

第3章
陆军第506重装甲营

Schwere Panzer-Abteilung 506

1943年7月20日根据普通陆军总局的Nr.27689/43号命令，利用1943年4月4日从东线布良斯克（Brjansk）调回德国国内的第9装甲师第33装甲团第3营在圣珀尔腾组建陆军第506重装甲营。随后该营前往瑟内拉格接受虎式坦克的训练。首任营长是格哈德·维林（Gerhard Willing）少校。

1943年8月16日至27日：45辆虎式交付第506重装甲营，全营达到满编状态。

1943年9月9日至12日：第506营奉命调往东线战场，全营的人员装备用11列火车向东运输，经第聂伯罗斯特科耶（Dnjeprostroj）转运至萨波罗斯耶（Saporoshje）。

1943年9月17日至20日：第506营各部陆续抵达目的地。

1943年9月18日：第506营配属于第92军，两天后又配属于第9装甲师。

1943年9月20日至23日：第506营在萨波罗斯耶桥头堡进行防御战。

1943年9月20日：第506营前进至卢坎约夫卡（Lukanjowka），派出10辆虎式配属于第10装甲掷弹兵团第1营，在鲍洛夫卡（Pawlowka）以南地区发动进攻，由于苏军的顽强防御，攻击失利，1辆虎式起火焚毁，击毁6辆坦克。全营保有虎式坦克的数量降至44辆。

1943年9月21日：第506营的5辆虎式作为预备队部署在卢克雅诺夫卡（Lukjanowka），8辆虎式配属于第11装甲掷弹兵团，部署在乌克兰尼斯基耶（Ukrainskij）以西。第506营第2连的13辆虎式配属于第10装甲掷弹兵团，部署在布里斯尼茨公墓（Blisnezy Cemetery）北部，由营长维林少校亲率的5辆虎式组成一个战斗群，配属于第335步兵师第683掷弹兵团，抵御苏军坦克的进攻，第506营第3连部署在保尔斯科隆（Paulskron）。

1943年9月22日：苏军坦克向保尔斯科隆附近展开进攻，第3连在来自卢克雅诺夫卡和乌克兰尼斯基耶两地的虎式坦克的支援下粉碎了苏军的攻势。配属于第10装甲掷弹兵团的虎式沿公路发起反击，向西推进到谢韦特斯恩科（Schewtschenko），建立了掩护阵地。

1943年9月23日：第506营的3辆虎式向新巴塞尔（Neu Basel）发动攻击，第10装甲掷弹兵团沿公路向108.3高地发动反击，在黄昏过后，德军在杰勒诺夫卡（Jelenowka）东郊停止攻击。第506营的6辆虎式转移到巴拉比诺（Balabino），配属于第9装甲侦察营，充当预备队。

1943年9月24日：第10装甲掷弹兵团与第506营第2连的13辆虎式继续发起进攻，但受到苏军强大反坦克炮火的阻击，被迫停止攻击，损失3辆虎式，其余坦克也多有损伤，被迫退回杰勒诺夫卡东郊阵地。第506营第1连的10辆虎式从卢克雅诺夫卡转移至布里斯尼茨公墓。第10装甲掷弹兵团第1营与第9装甲侦察营一道沿公路向谢韦特斯恩科进攻，恢复了前沿阵地。第506营保有的虎式坦克数量降至41辆。

1943年9月25日：第506营在布里斯尼茨公墓集结，全营11辆坦克可以作战，该营第3连连长霍夫曼（Hoffmann）中尉阵亡。

1943年9月26日：第506营营长指挥9辆坦克在103.8高地西北集结，然后经谢韦特斯恩科向西南运动，在塔拉索夫卡（Tarassowka）以东遭遇猛烈的阻击火力，被迫向南撤往格里高利杰维斯基耶（Grigorjewskij）。为了掩护战线的北翼，第506营一部从谢韦特斯恩科以东发起进攻，也被苏军的防御所阻，参与攻击的虎式均中弹受损，向诺沃亚历山大罗夫卡（Nowo Alexandrowka）以东撤退。随后维林战斗群被指定为第40装甲军的预备队。第506营在当天的战斗中3辆虎式全毁，1辆虎式需后送大修，保有坦克数量降至37辆。

1943年9月28日：为了重新夺回主阵地前沿，第506营的4辆虎式被配属于第16装甲掷弹兵师，准备发起新的攻势。

1943年9月29日：德军开始进攻，左翼部队从诺沃亚历山大罗夫卡以南攻击111.2高地，右翼部队穿过112.4高地向东北方进攻，左翼部队推进至诺沃亚历山大罗夫卡西南地区与第10装甲掷弹兵团取得联系，随后共同恢复了先前的阵地，第506营的5辆虎式参加了当天的行动。

1943年9月30日：第506营配属于第16装甲掷弹兵师，全营有10辆虎式可以作战。

1943年10月1日：第506营可用兵力为14辆虎式。

1943年10月2日：第506营的5辆虎式与第125步兵师一起部署在瓦斯里耶维斯克（Wassiljewski）附近，其余部队仍与第16装甲掷弹兵师部署在格里高利杰夫卡

第3章　陆军第506重装甲营

（Grigorjewka）附近。

1943年10月7日：第506营的18辆虎式配属于第16装甲掷弹兵师。

1943年10月10日：第506营第1、2连的11辆虎式与第16装甲掷弹兵师在科里尼特施尼西（Krinitschnxi）附近作战。

1943年10月11日：在当日战斗中，第506营遭到严重损失，1辆虎式全损，与第333步兵师和第335步兵师一起在诺沃亚历山大罗夫卡附近发起反击。第506营全营保有的坦克数量降至36辆。

1943年10月12日：第506营在纳塔尔杰夫卡（Nataljewka）东北的111.5高地与苏军交战。

1943年10月14日：第506营与第156掷弹兵团一道部署在格里高利杰夫卡至萨波罗斯耶公路沿线巴拉比诺以东6公里处的116高地上。

1943年10月15日：第506营配属于第656重型坦克歼击车团，部署在马杰夫卡（Majewka）附近。由于萨波罗斯耶的水坝被摧毁，坦克只能乘船渡过第聂伯河。

1943年10月18日：第506营作为第16装甲掷弹兵师的预备队部署在坎泽罗瓦（Kanzerowa）。

1943年10月20日：第506营有7辆虎式可以作战。

1943年10月23日：第506营奉命肃清渗透到基利沃耶罗格（Kriwoj Rog）地区的苏军部队，维林少校在战斗中阵亡，2辆坦克全损，在战斗结束后全营就地防守。第506营保有的坦克数量降至34辆。

1943年10月24日：第506营击退了苏军坦克对基利沃耶罗格的进攻。

1943年10月26日：第506营的4辆虎式与第294步兵师第515掷弹兵团一起发起攻击，夺取了122.2高地，与基利沃耶罗格守军取得联系。

1943年10月30日：第506营的可用兵力为6辆虎式。

1943年11月1日：第506营的可用兵力为6辆虎式。

1943年11月8日：第506营由基利沃耶罗格转移到格里耶瓦尔卡（Glijewarka）。

1943年11月9日：布兰特（Brandt）中尉指挥第506营第3连的3辆虎式与第23装甲侦察营一起在尼代沃达（Nedei Woda）附近发起反击。

1943年11月10日：因为与步兵部队失去联系，第506营只好自行组织兵力防御苏军步兵的攻击。当日全营有14辆虎式可以使用。

1943年11月14日：由第506营、第23装甲团和第32装甲侦察营第3连组成的费希纳战斗群（Kampfgruppe Fechner）在"140.7"高地发动攻势，反击苏军自尼代沃达发起的进攻。该战斗群压制了苏军的突击部队，击毁2辆坦克，格雷夫（Graef）少尉指挥第506营第3连的3辆坦克在"138.5"高地遭遇一队正在加油的苏军坦克,在一阵火力急袭后击毁其中19辆!

1943年11月15日:尽管德军未能夺取尼代沃达以东的"123.4"高地,但是肃清了两支突破前沿的苏军部队,第506营击毁了7辆T-34,损失1辆虎式,全营保有坦克数量降至33辆。

1943年11月20日:第506营的可用兵力为15辆虎式。

1943年11月21日:第506营协同其他德军部队继续向尼代沃达进攻,损失3辆虎式,全营保有坦克数量降至30辆。

1943年11月22日:第506营向"110.7"高地发起突击。

1943年11月24日:第506营击退苏军向"140.2"高地发动的攻击。

1943年11月25日:第506营在一次侧翼攻击中击毁3辆T-34,亨德里克斯(Hendricks)下士的虎式被一门德军反坦克炮误击损毁,全营保有坦克数量降至29辆。

1943年11月27日:第506营的虎式攻击一处反坦克阵地,击毁5门反坦克炮。

1943年11月28日:第506营的数辆虎式支援第23装甲团的一支战斗群发起夜袭,封闭了拉斯恩希(Rassnxi)和140.7高地之间的缺口。同日埃伯哈德·朗格(Eberhard Lange)少校出任第506营新任营长。

1943年12月1日:第506营的可用兵力为4辆虎式。

1943年12月7日:第506营的3辆虎式部署在"140.7"高地的掩护阵地上。

1943年12月8日:第506营的虎式被部署在"140.7"高地以南的一处防御支撑点内。

1943年12月10日:第506营有4辆虎式可以作战。

1943年12月16日:第506营9辆可以作战的虎式配属于第13装甲师,在伊尔罗沃格勒(Irowograd)地区作战,参加了对诺夫戈尔罗德卡(Nowgorodka)东南173.9高地的进攻,营主力依然配属于第23装甲师。

1943年12月20日:第506营配合友军发动夜袭,夺取了"173.1"高地,2辆虎式全损,其余27辆坦克也全部受损,无法行动。第506营保有的坦克数量降至27辆。

1943年12月21日:第506营可用兵力为4辆虎式。

1943年12月25日:第506营乘火车转运至基洛沃格勒(Kirowograd)南部地区作战,巴皮斯特勒(Bapistella)少尉的虎式被一门苏军缴获的德制88毫米炮击毁,该营保有虎式坦克的数量降至26辆。

1943年12月29日至30日:第506营的13辆虎式乘火车前往奥拉托夫(Oratow),

第3章　陆军第506重装甲营

配属于第3装甲军，与第16、17装甲师配合作战。在随后的反击中，苏军被击退到文尼察至乌曼铁路沿线。

1943年12月31日：第506营可用兵力为18辆虎式。

1944年1月1日：第506营可用兵力为18辆虎式。

1944年1月2日：第506营的13辆虎式被部署到防御阵地上。

1944年1月9日：来自尼古拉耶夫（Nikolajew）的3辆虎式和部署在基利沃耶罗格的12辆虎式被装上火车，于1月20日运抵奥拉托夫。

1944年1月10日：自1943年9月20日起，第506营总共摧毁了213辆坦克和194门反坦克炮。

1944年1月14日：第506营在特皮立科（Teplik）附近集结，全营没有一辆坦克可以作战。

1944年1月18日：第506营的3辆虎式转移到克里斯蒂诺沃卡（Christinowka）附近地区。

1944年1月20日：第506营奉命进攻诺维尔斯基耶（Novelskij）附近的森林。

1944年1月21日：第506营配属于第16装甲师，向瓦拉迪斯劳施奇（Wladisslawtschik）发动进攻。

1944年1月22日：德军向瓦拉迪斯劳施奇附近农场实施突击。

1944年1月25日：第506营及其他德军部队在空军支援下进攻卡斯米罗夫卡（Kasimirowka）。

1944年1月26日：第506营攻击扎伊布雷蒂夫（Zybretiw）东北方的一处反坦克炮阵地。

1944年1月27日：第506营的虎式与几辆黑豹一起向奥拉托夫（Oratoff）以南战线挺进。

1944年1月28日：第506营向卡斯米罗夫卡转移，但获悉苏军坦克的动向后又回防奥拉托夫。在1月最后一周的战斗中，第506营因各种原因损失坦克16辆，全营保有虎式坦克的数量降至10辆。

1944年1月29日至30日：12辆新的虎式以每日6辆的速度交付第506营，使该营的保有坦克数量增至22辆。

1944年2月1日：第506营长途行军100公里转移至切尔卡瑟，准备参与救援被围的德军部队，全营可以作战的虎式有10辆。

1944年2月4日：解围行动在一片非常泥泞的地形上展开，第506营与第16装甲师一道夺取了库施科瓦（Kutschkowa）。

虎式坦克 全景战史

1944年2月6日：第506营的虎式在10分钟内击毁了16辆T-34。

1944年2月7日：第506营8辆燃料耗尽的虎式以原地射击的方式击毁了20辆苏军坦克，由于补给不继，攻击被迫停止，坦克均部署在塔诺夫卡（Tanowka）。

1944年2月8日：第506营重新发起攻击，摧毁了几处苏军据点，击毁13辆坦克，但每辆虎式仅得到140升的燃料补给。

1944年2月9日：苏军向托维洛夫卡（Towylowka）附近发动空袭，但没有造成损失。当天5辆新虎式交付第506营，使该营保有坦克数量达到27辆。该营转移至维诺格勒（Winograd），部署在第17装甲师的防区内。

1944年2月11日：第506营在得到空投燃料补给后继续向波斯索卡（Bossowka）进攻，并配属于贝克重装甲团。

1944年2月12日：第506营转移至弗兰克夫卡附近的掩护阵地，同时继续从空中获得补给，车组成员需要花费很长时间清洗沾满污泥的主炮炮弹。

1944年2月13日：第506营在空军支援下袭击了达施科夫卡（Daschikowka）和切尔瑟诺夫卡（Tschessnowka）。

1944年2月14日：第506营向利斯坚卡（Lissjanka）挺进，与第1装甲师取得了联系。

1944年2月17日：解围行动接近尾声，第506营和其他德军部队一道沿格尼洛伊季基奇河撤退，在途中3辆陷入泥泞的虎式被迫炸毁，全营保有虎式坦克的数量降至24辆。

1944年2月19日：第506营再次配属第17装甲师。

1944年3月1日：第506营将轮式车辆集中在斯梅尔林卡（Shmerinka），坦克集中在曼科维茨（Mankowzy）的火车站，该营将17辆虎式移交给第503营，7辆留作新装甲营的储备装备，全营轻装转移到兰贝格进行重整。

1944年3月29日至4月8日：45辆虎式交付第506营，使该营再度达到满编状态。

1944年4月1日：第506营有21辆虎式可以作战。

1944年4月2日：第506营有22辆虎式可用，奉命前往波莫尔雅尼（Pomorjany）第100猎兵师的防区。

1944年4月4日：第506营与第227猎兵团从利泰廷（Litiatyn）向北发动攻击，全营有18辆虎式可以作战，夺取了部分城镇。

1944年4月5日：第506营渡过科洛佩茨河（Koropietz River），向比亚洛基尔尼卡（Bialokiernica）进攻，全营有14辆坦克可用。

第3章 陆军第506重装甲营

1944年4月6日：第506营与第227猎兵团第2营一起从利采佐夫卡（Leczowka）向梅尔尼克（Mielnik）发动进攻，该营一部与第54猎兵团在比亚洛基尔尼卡南部的公路沿线作战。在当日战斗中，第506营击毁了12辆T-34，并攻入布兰格洛夫卡（Brangelowka）以西的苏军阵地。

1944年4月7日：苏军袭击了斯特里帕河畔的新桥头堡阵地，第506营奉命过河，在扎洛特尼基（Zlotniki）击毁20辆T-34，4辆虎式仍然掩护着第54猎兵团。

1944年4月8日：第506营可用兵力为11辆虎式。

1944年4月9日：第506营与第54猎兵团开始扩展桥头堡阵地，肃清了附近森林里的苏军部队，在数辆虎式的支援下，第54猎兵团第2营夺取了布尔卡诺夫（Burkanow）东南2公里的"382"高地。

1944年4月10日：第506营解除了与第100猎兵师的隶属关系。

1944年4月12日：第506营集结在波德海采（Podhaice）以东地区。

1944年4月13日：第506营向南经莫纳斯蒂罗斯卡（Monastiroska）前往斯洛博德卡（Slobodka）。

1944年4月15日：第506营的22辆虎式集结在杰茨尔赞尼（Jezierzany）东北4公里处，支援第19装甲师第73装甲掷弹兵团的作战。

1944年4月16日：德军部队袭击了苏军在斯特帕里河沿岸博布林采（Bobulince）和奥索维采（Osowce）的桥头堡阵地。

1944年4月17日：第506营被指定为预备队，部署在库尔德旺诺夫卡（Kurdwanowka），随后借助于70吨的渡船渡过德涅斯特河（Dnjestr River），进入史坦尼斯拉维夫（Stanislaw）地区。

1944年4月19日：第506营第2连部署在奥尔斯察（Olescha）以东，随后突击了伊萨科夫（Isakow）。

1944年4月20日：第506营与第1步兵师在奥尔斯察附近进行防御作战，莱赫鲍尔（Leihbauer）中士的虎式在铁路线附近被一辆苏军自行火炮击毁。该营随后向东南方向转移，第2连连长勃兰特中尉阵亡，全营保有的坦克数量降至44辆。

1944年4月21日：配属到第1步兵师的虎式夺取了哈拉西莫夫（Harasymow）西南方的目标。第506营的5辆虎式与第23装甲团第2营协同作战，夺取了扎波尔科卢基（Zaborkruki）东北的32高地，击毁2辆坦克和4门57毫米反坦克炮，所有参加战斗的虎式都受到损伤，其中2辆全损，该营保有的虎式坦克数量降至42辆。

1944年4月29日：第506营与第23装甲团一起夺取了科茨米尔茨（Chocimierz）。

1944年4月30日：德军继续攻击，但由于苏军抵抗非常激烈而没有取得任何进展，第506营当天在维茨尼亚茨卡（Wiszniaczka）附近作战。

1944年5月1日：第506营可以作战的虎式有22辆，该营在科茨米尔茨附近首次缴获了一辆JS-1重型坦克，在伊戈尔斯卡（Igrzyska）附近发生小规模战斗。

1944年5月2日：第506营的两个虎式装甲连与第23装甲团的6辆黑豹从佩斯纳科拉（Pszenna Cora）向南攻占"359"高地，但在下午失守，该营第3连的1辆虎式被JS-1击毁，全营保有虎式坦克数量降至41辆。

1944年5月间：战场形势相对平静，第506营主要与第17装甲师一起进行演习和侦察行动。

1944年6月1日：第506营有39辆虎式可以作战，同时还获得了2辆虎式坦克回收车。

1944年5、6月间：第506营为第1步兵师的撤退提供火力支援，同时渡过德涅斯特河，重新部署在斯特里帕河西岸第17装甲师的防区内，集结地在斯洛博德卡。

1944年7月1日：第506营的可用兵力为40辆虎式。

1944年7月中旬：第506营进行了100公里的急行军，前往兹沃图夫（Zlozow）地区。

1944年7月16日至21日：第506营与第8装甲师一起解救被包围在布罗德（Brody）的第13军，但未能取得成功。

1944年7月17日：第506营在努茨采（Nuszcze）附近作战，该营第3连代理连长潘策尔（Panzl）中尉的坦克被击毁，他也同时阵亡。第506营保有的虎式坦克数量降至40辆。

1944年7月18日：第506营在伊瓦采佐夫（Iwaczow）附近作战，战斗一直持续到次日。

1944年7月21日：第506营的虎式在3900米距离上击毁了一辆JS-1，在傍晚时全营向南撤退。

1944年7月22日：为了避免被苏军包围，第506营炸毁了部分装备，轻装简行，经斯特潘采（Stepance）向西南撤退。

1944年7月24日：第506营前进至杜利比（Duliby），在撤退过程中损失了大部分虎式。

1944年7月25日：在渡过斯特里河（Stry River）时，第506营的1辆虎式压垮了一座承重24吨的大桥。

1944年7月27日至28日：第506营在库德拉托夫卡（Kudlatowka）附近作战，在卡勒茨（Kalesch）展开营救行动，随后向穆卡特施（Munkatsch）转移，在那里将仅剩的6辆虎式移交第507重装甲营。

第3章 陆军第506重装甲营

1944年8月15日：第506营的残余人员经布达佩斯、维也纳抵达奥尔德鲁夫，准备换装虎王。

1944年8月20日至9月12日：45辆虎王交付第506营，达到满编状态。

1944年9月8日：第506营接到命令调往西线，经科隆（Cologne）、威塞尔（Wesel）转移到荷兰阿纳姆（Arnhem）地区。

1944年9月20日：第506营的人员装备开始装车启程西进。

1944年9月22日至24日：第506营各部陆续抵达荷兰。

1944年9月24日：第506营配属于第1伞兵装甲集团军，对空降在阿纳姆的盟军伞兵部队实施反击。该营第3连的15辆坦克配属于党卫军第9"霍恩施陶芬"装甲师，部署在奥斯特尔比克（Oosterbeek）东南，一辆虎王被英国伞兵的反坦克火箭击中后起火焚毁，该营保有的坦克数量降至44辆。第506营第2连配属于党卫军第10"弗伦茨贝格"装甲师，在埃尔斯特（Elst）作战。

1944年9月25日：第506营的虎王向阿纳姆附近的英军据点进行了炮击，1辆虎式发生爆炸，很可能被一枚迫击炮弹击中了油箱阀门。

1944年10月1日：第506营与党卫军第10、11装甲掷弹兵团一起作战，有4辆坦克被击毁，4辆受损，该营保有的坦克数量降至40辆。根据党卫军第2装甲军的命令，第506营第2连沿阿纳姆至埃尔斯特的公路与第116装甲师一道攻击布拉姆斯（Braamsche），当日第506营可以作战的坦克有33辆。

1944年10月2日：配属于第116装甲师的5辆虎王参与了对埃尔斯特东北2公里处的攻击，但盟军部队强劲的反击火力迫使德军部队停止攻击。

1944年10月7日：第506营的4辆虎式与第108装甲旅部署在阿尔斯道夫（Alsdorf），3辆虎王被美军第743坦克歼击车营击毁，该营保有的坦克数量降至37辆。

1944年10月11日：第506营的虎王配合第16装甲团向哈登贝格（Bardenberg）进攻，但在进至维尔塞伦（Würselen）的火车站后因盟军猛烈的阻击而停止攻击。

1944年10月12日：第506营的数辆坦克与第246步兵师部署在比尔克（Birk）。

1944年10月10日至13日：第506营奉命调往其他战区，分别在阿珀尔多伦（Apeldoorn）和聚特芬（Zutphen）登上火车，第三批装备改在博霍尔特（Bocholt）装车，因为一架坠落的盟军战斗机炸断了铁路线。

1944年10月13日：第506营配属于第7集团军。

1944年10月14日：第506营集结在普罗比斯泰尔森林（Probsteier Forest）西部第3装甲掷弹兵师的防区内，对当面盟军阵地的攻击未能取得任何进展。

1944年10月15日：第506营与第3装甲掷弹兵师一起攻击了范兰登黑德（Verlandenheide）。

1944年10月16日：盟军重新夺回了范兰登黑德，双方在盖伦基兴（Geilenkirchen）和埃施韦勒（Eschweiler）之间展开激战。

1944年10月20日：第506营有18辆坦克可以作战，2辆需要返厂大修，该营保有坦克数量降至35辆。

1944年10月21日：随着亚琛（Aachen）失守，第506营转而部署在鲁尔河（Roer River）西岸盖尔昂斯维勒（Gereonsweiler）附近。

1944年10月22日：第506营可用兵力为18辆坦克。

1944年11月1日：第506营可用兵力为35辆坦克，配属于第37装甲军，准备发起反击。

1944年11月2日：第506营可用兵力为35辆坦克，从党卫军第2装甲军处接收了2辆虎王，使保有坦克数量增至37辆。

1944年11月10日：第506营可用兵力为36辆坦克。

1944年11月15日：第506营在麦尔肯（Merken）附近集结。

1944年11月17日：第506营与第9装甲师在普芬道尔夫（Puffendorf）附近发起反击，但盟军的阻拦弹幕非常密集，使3辆虎王中弹起火损毁，该营第3连的库尔特·坎内贝格（Kurt Kannenberg）参谋军士的坦克也被击毁，他在阵亡后被追授骑士十字勋章。第506营保有的坦克数量降至33辆。

1944年11月20日：盟军主力部队向盖尔斯维勒和埃德伦（Ederen）发起进攻，第506营配属于第9装甲师，阻止了盟军先头部队的推进，但两座城镇均告失守。

1944年11月23日：第506营与第12人民掷弹兵师在普茨洛霍（Pützlohn）和154高地发起反击。

1944年11月28日：第506营的一辆虎王在费尔艾登霍芬（Freialdenhoven）附近被美军第702坦克营击毁，另一辆虎王在埃德伦附近被美军谢尔曼坦克多次命中，还能行动，但在掉头撤退时被一枚穿甲弹击中了发动机舱而受到致命一击，最后损毁。第506营保有的坦克数量降至31辆。

1944年12月1日：第506营有11辆坦克可以使用，而战线已经位于鲁尔河沿岸。此后，该营被重新部署到格雷文布罗伊希（Grevenbroich）地区重整，有4辆坦克需要长时间修理，1辆返厂大修，保有坦克数量降至30辆。弗洛尔（Flor）中尉指挥的"胡梅尔"重装甲连被并入该营，成为第506营第4连，这个连装备的是虎式坦克，并配有一个维修排。

第3章　陆军第506重装甲营

1944年12月8日：6辆新的虎王交付第506营，该营保有的虎王坦克数量增至36辆。

1944年12月10日：第506营可用兵力为28辆虎王。

1944年12月13日：6辆新的虎王交付第506营，该营保有的虎王坦克数量增至42辆。

1944年12月15日：第506营的211号虎王在盖尔昂斯维勒被美军第129军械营缴获，该营保有的虎王坦克数量降至41辆。

1944年12月中旬：第506营乘火车转移至艾费尔（Eifel）地区，准备参加阿登攻势，其进攻目标是马尔梅迪（Malmedy）。

1944年12月17日：第506营沿着黑伦塔尔（Hellenthal）至朔贝格（Schoenberg）的公路南下，在安德尔勒（Andler）发动了一些小规模作战。第506营与配合作战的第301（遥控爆破）重装甲营共有22辆坦克可以作战，配属于第6装甲集团军。

1944年12月18日：当天上午10时，第506营的5辆先头坦克沿着公路向卢林根坎普（Lullingerkamp）前进，在越过一处高地时遭到近距离射击，1辆坦克被毁，被迫撤退，在三小时后再次尝试进攻，但被阻止在黑斯道尔夫（Hiesdorf）郊外，在战斗中击毁2辆美军坦克。2辆虎王向隆斯道夫公路和206号公路的交叉路口进攻，击毁6门反坦克炮和1辆坦克。第506营保有的坦克数量降至40辆。

1944年12月19日：数辆美军坦克通过卢林根（Lulligen）向巴斯托涅（Bastogne）挺进，当日第506营再被击毁1辆虎王，保有坦克数量降至39辆。

1944年12月21日：第506营的数辆虎式沿着朔贝格公路支援第18人民掷弹兵师第294掷弹兵团的进攻。

1944年12月22日：15~20辆虎王在埃施多夫（Eschdorf）附近集结。

1944年12月23日：第506营的数辆虎王部署在布尔斯谢（Bourscheid）的掩护阵地上。

1944年12月24日：第506营越过布尔斯谢附近的山岭，向埃德尔（Adler）继续进攻，1辆虎王被击毁，该营保有的坦克数量降至38辆。

1944年12月25日：第506营在埃施多夫遭遇空袭，2辆虎王被炸毁，该营保有的坦克数量降至36辆。

1944年12月31日至1945年1月1日：第506营对巴斯托涅的进攻遭到挫败。

1945年1月1日：第506营的虎王坦克支援党卫军第12"希特勒青年团"装甲师在米坎普斯（Michamps）以西发动进攻。

1945年1月2日：第506营与党卫军第12装甲师一起向瓦尔迪（Wardin）附近的美

军阵地发起反击，击毁15辆谢尔曼。

1945年1月3日：在下午1时30分，第506营从科姆邦尼（Compogne）至朗斯坎普斯（Longschamps）的公路两侧向美军第502伞兵团的阵地发动反击，但先头坦克被美军第81反坦克营C连的一门反坦克炮击毁，炮塔被炸飞，攻击被迫暂停。第506营保有的坦克数量降至35辆。

1945年1月8日：德军从伯克霍尔茨（Bockholz）向古斯道夫（Goesdorf）发起反击，第506营的1辆虎王在布尔沙伊德（Buderscheid）附近执行掩护任务。

1945年1月12日：第506营协助友军部队稳定了达斯堡（Dasburg）附近的战线，在过去一个月的战斗中，该营已经损失了数辆坦克，但根据德军西线装甲部队监察长的报告，第506营仍有45辆坦克和3辆指挥坦克！

1945年1月13日：第506营在巴斯托涅附近进行防御战，保罗（Paul）中尉的坦克发生传动系统故障，特格特霍夫（Tegethoff）少尉的坦克奉命回收保罗中尉的坦克，但在巴斯托涅东北10公里处的莫伊奈特（Moinet）与美军第6装甲师的部队遭遇，特格特霍夫少尉的坦克在被直接命中8次后损毁，保罗中尉的坦克也就此损失，第506营保有的坦克数量降至33辆。同日，第506营经胡法利兹（Houfalize）向德国国境线撤退，沿途进行阻滞作战。

1945年1月15日：第506营的可用兵力为17辆坦克。

1945年1月17日：美军在巴斯托涅以东突破德军防线，第506营的1辆虎式和2辆虎王被迫自行炸毁，该营保有坦克数量降至30辆。

1945年1月中旬：第5装甲集团军司令哈索·冯·曼陀菲尔大将（Hasso von Manteuffel）亲自下令解除朗格少校第506营营长的职务，任命海利根斯塔德特（Heiligenstadt）上尉为新营长。

1945年1月22日：第506营部署在布兰腾巴赫（Brachtenbach）附近的防御阵地上。

1945年2月1日：第506营的26辆坦克集中在普龙斯费尔德（Pronsfeld）以东地区进行维修。

1945年2月：第506营撤往后方进行休整，营部连和第1连在上赫尔斯道夫（Oberhersdorf）驻扎，第2连和第3连在黑尔斯多夫（Niederhersdorf）休整，第4连（前"胡梅尔"装甲连）在维勒斯海姆（Wellersheim）休整，维修连在施洛斯赫克（Schlossheck）休整，全营的30辆坦克均无法行动。

1945年2月9日：营长海利根斯塔德特上尉与瓦克尔（Wacker）上尉、博普（Bopp）少尉在为协助第2装甲师进攻前的侦察行动中被美军俘虏，由约布斯特-克里斯托弗·冯·勒默尔（Jobst-Christoph von Römer）上尉接任营长。第506营第2连的一个排部

第3章　陆军第506重装甲营

署在普吕姆河（Prüm River）以北的赫尔梅斯普（Hermesp）附近，营主力与第340人民掷弹兵师等友军部队驻守在普吕姆河以西的瓦克斯维勒（Waxweiler）地区。

1945年2月16日：装备5辆虎式的第506营第4连脱离该营建制，归属第81军指挥。第506营保有的坦克数量降至25辆。

1945年2月26日：第506营的1辆虎王在伊尔施（Irsch）附近的作战中独自击毁3辆坦克。

1945年3月：第506营集结在魏因斯海姆（Weinsheim），之后沿普吕姆河分散部署。

1945年3月5日：美军在基尔堡（Kyllburg）附近突破德军防线，在战斗中第506营的3辆坦克被击毁，数辆正在修理的坦克将美军的进攻暂时阻止在萨尔姆（Salm）以北地区，但该营17辆待修坦克中有5辆被迫炸毁，全营保有坦克数量降至17辆。

1945年3月6日：第506营仅有7辆虎王可以作战，与第340人民掷弹兵师一起展开反击。

1945年3月7日：第506营在博克斯贝格（Boxberg）附近作战，击毁6辆坦克，全营仅剩3辆虎王尚能战斗。

1945年3月8日：第506营的2辆坦克抵达韦尔歇拉特（Welcherath），并部署在一处掩护阵地上，由于没有燃油补给，它们最后都被炸毁了，全营保有坦克数量降至15辆。第506营所有轮式车辆和没有坦克的车组成员均在赫赫尔-格伦茨豪森（Hohr-Grenzhausen）集结。

1945年3月12日：原计划交付第506营的13辆虎王并未运抵，其中4辆后来配属于第116装甲师的后卫部队，剩余9辆被用于贝库姆（Beckum）的防御作战，由于缺乏燃料，这些坦克被当地守军指挥官第3野战补充营营长东克尔（Dunker）少校当作固定碉堡部署在阵地上。

1945年3月15日：第506营只有2辆坦克可以作战。

1945年3月20日：来自党卫军第501重装甲营的7辆虎王交付第506营，使该营保有的坦克数量增加到22辆。

1945年3月22日：第506营奉命直接配属于第15集团军，同时第512重型坦克歼击车营的一个连附属于第506营，该连装备猎虎坦克歼击车。

1945年3月23日：在艾托尔夫（Eitorf）东南组建了胡德尔装甲集群（Panzergruppe Hudel），包括第506重装甲营，第512、654重型坦克歼击车营。

1945年3月24日：胡德尔装甲集群的反击遭到挫败。

1945年3月25日：第506营残部沿8号高速公路撤退，在魏埃尔布施（Weyerbusch）以西重新建立阵地。

1945年3月26日：第506营的1辆猎虎和2辆虎王因悬挂系统损坏而被炸毁，全营保有虎王坦克的数量降至20辆。同日，第512营的猎虎歼击车连解除与第506营的隶属关系。该营余部在维森（Wissen）附近渡过西格河（Sieg River）。

1945年3月28日：第506营在锡根（Siegen）占据防御阵地。

1945年3月29日至31日：第506营部署在锡根南郊的掩护阵地上。

1945年4月1日：第506营的3辆坦克在西格大桥附近被炸毁，全营保有坦克数量降至17辆，之后第506营奉命向施马伦贝格（Schmallenberg）撤退。

1945年4月2日：来自党卫军第501重装甲营的第二批6辆虎王运抵迈内尔茨哈根（Meinerzhagen），交付第506营，使该营保有坦克数量增加到23辆。

1945年4月3日至4日：第506营的11辆坦克经过100公里公路行军后抵达温特尔贝格（Winterberg）以西地区，途中有3辆坦克出现故障而损毁，全营保有坦克数量降至20辆。随后，该营部署在锡德林豪森（Siedlingshausen）附近第3装甲掷弹兵师的防区内进行防御作战。

1945年4月4日至5日：第506营回防博德菲尔德（Bodefeld），深受燃料匮乏之苦。

1945年4月5日至6日：第506营在行军30公里后抵达施马伦贝格，11辆坦克中有8辆丧失行动能力，宣布报废，全营保有坦克数量降至12辆，能够行动的坦克配属于第106"统帅堂"装甲旅。

1945年4月6日：第506营配属于第176步兵师，在布鲁斯卡佩尔（Brunskappel）和艾尔佩（Elpe）之间作战，抵御美军第9步兵师的进攻。

1945年4月8日：第506营解除与第176步兵师的隶属关系，转而配属于第338步兵师，部署在兰登贝克（Landenbeck）以北地区。

1945年4月10日：第506营的可用兵力为7辆虎王。

1945年4月11日：第506营部署在马赫梅克（Mahmecke）附近的1辆虎王被击毁，全营保有坦克数量降至11辆。

1945年4月12日：第506营数辆缺乏燃油的坦克在埃斯洛黑（Eslohe）地区作战，仅有1辆虎王部署在韦尔多尔（Werdohl）以东地区。

1945年4月13日：第506营最后一次转移阵地，进入伊瑟隆（Iserlohn）附近的森林地带，失去坦克的车组成员都作为步兵部署到防御阵地上。

1945年4月14日：冯·勒默尔上尉在伊瑟隆森林宣布解散第506营，残余人员向美军投降。

第3章　陆军第506重装甲营

战果统计

第506重装甲营在组建后奔波于东西两线，是唯一参加了阿纳姆反击战和阿登战役的陆军重装甲营，从1943年秋季至1945年4月，该营累计击毁了400余辆敌军坦克，但是损失较大，因各种原因损毁坦克179辆，其中战斗损失61辆。

第506重装甲营历任营长

格哈德·维林（Gerhard Willing少校，1943年7月至10月23日，阵亡）

埃伯哈德·朗格（Eberhard Lange少校，1943年11月28日至1945年1月，撤职）

海利根斯塔德特（Heiligenstadt上尉，1945年1月至2月9日，被俘）

约布斯特–克里斯托弗·冯·勒默尔（Jobst-Christoph von Römer上尉，1945年2月9日至4月14日，解散）

第506重装甲营骑士十字勋章获得者

库尔特·坎内贝格（Kurt Kannenberg）参谋军士骑士十字勋章（追授）1944年12月9日

※ 格哈德·维林（1910—1943）

※ 约布斯特–克里斯托弗·冯·勒默尔（生卒年不详）

陆军第506重装甲营虎式/虎王坦克接收及保有数量统计表

接收日期	虎式坦克	虎王坦克	保有数量	备 注
1943.8.16	3	-	3	
1943.8.27	42	-	45	
1944.1.29	6	-	16	
1944.1.30	6	-	22	
1944.2.10	5	-	24	
1944.2.29	-7	-	0	移交第503重装甲营
1944.3.29	12	-	12	
1944.3.30	12	-	24	
1944.4.4	12	-	36	
1944.4.5	6	-	42	
1944.4.8	3	-	45	
1944.7.23	-6	-	0	移交第507重装甲营
1944.7	（14）	-	?	胡梅尔装甲连并入
1944.8.20	-	5	5	
1944.8.30	-	6	11	
1944.9.1	-	6	17	
1944.9.3	-	6	23	
1944.9.4	-	12	35	
1944.9.5	-	6	41	
1944.9.6	-	3	44	
1944.9.12	-	1	45	
1944.11.2	-	2	39	原属党卫军第2装甲军
1944.12.8	-	6	35	
1944.12.13	-	6	41	
1945.3.12	-	13	?	并未实际交付，转为他用
1945.3.20	-	7	22	由党卫军第501重装甲营移交
1945.4.2	-	6	18	由党卫军第501重装甲营移交
总 计	94	74		

※ 原书统计如此，估计有误。责编注。

第 3 章 陆军第 506 重装甲营

陆军第 506 重装甲营虎式／虎王坦克损失情况统计表

损失日期	损失数量	保有数量	备 注
1943.9.20	1	44	被击毁
1943.9.24	3	41	被反坦克炮击毁
1943.9.26	4	37	1辆送维修
1943.10.11	1	36	被击毁
1943.10.23	2	34	被击毁
1943.11.15	1	33	被击毁
1943.11.21	3	30	被击毁
1943.11.25	1	29	被己方反坦克炮误击摧毁
1943.12.20	2	27	被击毁
1943.12.25	1	26	被苏军缴获的88毫米炮击毁
1944.1.26	16	10	大多被击毁
1944.2.17	3	24	被己方乘员摧毁
1944.4.20	1	44	被苏军自行火炮击毁
1944.4.21	2	42	被击毁
1944.5.2	1	41	被JS-1击毁
1944.7.17	1	40	被击毁
1944.7	?	?	大多被己方乘员摧毁
1944.9.24	1	44	被反坦克火箭击毁
1944.10.1	4	40	被击毁
1944.10.7	3	37	被坦克歼击车击毁
1944.10.20	2	35	后送维修
1944.11.17	4	33	被击毁
1944.11.28	2	31	被坦克歼击车击毁
1944.12.15	1	41	被缴获
1944.12.18	1	40	被击毁
1944.12.19	1	39	被击毁
1944.12.24	1	38	被击毁
1944.12.25	2	36	毁于空袭
1945.1.3	1	35	被反坦克炮击毁
1945.1.13	2	33	被击毁
1945.1.17	3	30	大多被己方乘员摧毁
1945.3.5	8	17	5辆被己方乘员摧毁
1945.3.8	2	15	被己方乘员摧毁
1945.3.26	2	20	被己方乘员摧毁
1945.4.1	3	17	被己方乘员摧毁
1945.4.4	3	20	被己方乘员摧毁
1945.4.6	8	12	被己方乘员摧毁
1945.4.11	1	11	被击毁
1945.4.12	?	?	被己方乘员摧毁
总 计	179辆		战损41%，自毁58%，其他原因1%

※ 原书统计如此，估计有误。责编注。

虎式坦克 全景战史

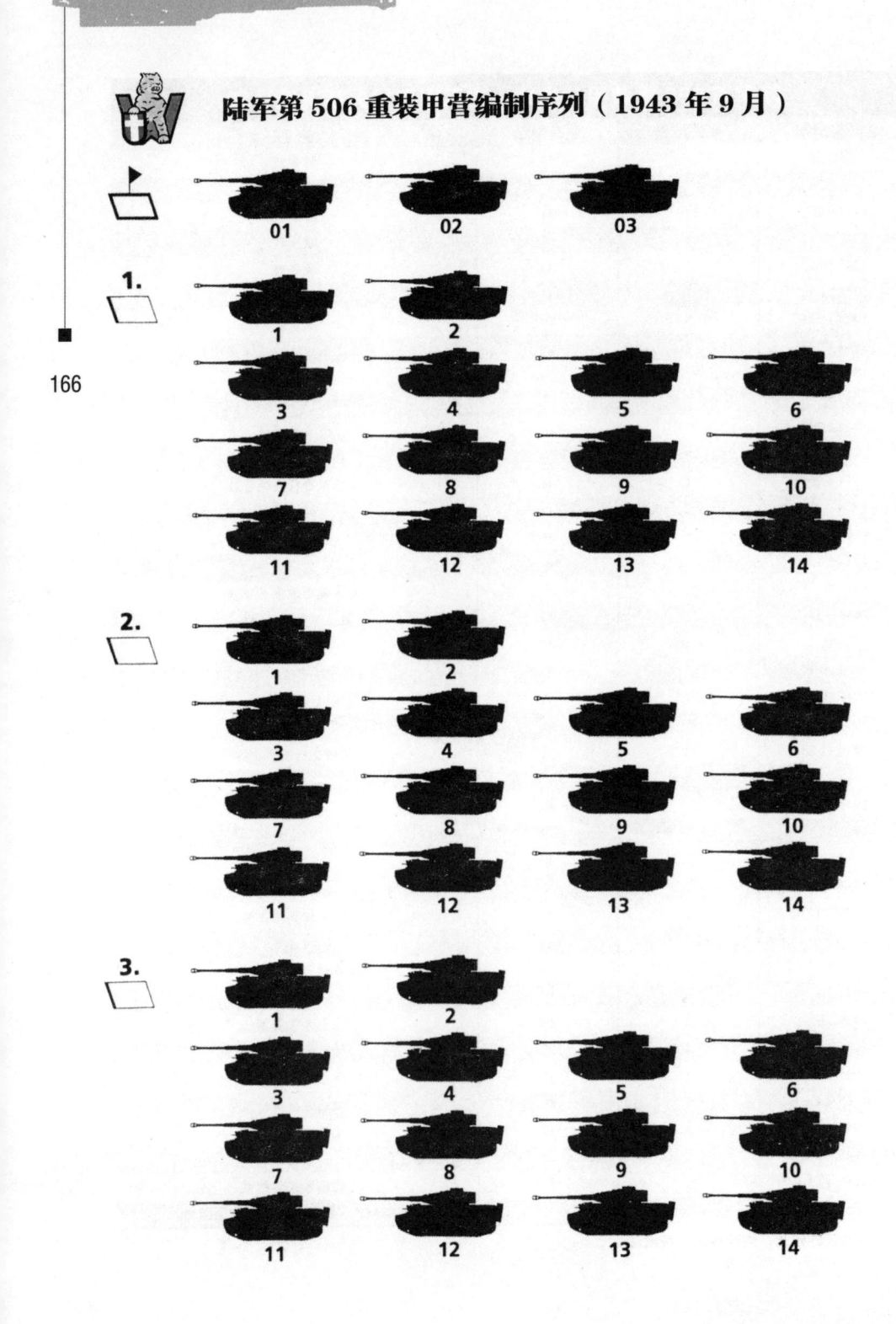

陆军第506重装甲营编制序列（1943年9月）

01	02	03	

1.
1	2		
3	4	5	6
7	8	9	10
11	12	13	14

2.
1	2		
3	4	5	6
7	8	9	10
11	12	13	14

3.
1	2		
3	4	5	6
7	8	9	10
11	12	13	14

第 3 章　陆军第 506 重装甲营

陆军第 506 重装甲营编制序列（1944 年 12 月）

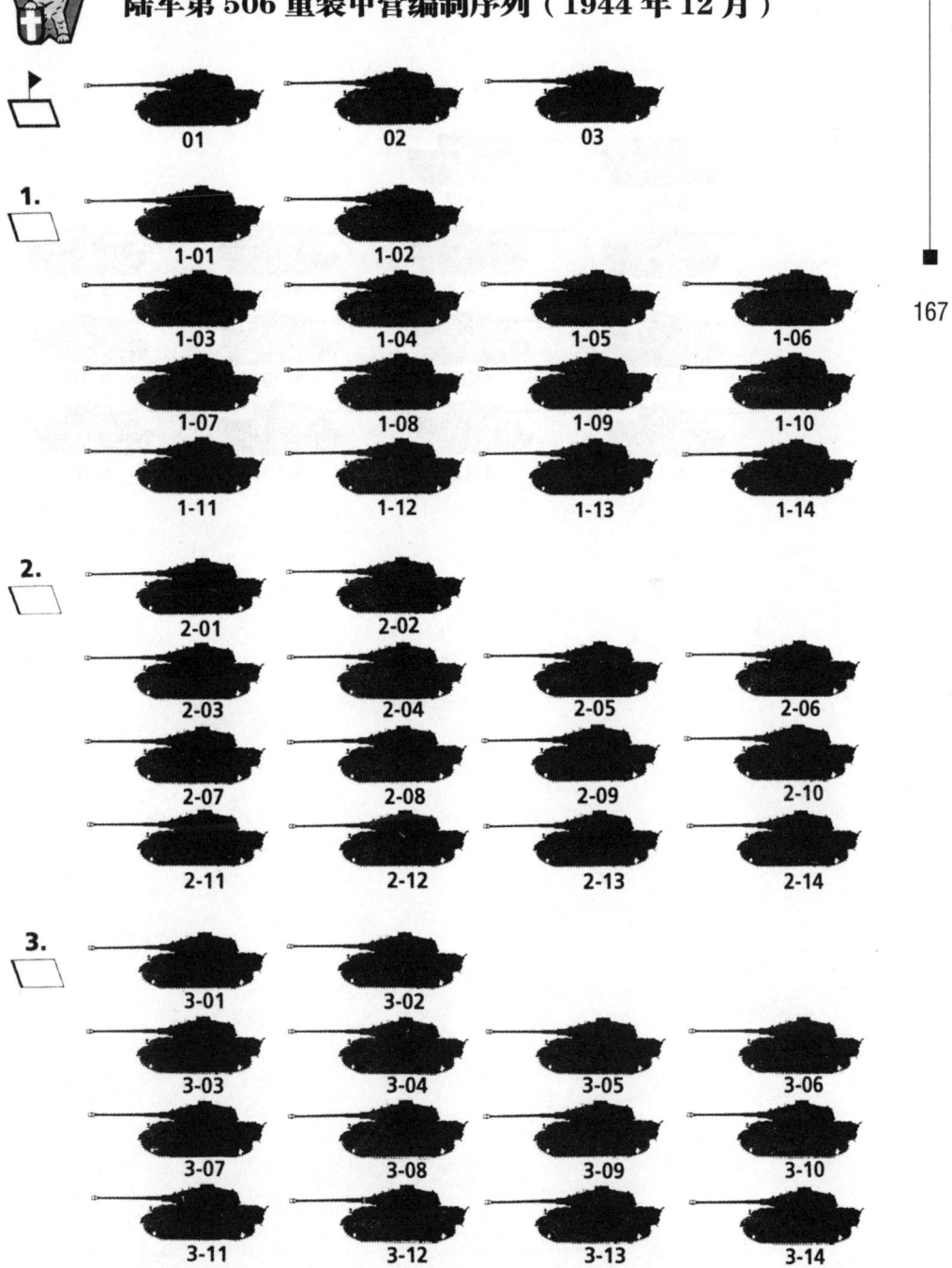

01　02　03

1.
1-01　1-02
1-03　1-04　1-05　1-06
1-07　1-08　1-09　1-10
1-11　1-12　1-13　1-14

2.
2-01　2-02
2-03　2-04　2-05　2-06
2-07　2-08　2-09　2-10
2-11　2-12　2-13　2-14

3.
3-01　3-02
3-03　3-04　3-05　3-06
3-07　3-08　3-09　3-10
3-11　3-12　3-13　3-14

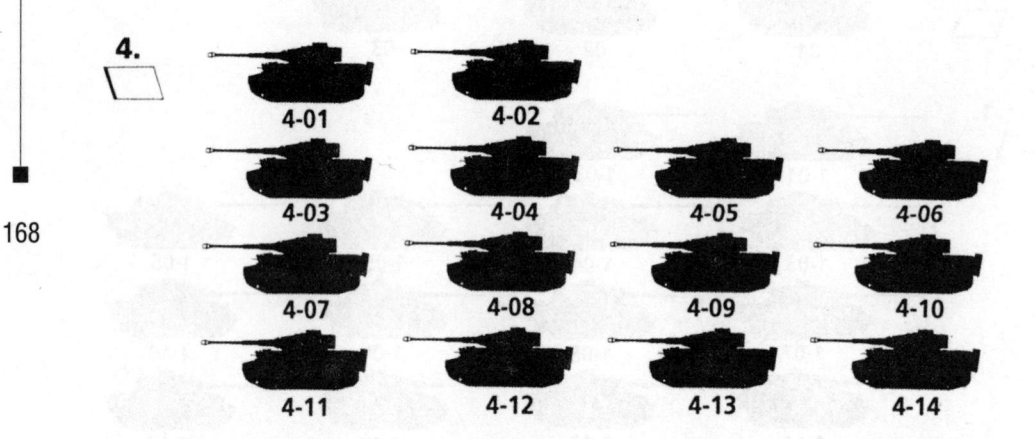

虎式坦克 全景战史

4.

4-01	4-02		
4-03	4-04	4-05	4-06
4-07	4-08	4-09	4-10
4-11	4-12	4-13	4-14

第3章 陆军第506重装甲营

※ 上图 是1943年9月，第506重装甲营在组建完毕后乘火车开赴东线，该营接收的虎式坦克中既有安装圆柱形指挥塔的初期型，也有安装新型指挥塔的中期型，注意该营的营徽绘制在炮塔储物箱的背面。

※ 下图 是第506重装甲营营长乘坐的虎式坦克上配备的漂亮的指挥车标，它由一面带黑色横条的白色三角旗造型和一个绘有该营营徽的方旗造型组成。

虎式坦克 全景战史

※ 1943年9月底，第506重装甲营在东线经历了首次战斗行动，上图为当时该营的一辆虎式坦克从第216突击炮营的一辆灰熊突击炮旁边经过。

※ 虎式坦克在进行远程行军时要面临引擎过热和燃料消耗大的问题，下边这幅第506重装甲营虎式坦克纵队在行军途中短暂休息的照片充分证明了上述问题：最近处的坦克将后部引擎舱盖打开，便于引擎散热冷却，同时每辆坦克都携带有两个200升油桶，确保行军途中的燃油供应。

第3章 陆军第506重装甲营

※ 1943年10月，第506重装甲营在第聂伯河沿岸地区实施防御战，上图及下图反映了当时第506营的虎式坦克配合步兵部队实施反击的情景，在这种平坦开阔的地形上，虎式坦克将为步兵提供非常有力的支援，但同时也相对暴露，容易遭到攻击。

虎式坦克 全景战史

※ 上图 也是拍摄于1943年10月在第聂伯河沿岸地区的行动中，第506重装甲营的一辆虎式坦克在步兵伴随下穿越开阔地向目标接近。

※ 1943年的第一场雪来得比预想的要早，第506重装甲营的虎式坦克及支援其作战的步兵部队尚未更换冬装。下图为该营第3连的5号虎式坦克在集结地域待命，第506营的车辆编号系统比较特殊。

第 3 章　陆军第 506 重装甲营

※ 第506重装甲营也参加了1944年2月的切尔卡瑟战役，努力解救被苏军包围的友军部队，上图为该营的虎式坦克与步兵部队在进攻出发地域集结。

※ 下图　摄于切尔卡瑟战役期间，一群德军士兵将一名受伤的战友抬上第506重装甲营第3连的5号虎式坦克，由其送往后方救护所接受进一步治疗。

虎式坦克 全景战史

※ 左图 是第506重装甲营的王牌车长之一坎内贝格参谋军士（前排右一）与战友们在虎式坦克前的合影，他阵亡后在1944年底被追授骑士十字勋章。

※ 下图 是第506重装甲营第3连12号虎式坦克的车组成员在座车上的合影，这辆坦克的车长是里格尔军士长。这辆虎式坦克已经涂刷了白色伪装色，其炮塔侧面的车辆编号12采用黄色绘制，并勾以黑边便于辨认。

第3章 陆军第506重装甲营

※ 1944年3月底，第506重装甲营奉命向兰贝格转移，上图为该营的一辆虎式坦克正在开进途中，虽然已经是三月了，但坦克车身上的白色冬季涂装尚未更换。

※ 1944年4月初，第506重装甲营奉命配合第227猎兵团作战，下图为在某次进攻前夕，该营的虎式坦克搭载步兵进入进攻出发地域，注意其拖曳钢缆已经预先挂在车体前的环扣上。

虎式坦克 全景战史

※ 上图　摄于1944年4月初，在某次战斗打响之前，伴随第506重装甲营作战的步兵们在该营第2连的6号虎式坦克上商讨作战方案，他们都还身穿白色伪装服，而虎式坦克似乎已经去除了冬季涂装。

※ 下图　摄于1944年4月4日，第506重装甲营第1连的数辆虎式坦克搭载着步兵准备投入攻击，在远处还有一辆半履带装甲车伴随行动，注意近处12号坦克炮塔侧面的白色编号，白色是该营第1连的识别色。

第3章 陆军第506重装甲营

177

※ 1944年4月初，第506重装甲营经兰贝格开赴前线作战，本页的三幅图片均拍摄于该营第1连穿过兰贝格及中途休息时：左上图是行驶在兰贝格街头的虎式坦克纵队，右上图是虎式坦克抵达兰贝格的阿道夫·希特勒广场，下图则是第1连离开兰贝格几个小时后在一处小镇做短暂停留，以便对虎式坦克进行必要的技术检修。从这些照片中可以看到，第506营的坦克均在后部储物箱背面绘以营徽。

虎式坦克 全景战史

178

※ 1944年4月17日，第506重装甲营乘船渡过第聂伯河，向史坦尼斯拉维夫转移。上图为搭乘驳船渡河的虎式坦克，注意是安装了新型指挥塔和钢缘负重轮的后期型号，车体敷设有防磁涂层，并在炮塔侧面加挂备用履带板；下图是在航渡过程中伴随行动的两艘摩托艇，上面搭乘着安全巡视员，确保航渡顺利进行。

第3章 陆军第506重装甲营

※ 上图 是1944年春，第506重装甲营第1连的虎式坦克群在转移途中休息。从照片中可以辨认出第二辆坦克为4号车，而它后面是8号车，距离镜头最近的一位坦克兵在低头查看裤子上的残血，看来他刚刚在一场血战中挂彩。

※ 下图 摄于1944年4月，第506重装甲营第1连的虎式坦克纵队在泥泞的乌克兰乡间道路上行进，打头的是该连的6号虎式。

虎式坦克 全景战史

※ 1944年4月底，第506重装甲营在奥尔斯察地区经历了一系列战斗行动后，很多虎式坦克都需要送往后方维修厂接受紧急修理，上图及下图均摄于该营的战地维修厂，反映了维修连修理坦克的情形。上图是第506营第1连3号虎式的炮塔正被门式吊车吊起，以便对车体及炮塔的内部设备进行检修，背景中还有另一辆正在修理的虎式坦克；下图则是一辆机动吊车正从一辆虎式坦克的引擎舱内吊起沉重的散热器。

第3章 陆军第506重装甲营

※ 1944年4月底，春季终于到了，但也意味着令人无比讨厌的泥泞时节的回归，上图中第506重装甲营第1连的7号虎式坦克在路面松软的道路上丢掉了履带，正在等待救援。

※ 下图 是在将7号虎式坦克拖到一处小镇后，维修人员开始对它的右侧行走机构进行检查，以确定是否有更多的损伤，这只是整个维修工作的开始，后面还有很多事情要做。

虎式坦克 全景战史

※ 上图 是7号虎式坦克的维修工作进入最后阶段，在将新履带挂上行走机构之前，一名维修人员要用铁锤敲打履带，确保每块履带板都紧密连接固定。

※ 左图 还是摄于1944年春季，第506重装甲营的虎式坦克编队在试图涉过一条小河时遭遇了非常尴尬的情况，仅有第一辆坦克成功过河，其余四辆均陷在河道中；在近处一辆属于第2连的坦克正由后续坦克利用两条钢缆从河中拖回岸边，至于其余三辆还要在水里泡会儿，等待更多的救援。

第3章　陆军第506重装甲营

※ 上图　是1944年春第506重装甲营第2连的一辆虎式坦克在一次反击行动中的留影，当时它正从一个被摧毁的苏军炮兵阵地旁经过。

※ 下图　是第506重装甲营瓦尔克少尉（前排中间）及其车组成员与座车的合影，注意这辆虎式坦克在车体正面附加了更多的备用履带，而且拖曳钢缆已经连接到环扣上。

虎式坦克 全景战史

※ 上图 是1944年春，第506重装甲营第3连的13号虎式坦克从一队被摧毁的苏军车队旁边经过，那些燃烧的卡车中可能就有这辆坦克的战果，从照片中可以依稀辨认出一些车辆是租借的美国卡车。

※ 1944年4月底，第506重装甲营奉命配合第23装甲团作战，下图为该营第1连的1号虎式坦克正在转移阵地，其身后还有一部卡车跟随；注意坦克车体正面两侧加挂了履带板，且拖曳钢缆随意地搭在车体前部。

第3章 陆军第506重装甲营

※ 上图 是1944年夏，第506重装甲营第3连连长霍夫曼中尉（中间）及其车组成员在座车前合影留念。

※ 1944年5、6月间，整个东线中段正处在暴风雨前最后的宁静时刻。下图摄于第506重装甲营当时在后方休整期间，该营的一辆虎式坦克停在一座农家小院中，车体周围用树枝进行了简单的伪装。

虎式坦克 全景战史

※ 上图与前页下图　摄于同一个村子里，这辆虎式的伪装工作要细致得多，伪装物的高度已经超过炮塔顶部，将整个坦克都遮盖起来，为了便于出入坦克，车组成员还在旁边搭了一架梯子。

※ 下图　是三名第506重装甲营的虎式坦克车组成员在经过伪装的座车外享受阳光，这可能是他们生命中最后一次感受和煦阳光的温暖，在即将开始的战役中，第506重装甲营乃至整个中央集团军群都遭到毁灭性的打击！

第3章 陆军第506重装甲营

※ 在1944年夏季的东线作战中，第506重装甲营损失了大部分装备，其残余人员撤往奥尔德鲁夫进行重建，并换装虎王坦克。右图为1944年8月交付该营的一辆虎王坦克，已经安装了量产型的亨舍尔型炮塔。在完成重建后，第506营将被调往西线作战。

※ 1944年9月下旬，作为盟军在荷兰阿纳姆地区实施"市场-花园"空降行动的反应，德军统帅部将第506重装甲营调往荷兰实施反击。下图为正由火车运往西线的该营虎王坦克，注意镜头近处这辆坦克安装的是波尔舍型炮塔，车体敷设了防磁涂层并涂以迷彩，但炮塔侧面仅有十字徽，没有车辆编号。

虎式坦克 全景战史

※ 1944年9月25日在阿纳姆西面奥斯特贝克的韦弗街南段，一辆第506重装甲营第3连的虎王被击毁在了街西侧的两栋房子之间。两名第1空降轻型炮兵团C分队的炮手——阿德里安·唐纳森（Adrian Donaldson）中尉和乔·迪克森（Joe Dickson）下士先用一门6磅反坦克炮朝它打了几炮，没能造成多大损害，虎王随即用其威力强大的88毫米炮将该炮摧毁，但没能杀死两名炮手，他们随即又用其分队仅存的一门美制75毫米M1A1轻型榴弹炮朝虎王坦克打了6炮，75毫米炮此时因故障无法再开火，于是他们又向虎王打了2发PIAT。最终虎王的右侧履带被打断，并燃起了大火。这也是第506重装甲营在奥斯特贝克损失的唯一一辆虎王。上图由荷兰平民摄于战斗结束后不久，下图则是在1945年夏拍摄，这时它的炮塔被转向了右侧后方，实际上它们是同一辆车。

第3章 陆军第506重装甲营

※ 上图 摄于1944年9月底在亚琛附近的一个树林中，第506重装甲营营部和第1连没有前往阿纳姆，而是到了亚琛。

※ 第506重装甲营第2连在1944年10月1日跟随党卫军第10装甲师在埃尔斯特发起反攻，但在行动中有8辆虎王受损，其中4辆得以回收，而另外4辆由于缺乏回收车辆只能遗弃。上图及下图就是其中2辆被遗弃的虎王。

※ 上图　摄于1944年11月28日，美军士兵在德国本土的费尔艾登霍芬地区查看这天被击毁的第506重装甲营第3连的一辆虎王。

※ 下图　是1944年12月15日在盖尔昂斯维勒被美军第129军械营缴获的第506重装甲营第2连的211号虎王。

第3章 陆军第506重装甲营

※ 上图 是1944年12月中旬，第506重装甲营乘火车前往艾费尔地区，准备参加计划中的阿登攻势，值得一提的是，该营是唯一参加阿登反击战的陆军重装甲营。

※ 右图 是在1944年12月中旬的阿登攻势中，第506重装甲营的虎王坦克纵队在步兵部队伴随下沿公路向巴斯托涅地区开进，注意坦克炮管上缠有松枝作伪装。

虎式坦克 全景战史

※ 上图 是1944年12月底在巴斯托涅附近的一个村子边,几名美军士兵在检查被遗弃在战场上的第506重装甲营营部的03号虎王坦克。

※ 1945年1月13日在巴斯托涅附近的战斗中,第506重装甲营特格特霍夫少尉的虎王坦克奉命救援一辆受伤的坦克,结果被敌军连续击中8次而彻底损毁,下图为战后拍摄的这辆虎王坦克的残骸。

第3章 陆军第506重装甲营

※ 上图　是1945年1月在比利时的布尔格—罗伊兰德（Burg Reuland）拍摄的第506重装甲营第1连109号虎王残骸。

※ 下图　是1945年3月在德国本土的施马伦贝格（Schmallenberg），美军士兵在检查第506重装甲营第1连的134号虎王残骸。

虎式坦克 全景战史

※ 在战争的最后阶段，第506重装甲营仍在西线坚持战斗。上图及下图为该营第3连的314号虎王坦克正向对手开火，这辆坦克周身都覆盖了伪装物，在坦克旁边的地面上散落着被乘员抛出的空弹壳。

第4章 陆军第507重装甲营

Schwere Panzer-Abteilung 507

陆军第507重装甲营最初是以第3装甲团第1营的人员在1943年5月7日组建的，6月30日装备了黑豹坦克之后又以第3装甲团第1营的原番号部署。1943年9月23日根据普通陆军总局的Nr.36817/43号命令，以第13装甲师第4装甲团第1营为基干在奥地利维也纳和维也纳地区的默德林（Mödling）、玛丽亚恩策斯多夫（Mariaenzersdorf）及利辛（Liesing）重新组建陆军第507重装甲营。首任营长是埃里希·施密特（Erich Schmidt）少校。

1943年秋季：第507重装甲营在帕德博恩进行训练，后转移至法国勒芒（Le Mans）。

1943年12月：第507营转移至荷兰的韦泽普（Wezep）和兹沃勒（Zwolle）继续训练。

1943年12月23日至1944年2月25日：45辆虎式陆续交付第507营，使之达到满编状态。

1944年2、3月：第507营主要进行野战训练和接受视察，同时又获得了额外的6辆虎式，使全营保有虎式坦克的数量达到51辆。

1944年3月15日：第507营乘火车前往兰贝格，原计划将第312（遥控爆破）装甲连并入该营，但后来取消了这项计划。

1944年3月21日：第507营在克拉斯尼（Krasne）下车，前往奥勒斯克（Olesko）和奥茨德夫（Ozydow）地区集结。

1944年3月22日：第507营直接配属于第357步兵师，并受到第48装甲军节制。

1944年3月23日：第507营奉命支援第357步兵师对切布罗夫（Cebrow）和科洛茨采（Korowcze）展开进攻，但在该营抵达切布罗夫攻击地域之前，由于天气原因使战场能见度变差，师指挥部决定取消第507营第3连的攻击任务，但是来自军部的命令坚持要求进攻，在缺乏步兵配合的情况下，第507营的进攻被阻止在科洛茨采外围。

1944年3月24日：第507营在耶焦尔纳附近作战，上午该营第2连向奥斯塔佐夫茨（Ostaszowsce）以东的386高地挺进，1辆虎式在战斗中全损。第507营奉命在陶洛夫（Taurow）集结，支援第359步兵师的行动，第3连在17时从奥勒约夫（Olejow）转移，324号虎式被一门反坦克炮击伤，丧失行动能力，只能由另一辆虎式将其击毁，以免被俘，全营保有的虎式坦克数量降至49辆。该营26辆可以作战的坦克配合第357步兵师的行动，另外6辆支援第359步兵师作战。

1944年3月25日：第507营第2连奉命攻击哈尔布科夫（Harbucow）和特雷斯蒂基茨（Trestiokizc），第3连攻击洛普斯卡尼（Lopuscany）和特罗斯希尼采（Trosciniec），全营有22辆坦克。根据集团军的命令，第507营将调配给弗赖贝装甲群（Panzerverband Friebe），但这项命令未得军级指挥部的立即执行。

1944年3月26日：弗赖贝装甲群肃清了切科里（Cecory）和赫尔卡捷卡（Hrecajka）地区的苏军，第507营的大部分坦克都部署在科茨洛夫（Kozlow）和耶焦尔纳地区，3辆坦克部署在斯洛博达，全营有18辆坦克可以使用，有8辆坦克支援第359步兵师。

1944年3月27日：第507营第2连奉命攻击斯扎尼洛夫采（Szanilowce），第3连从奥勒约夫向洛普斯卡尼转移，全营有17辆坦克可以作战，其中5辆配属第359步兵师。

1944年3月28日：支援第359步兵师的虎式搭载着步兵从科佐瓦（Kozowa）向南攻击346高地，在夜间继续向波克洛皮瓦纳（Pokropiwna）推进，在斯洛博达地区击退了苏军的一次袭击。第507营的部分坦克协同第357步兵师一起在达尼洛夫采（Danilowce）立即反击，但向奥斯塔佐韦（Ostaszowe）的进攻陷入停滞。

1944年3月29日：第507营第3连向哈尔布科夫和特罗斯希尼采进攻，损失1辆虎式，该营保有虎式坦克的数量降至48辆。傍晚该营第2连从耶焦尔纳向布罗德转移，全营有11辆坦克可以作战，其中5辆虎式配属第359步兵师。第507营除了第1连继续留在奥勒约夫外，其余均配属于第13军，之后又编入弗赖贝战斗群。

1944年3月30日：第507营第2、3连向加杰杜别基（Gaje Dubieckie）东北和波尼卡瓦（Ponikwa）附近攻击，它们从佐洛佐沃（Zloczow）转移，1辆虎式被击毁，该营保有坦克数量降至47辆。黄昏后，两个连在顿泽（Dunze）集结。全营当日有17辆坦克可用。该营第1连支援第357步兵师攻击波克洛皮瓦纳以西的高地,但未能取得成功,数辆虎式陷在松软的泥土中。在战斗中,第507营的坦克被分散部署在战线各处,5辆在斯洛博达,2辆在耶焦尔纳,4辆在奥勒约夫。

1944年3月31日:第507营第2连经赫卢茨尼(Hluszyn)向杜涅(Dunie)攻击,第3连的目标是卡茨米日(Kazmiry),在掩护一支补给车队前往布罗德途中,有5辆虎式触雷瘫痪。

1944年4月1日:第507营第2连再次攻击赫卢茨尼,第3连继续攻击卡茨米日,全营有14辆虎式可以行动,配属于第8装甲师。

1944年4月2日:第507营将所有能够行动的坦克配属于多个部队,3辆支援第357步兵师,7辆配属第359步兵师,9辆跟随弗赖贝战斗群作战。

1944年4月2日至4日:第507营在赫卢茨尼附近进行了更多的战斗,损失1辆虎式,全营保有的坦克数量降至46辆。

1944年4月4日:第507营继续在前线执行支援任务,4辆虎式配合第357步兵师,1辆配属第359步兵师,11辆跟随弗赖贝战斗群作战。

1944年4月6日:弗赖贝战斗群从波尼卡瓦发起攻击,穿过泽尔尼卡(Czernica)向皮奥尼亚基(Pioniaki)附近挺进。根据第48装甲军的报告,该营当日有13辆虎式可用,其中7辆配属弗赖贝战斗群。

1944年4月7日:第507营的虎式掩护一队黑豹坦克的进攻,该营第3连的2辆虎式击毁了4辆T-34和3辆自行火炮。根据第48装甲军的报告,第507营当日可用兵力为10辆虎式,其中7辆配属弗赖贝战斗群。此外,同日第507营得到6辆补充的虎式,使保有坦克数量增至52辆。

1944年4月10日:弗赖贝战斗群转移到陶洛夫集结,第507营有13辆虎式可用。

1944年4月11日:弗赖贝战斗群从陶洛夫东北方对被围的塔尔诺波尔展开解围行动,第507营的9辆虎式参与行动,夺取了科茨洛夫溪(Kozlow Creek)附近的一处防御阵地,在战斗中损失1辆虎式,全营保有坦克数量降至51辆。此后,该营所有坦克均在首上位置加装了备用履带板。

1944年4月12日:由于天降大雨,所有作战行动中止,弗赖贝战斗群报告还有3辆虎式可用。

1944年4月13日:第507营第1连的5辆虎式被配属至布罗德的第42军,随后转移到沃罗德兹米尔采(Wlodzimierz)。弗赖贝战斗群有12辆虎式可以行动。

虎式坦克 全景战史

1944年4月14日：6辆新虎式交付第507营，使全营虎式坦克数量增至57辆，新抵达的坦克部署在佐洛佐沃，随后又转移到沃罗德兹米尔采，弗赖贝战斗群的12辆虎式部署在霍洛蒂茨尼采桥头堡（Horodyszcze Bridgehead）。

1944年4月15日：弗赖贝战斗群与党卫军第9装甲师一起向塔尔诺波尔发起进攻，但是对扎格罗比拉（Zagrobela）的攻击行动被取消了，战斗中1辆虎式全损，全营保有虎式坦克的数量降至56辆。第507营在布罗德还有5辆虎式可以作战。

1944年4月16日：第507营的12辆虎式继续参加解围行动，摧毁了数个反坦克阵地，夺取了363高地，并与塔尔诺波尔守军取得了联系。第507营在布罗德尚有5辆虎式可用。

1944年4月17日：第507营第2连的8辆虎式支援对瑟雷迪尼基（Seredynki）北部的作战，该营1连在布罗德有8辆坦克可以作战。

1944年4月18日：解围行动陷入困境，各部队于夜间开始撤退，第507营的一个连仍奉命支援第48装甲军，8辆坦克可以作战，其中7辆属于第1连。

1944年4月19日：第507营撤退至陶洛夫地区。

1944年4月20日：第507营在梅特尼诺夫（Meteniow）集结，全营仅有数辆坦克可用，其中2辆属于第1连。截至当日，第507营投入作战以来的战绩为击毁252辆坦克和705门反坦克炮。

1944年4月22日：第507营仅有数辆坦克可以用于支援第359步兵师，在布罗德尚有5辆坦克。

1944年4月23日：第507营可用兵力为10辆虎式。

1944年4月24日：在布罗德有5辆虎式可用，弗赖贝战斗群有13辆虎式可用。

1944年4月25日：在布罗德有4辆虎式可用，弗赖贝战斗群有18辆虎式可用。

1944年4月26日：在布罗德有4辆虎式可用，弗赖贝战斗群有24辆虎式可用。

1944年4月28日：弗赖贝战斗群有25辆虎式做好了战斗准备。

1944年4月29日：弗赖贝战斗群有25辆虎式做好了战斗准备，在布罗德有5辆虎式可用，同时，由霍尔茨黑德（Holzheid）上尉指挥的第507营第1连与第8装甲师一道部署在科韦利（Kowel）附近，那里的地形十分不利于坦克作战。

1944年4月30日：配属于弗赖贝战斗群的27辆虎式全部可以行动，而第507营全营可以作战的虎式为32辆，1辆虎式被后送大修，该营保有的坦克数量降至55辆。

1944年5月1日：第507营主力被派往波德霍尔茨（Podhorce），全营有32辆虎式

第4章　陆军第507重装甲营

可用。

1944年5月8日：第507营第1连转移至兰贝格以西地区进行休整，该连配属第8装甲师在布罗德作战期间因各种原因损失了8辆虎式，全营保有虎式坦克的数量降至47辆。

1944年5月15日：第507营可以使用的坦克为40辆。

1944年6月1日：第507营可以使用的坦克为46辆。

1944年6月7日：第507营在塔尔诺波尔西北方进行了有限突击，1辆虎式被大口径炮弹直接命中损毁，全营保有虎式坦克数量降至46辆。

1944年6月17日至24日：第507营与第8装甲师在佐洛佐沃地区进行野外演习。

1944年6月22日：第507营先头部队启程前往巴拉诺维奇（Baranowitschi），随即被部署在该城以北地区，掩护第4装甲师的运输线。

1944年6月30日：第507营主力在佐洛佐沃登上火车，前往巴拉诺维奇，同日2辆虎式交付该营，使全营保有虎式坦克的数量达到48辆。

1944年7月1日：第507营的数辆虎式在运输途中，在斯托尔布齐（Stolpce）被第5装甲师第5装甲掷弹兵团第2营临时征调，从铁路平板车上直接开下来，反击一支逼近的苏军部队。

1944年7月2日：第507营主力在巴拉诺维奇卸车。

1944年7月4日：第507营被派往立陶宛，配属于第1骑兵军第4骑兵旅，向科勒克（Kleck）挺进，随后撤往施特沙拉-韦德尼亚（Schtschara-Wiednia）地区。

1944年7月5日：第507营与第4骑兵旅向南进入特拉波洛伊奇（Traboroicze）周边地区。

1944年7月6日：第507营在雅特维茨（Jatwiez）周围作战，随后转移到巴拉诺维奇东郊。

1944年7月7日：第507营在巴拉诺维奇东南3公里外的铁路线作战，一辆受损的虎式因无法移动而被另一辆虎式击毁，该营保有坦克数量降至47辆。

1944年7月8日：第507营配属于第4装甲师，在普约特雷维茨（Pjotrewiczi）和波隆喀（Polonka）附近进行小规模战斗，后来撤回沃尔科维斯克（Wolkowysk），2辆虎式在战斗中被摧毁，该营保有坦克数量降至45辆。

1944年7月9日：第507营撤往斯洛尼姆（Slonim），建立一处桥头堡阵地，后配属于第9集团军发起反击，另有19辆虎式配属第2集团军作战。

1944年7月10日：第507营继续在斯洛尼姆周围作战，随即撤退到斯洛尼姆至杰尔卡（Jelka）一线。

199

1944年7月12日：第507营向锡加诺夫卡（Cyganowka）挺进。

1944年7月13日：第507营奉命支援第4装甲师第35装甲团实施侧翼攻击，向东北方向经米德兹雷茨（Miedzyrecz）进入戈尔纳（Gorna）南部的森林地带，阻击由图波洛沃（Tupolowo）出动的苏军部队，随后德军撤往乌勒兹利（Ulezly）东南2公里处的阵地。

1944年7月14日：第507营继续向南攻击，推进到距离亚诺夫（Janow）1公里处，全营有10辆虎式可以作战。

1944年7月15日：苏军从特雷斯波尔（Terespol）向西推进，第507营立即发起反击，阻滞敌军，全营当日有12辆虎式可用。

1944年7月16日：第507营在斯维斯洛茨（Swislocz）附近建立防御阵地。

1944年7月18日：第507营撤至波德茨拉尼（Podozierany）附件的阵地，并配属于第33装甲掷弹兵团，受军部直接指挥，全营有18辆虎式可用。

1944年7月19日：第507营撤至纳雷夫河沿岸地区。

1944年7月20日：第507营奉命掩护特尔兹茨佐基（Trzeszczotki）附近的大桥，在7月间的战斗中，该营已经损失了7辆坦克，全营保有坦克数量降至38辆。

1944年7月21日：第507营可用兵力为16辆虎式，配属于第4装甲师，部署在别尔斯克（Bielsk）。

1944年7月22日：第507营在特尔兹茨佐基南部发起反击。

1944年7月23日：第507营与第12装甲掷弹兵团一起沿着洛克尼卡河（Loknica River）在奥尔拉（Orla）以北地区进行防御战。

1944年7月24日：第507营继续在洛克尼卡河沿岸地区进行反击，全营有19辆虎式可用。

1944年7月26日：第507营奉命进攻科斯采勒（Koscele）和斯科尔涅（Scernie）。

1944年7月27日：第507营可用兵力为21辆虎式，该营第3连奉命攻击乌比亚兹尼（Ubiazyn）。

1944年7月28日：第507营的5辆虎式与第12装甲掷弹兵团第1营组成一个战斗群，从博克基（Bocki）向南推进了3公里，然后退回出发地域。同日，6辆新虎式交付507营，使全营虎式坦克的保有数量增加到44辆。该营第3连对克拉斯纳维茨（Krasnawies）的苏军实施反击，但未能取得成功。

1944年7月29日：第507营有27辆虎式可以作战，该营第1连奉命攻击杜比亚兹尼（Dubiazyn），第3连则向别尔斯克以东推进。

1944年7月30日：第507营的3辆虎式部署在波比克伊（Pobikry），第3连负责攻击奥古斯托沃（Augustowo），1辆虎式在履带损坏后无法移动，被迫炸毁，全营保有虎式坦克的数量降至43辆。

1944年7月31日：第507营的虎式加入第35装甲团的一个战斗群，部署在切哈诺维茨（Ciechanowiec）以西10公里处。

1944年8月1日：第507营解除与第4装甲师的隶属关系，转而归属第1骑兵军指挥，全营有28辆虎式可以使用，该营第3连在米恩（Mien）以北展开反击。

1944年8月2日：第507营消灭了一支渗入利扎斯塔拉（Liza Stara）以南的苏军部队，第3连部署在维尔科沃（Wilkowo）附近。

1944年8月3日至4日：第507营在斯奥尼（Sciony）东南地区作战。

1944年8月6日至7日：第507营攻击卢皮安卡（Lupianka）以东的"158.1"高地，之后配属于第28步兵师或第1骑兵军在战线各处作战。

1944年8月8日：6辆新虎式交付第507营，同时接收了从第506营移交的6辆虎式，使全营虎式坦克的保有数量增加到55辆。该营第3连在卢皮安卡以东发起反击。

1944年8月16日：第507营在德勃尼基（Debniki）附近作战。

1944年8月17日：第507营沿着扎姆布罗夫（Zambrow）至比亚韦斯托克（Bialystok）的公路作战。

1944年8月18日：第507营渡过纳雷夫河。

1944年8月19日：弗里茨·舍克（Fritz Schöck）上尉被任命为第507营新任营长。

1944年8月21日至22日：第507营在扎姆布罗夫与苏军主力部队遭遇，陷入苦战，损失13辆虎式，其中10辆陷入沼泽被炸毁，还有2辆因受伤无法行动而被炸毁，击毁36辆苏军坦克，全营保有虎式坦克的数量降至42辆。

1944年8月23日：第507营在切泽尔沃尼波尔（Czerwonybor）周围进行防御战。

1944年8月24日至25日：第507营在斯尼亚多沃（Sniadowo）西南方作战。

1944年8月27日：第507营第2连部署在德波沃（Debowo）东南，第3连从克罗斯托沃（Chrostowo）向南转移。

1944年8月29日：第507营第1连伴随第7步兵师在皮斯基（Piski）附近作战。

1944年9月1日：第507营有13辆虎式可用，该营仍配属于第1骑兵军。

1944年9月3日：第507营第2连部署在达比克（Dabeck）东北部，第1连则在托尔兹尼（Troszyn）。

1944年9月6日：第507营在纳皮奥尔基（Napiorki）西北进行小规模作战。

1944年9月7日：营长舍克上尉获颁骑士十字勋章。

1944年9月8日：第507营作为第13军的预备队部署在切尔扎诺沃（Chrzanowo）西南方的森林地带。

1944年9月11日：第507营奉命转移到第46装甲军的作战区域内，全营有22辆虎式可以行动，一些需要维修的坦克留在第6装甲师的防区内，此外还有6辆虎式部署在前沿的掩护阵地上。

1944年9月12日：第507营留在第6装甲师的坦克转移至齐岑瑙（Zichenau）。

1944年10月1日：第507营有40辆虎式可以作战，配属于第2集团军。

1944年10月3日至4日：第507营在纳塞尔斯克（Nasielsk）的桥头堡阵地作战。

1944年10月5日：第507营第3连连长诺伊迈尔（Neumeier）上尉阵亡，1辆虎式全损，该营保有虎式坦克的数量降至41辆。

1944年10月6日：第507营第1连部署在德兹尔泽宁（Dzierzenin）附近。

1944年10月8日至9日：第507营在涅斯特波沃南部和东南部作战。

1944年10月11日：第507营在拉斯（Las）以北作战。

1944年10月12日：第507营在切尔扎诺沃地区进行小规模战斗。

1944年10月13日：第507营在普罗波斯托沃（Probostwo）和索耶（Soje）与苏军交战。

1944年10月14日至15日：第507营分别部署在切泽泽洛沃（Cziezielowo）以南的107高地和雅克里泽沃（Jakliczewo）东郊的防御阵地上。

1944年10月17日：第507营在纳雷夫河畔的罗赞（Rozan）周围作战。

1944年10月24日：第507营在博比（Boby）以西和西南地区与苏军发生小规模交战。

1944年10月26日：第507营在格洛多沃（Glodowo）以东行动。

1944年11月1日：第507营有12辆坦克可以作战，配属于第23军。

1944年11月25日至27日：6辆新虎式和4辆经过大修的虎式交付第507营，使该营保有的虎式坦克数量增加到51辆。

1944年12月1日：第507营共有46辆虎式可以作战。

1944年12月6日：第507营又接收了1辆新虎式，使全营坦克数量增加到52辆。

1944年11月至1945年1月14日：第507营一直在战线后方充当预备队，未经历较大的作战行动。

1945年1月1日：第507营有51辆虎式可以行动。

1945年1月14日：苏军白俄罗斯第2方面军发起大规模攻势，第507营进入警戒状态，并向卡尔涅沃（Karniewo）转移，第1、2连向切扎尔诺斯托夫（Czarnostrow）方

第 4 章　陆军第 507 重装甲营

向运动，第3连向斯洛特基（Slotki）前进。

1945年1月15日：第507营在卡尔涅沃以东和马尔诺斯托夫（Marnostow）东北地区与苏军展开激战，该营第1连配属于第7步兵师的施密茨战斗群（Kampfgruppe Schmitz），第2连伴随第7步兵师的李斯特团作战，并且面临被包围的危险，第3连则奉命支援第299步兵师。在两天的战斗中，第507营击毁了66辆苏军坦克。

1945年1月16日：苏军发起新的攻势，第507营支援第7步兵师作战，在侧翼遭到包抄的情况下向斯塔力格尔米宁（Stary Golmynin）方向撤退，击毁70辆坦克，全营有30辆虎式可以作战，同日营长舍克上尉负伤，由维舍辛（Wirsching）中尉代理营长职务。在战斗中有2辆虎式损毁，第3连连长的座车和1辆虎式被炸毁，全营保有坦克数量降至50辆。

1945年1月17日：第507营的2辆虎式配属第7步兵师第19掷弹兵团在科鲁姆（Chorum）以南的阵地上作战。

1945年1月18日：第507营在当日的战斗中击毁36辆苏军坦克，其中5辆是被1辆无法移动的虎式在科斯希尔尼（Koscielne）以西1公里处击毁的，2辆虎式战损，全营保有坦克数量降至48辆。

1945年1月19日：舍克上尉伤愈归队，重新掌管指挥权。

1945年1月19日至21日：随着战局的持续恶化，第507营开始随其他德军部队一道后撤，经格鲁杜斯克（Grudusk）、穆拉瓦（Mlawa）、亚布尔诺沃（Jablonowo）撤至格劳登茨（Graudenz），在途中损失了19辆虎式，几乎全是被乘员自毁，剩余的29辆虎式从格劳登茨附近的格鲁佩训练场出发，与第14装甲师的部队一起向希维切（Schwetz）挺进。

1945年1月底：第507营余部，包括补给车辆和维修连均在格劳登茨集结，占据了伽恩湖（Lake Garn）附近的一处阻击阵地。

1945年1月24日至30日：雅恩（Jahn）少尉指挥的4辆虎式部署在马林韦尔德尔（Mareinwerder），在25日向乌特亨（Unterhenge）发起反击。由于缺少渡船，第507营的大部分坦克都无法撤过维斯杜拉河（Vistula River），总共有22辆坦克被炸毁在该河东岸，全营保有坦克数量仅余7辆。

1945年1月25日：根据装甲兵总监的命令，第507营残余的7辆虎式全部装备于该营第1连，配属于驻格鲁佩训练场的第4装甲师。

1945年2月1日：第507营的轮式车辆向柯尼茨（Konitz）转移，留在格鲁佩的虎式在黑施（Heesch）中尉指挥下奉命向图切勒尔（Tucheler）方向实施阻滞作战。

1945年2月2日：第507营的4辆虎式与从布隆德明（Blondmin）西南赶来的第35装甲团发起协同攻击，夺取了该城，并继而向克劳彭（Kraupen）推进，在夜间撤回布隆德明，3辆虎式后送大修，该营保有的坦克数量降至4辆。

1945年2月3日：第507营的2辆虎式奉命支援第4装甲师的一支阻击部队，夺取了特鲁腾（Truten），但由于缺乏燃油，无法继续作战。

1945年2月7日：第507营仅有2辆虎式可以作战。

1945年2月8日：第507营残部配属霍夫曼集群（Gruppe Hoffmann）在迈恩塔尔（Maiental）附近建立了一个桥头堡阵地，2辆虎式中的1辆陷入沼泽，难以回收而损失，全营保有坦克数量降至3辆。

1945年2月9日：第507营2辆可用的虎式配属于第12装甲掷弹兵团。

1945年2月12日：第507营余部，包括没有坦克的车组成员、后勤部队、轮式车辆和装甲运兵车等在布托夫（Butow）登上火车，前往汉诺威。

1945年2月13日：第507营的1辆虎式参与了第35装甲团第6连对利伯瑙（Liebenau）的攻击，不慎陷入泥沼而损毁。该营保有虎式坦克的数量降至2辆。

1945年2月15日：第507营余部抵达瑟内拉格，而在前线战斗的虎式车组撤往斯维内明德（Swinemunde），后几经辗转抵达帕德博恩，直至4月7日才在巴德利普斯普林格（Bad Lippspringe）重新归建。

1945年2月27日：维舍辛中尉被授予骑士十字勋章。

1945年3月9日：第507营在瑟内拉格进行重整，接收了2辆虎王坦克。

1945年3月19日至27日：第507营在瑟内拉格进行射击训练，第3连的训练持续到3月30日。

1945年3月22日：11辆虎王交付第507营，此外第510、511营各有3辆虎王也移交该营，使第507营保有的坦克数量增至21辆。

1945年3月24日：科尔特曼（Koltermann）中尉晋升上尉，并被授予骑士十字勋章。第507营重整编制，舍克上尉继续担任营长，第1连连长由拜尔富斯（Beilfuss）中尉担任，该连没有坦克，第2连连长由维舍辛中尉担任，第3连连长为科尔特曼上尉。

1945年3月28日：第507营第3连配属于党卫军"威斯特法伦"装甲旅。

1945年3月30日：第507营第2连与党卫军"霍尔策"团部署在多伦哈根（Dorenhagen）以西，该营第3连部署在哈姆伯恩（Hamborn）以南。第3连奉命从多伦哈根和埃格林豪森（Eggeringhausen）向博尔兴（Borchen）实施侦察行动，其中一个排在哈姆伯恩城堡附近公路以北占据阵地，而另外两个排埋伏在公路以南，在当

第4章 陆军第507重装甲营

天黄昏后第3连伏击了美军第3装甲师的"韦尔伯恩"特遣队，在战斗后撤回多伦哈根，由第3排负责掩护撤退。在这次伏击战中，跟随特遣队行动的美军第3装甲师师长莫里斯·罗斯少将（Maurice Rose）在试图投降时被德军误杀，因为他的动作看起来似乎想拿武器，罗斯少将是在欧洲战场上因敌军火力而阵亡的军衔最高的美军军官。第507营第3连后来与党卫军"霍尔策"团部署在基尔博尔兴（Kirchborchen）东北，第2连在达尔（Dahl）以南的森林地带建立防御阵地。该营的2辆虎王在转移途中于里尔森（Reelsen）燃油耗尽，幸亏得到一辆偶然路过的卡车的帮助得以加油，继续前往巴德德里堡（Bad Driburg）。

1945年3月31日：第2连从阿尔滕比肯（Altenbeken）附近森林的集结地向哈姆伯恩方向转移，当时该连有4辆虎式和3辆猎豹。当天第507营遭遇伏击，有3辆虎王被击毁，该营保有的坦克数量降至18辆。由雅恩少尉指挥的5辆虎式在哈姆伯恩的掩护阵地上击退了美军从埃格林豪森方向发起的进攻。

1945年4月1日：第507营在施万伊（Schwaney）集结，准备参加第67军对马尔斯贝格（Marsberg）的进攻，党卫军"威斯特法伦"装甲旅从三面发起攻击，而第507营的攻击方向是瓦尔堡（Warburg）至霍夫盖斯马尔（Hofgeismar）一线。之后的新集结地在诺恩赫尔泽（Neuenheerse）附近，1辆单独的坦克被部署在帕德博恩西郊。

1945年4月2日：第507营的9辆坦克对维莱巴德森（Willebadessen）的进攻遭遇失败，损失5辆坦克，击毁5辆美军坦克，该营保有坦克数量降至13辆，该营随后撤往威悉河（Weser River）沿岸，分散配属于数支战斗群。

1945年4月3日：第507营的1辆虎式在波姆布森（Pombsen）附近发生故障而被炸毁，该营保有坦克数量降至12辆。

1945年4月4日：第507营第1连（无坦克）由火车运抵哈默尔恩（Hameln）。

1945年4月5日：党卫军"迈尔"团在第507营1辆坦克的支援下防守奥特卑尔根（Ottbergen）和布鲁豪森（Bruchhausen），在博格霍尔茨（Borgholz）有2辆坦克战损，另有1辆毁于空袭，第507营保有的坦克数量降至9辆。

1945年4月6日：党卫军"迈尔"团在蒂特尔森（Tietelsen）和特菲尔贝格（Teufelsberg）之间占据了防御阵地，该团得到第507营5辆坦克的支援，其中3辆坦克进入施瓦伦贝格（Schwalenberg）地区作战，另有3辆坦克作为格比希战斗群（Kampfgruppe Goerbig）的一部分部署在法伦哈根（Falenhagen）附近，当日有1辆虎式战损，全营保有坦克数量降至8辆。

1945年4月7日：第507营支援森内战斗群（Kampfgruppe Senne）的1辆坦克在弹药

耗尽后被炸毁,该营保有坦克数量降至7辆。另1辆虎式与1辆猎豹埋伏在威悉河东岸的阵地中,向对岸的美军部队隔河开火,击毁17辆美军坦克。该营的3辆装甲车部署在霍夫盖斯马尔,击毁了数辆美军坦克。当日,第507营有1辆猎豹战损。

1945年4月8日:第507营的2辆虎式与党卫军"霍尔策"团的一个营部署在阿德莱布森(Adelebsen),"霍尔策"团主力则与该营的5辆虎式一起占领了乌斯拉尔(Uslar)附近的阵地,1辆丧失行动能力的坦克被盟军飞机炸毁,该营保有坦克数量降至6辆。

1945年4月9日:第507营的2辆坦克在下午14时向东转移。该营最初计划从帕伦森(Parensen)向哈尔斯特(Harste)发动进攻,但行动因故推迟,在随后的攻击中,4辆坦克被美军步兵的白磷手榴弹击毁,全营仅剩2辆坦克,负责掩护哥廷根(Gottingen)以北的大桥,之后转移到哈登贝格(Hardenberg)附近的阵地。

1945年4月10日:第507营的1辆坦克部署在伊贝尔(Iber)至埃德米森(Edemissen)的公路交叉口。

1945年4月11日:第507营的1辆坦克在多尔斯特(Dorste)进行掩护作战,后转移到梅尔克森林(Marke-Forste)附近坚持战斗。第507营最后2辆坦克后来转移至奥斯特罗德(Osterode),继续配合"霍尔策"团作战,1辆虎王因履带损坏而被美军包围,车组成员在投降后遭到谋杀。第507营仅剩1辆坦克。第507营奉命转移到马格德堡接收新坦克,该营经哈尔茨格罗德(Harzgerode)、克内尔恩(Konnern)、维滕贝格(Wittenberg)等地,于1945年4月19日抵达措森(Zossen)。

1945年4月16日至17日:第507营第3连经德累斯顿(Dresden)、布拉格(Prague)重新部署在捷克斯洛伐克的米罗维茨训练场,在那里得到了少量装甲车辆,诸如安装在四号底盘上的37毫米高射炮等等。

1945年5月6日:第507营第3连接收了10辆追猎者坦克歼击车。

1945年5月7日:第507营第3连从米罗维茨转移,摧毁了一个捷克抵抗分子建立的阻击阵地。

1945年5月8日:第507营残部在普伦茨劳(Punzlau)附近进行侦察。

1945年5月9日:第507营的3辆追猎者撤往利萨(Lissa)附近。

1945年5月11日:第507营残部向西寻找道路逃往巴伐利亚,以便向美军投降。

1945年5月12日:第507营残部在罗森塔尔(Rosenthal)向美军投降,但该营战俘随后被移交苏联方面关押。

第 4 章　陆军第 507 重装甲营

战果统计

第507重装甲营组建时间较晚，1944年初才在东线参战，战争后期转战西线，但战绩较为突出，据统计在一年多的时间里，该营击毁坦克超过600辆，因各种原因损失104辆坦克，其中战斗损失43辆。

第507重装甲营历任营长

埃里希·施密特（Erich Schmidt少校，1943年9月至1944年8月，调职）
弗里茨·舍克（Fritz Schöck上尉，1944年8月19日至1945年1月16日，受伤）
马克西米利安·维舍辛（Maximilian Wirsching中尉，1945年1月16日至1月19日，代理指挥）
弗里茨·舍克（Fritz Schöck上尉，1945年1月19日至5月8日，投降）

第507重装甲营骑士十字勋章获得者

罗尔夫·格布哈特（Rolf Gebhardt）上士　　　　骑士十字勋章　1944年9月30日
沃尔夫冈·科尔特曼（Wolfgang Koltermann）中尉骑士十字勋章　1945年3月11日
埃德蒙·拉塔约扎克（Edmund Ratajczak）中士　骑士十字勋章　1945年2月10日
埃里希·施密特（Erich Schmidt）少校　　　　　骑士十字勋章　1944年6月9日
弗里茨·舍克（Fritz Schöck）上尉　　　　　　　骑士十字勋章　1944年9月5日
马克西米利安·维舍辛（Maximilian Wirsching）中尉骑士十字勋章　1944年2月7日

虎式坦克 全景战史

※ 埃里希·施密特（1911—1977）

※ 弗里茨·舍克（1915—2003）

※ 罗尔夫·格布哈特
（1915—2010）

※ 沃尔夫冈·科尔特曼
（1917—1994）

※ 马克西米利安·维舍辛
（1919—2004）

第 4 章　陆军第 507 重装甲营

陆军第 507 重装甲营虎式 / 虎王坦克接收及保有数量统计表

接收日期	虎式坦克	虎王坦克	保有数量	备注
1943.12.23	6	–	6	
1943.12.24	3	–	9	
1943.12.26	7	–	16	
1944.1.20	3	–	19	
1944.2.24	12	–	31	
1944.2.25	14	–	45	
1944.3.16	6	–	51	
1944.4.7	6	–	52	
1944.4.14	6	–	57	
1944.6.30	2	–	48	
1944.7.28	6	–	44	
1944.8.8	6	–	49	由第506重装甲营移交
1944.8.8	6	–	55	
1944.11.25	（6）	–	47	损伤坦克修复
1944.11.27	（4）	–	51	损伤坦克修复
1944.12.6	（1）	–	52	损伤坦克修复
1945.3.9	–	4	7	另编入3辆猎豹坦克歼击车
1945.3.22	–	11	18	
1945.3.31	–	6	24	由第510、511重装甲营移交
1945.5.6	–	–	?	接收10辆"追猎者"和数辆四号
总　计	83	21		

※ 原书统计如此，估计有误。责编注。

陆军第507重装甲营虎式/虎王坦克损失情况统计表

损失日期	损失数量	保有数量	备 注
1944.3.24	2	49	1辆被己方乘员摧毁
1944.3.29	1	48	被击毁
1944.3.30	1	47	被击毁
1944.4.4	1	46	被击毁
1944.4.11	1	51	被击毁
1944.4.15	1	56	被击毁
1944.4.30	1	55	后送维修
1944.5.8	8	47	部分被己方乘员摧毁
1944.6.7	1	46	毁于炮击
1944.7.7	1	47	被己方乘员摧毁
1944.7.8	2	45	被击毁
1944.7.20	7	38	被击毁
1944.7.30	1	43	被己方乘员摧毁
1944.8.22	13	42	被己方乘员摧毁
1944.10.5	1	41	被击毁
1945.1.16	2	50	被己方乘员摧毁
1945.1.18	2	48	1辆被己方乘员摧毁
1945.1.21	19	29	大多被己方乘员摧毁
1945.1.30	22	7	被己方乘员摧毁
1945.2.2	3	4	后送维修
1945.2.8	1	3	被己方乘员摧毁
1945.2.13	1	2	被己方乘员摧毁
1945.2.14	2	0	损失原因不明
1945.3.31	3	18	被击毁
1945.4.2	5	13	被击毁
1945.4.3	1	12	被己方乘员摧毁
1945.4.5	3	9	被己方乘员摧毁
1945.4.6	1	8	被己方乘员摧毁
1945.4.8	2	6	1辆被己方乘员摧毁
1945.4.9	4	2	被击毁
1945.4.11	1	1	被遗弃
总 计	104辆		战损41%，自毁55%，其他原因4%

※ 原书统计如此，估计有误。责编注。

第 4 章 陆军第 507 重装甲营

陆军第 507 重装甲营编制序列（1944 年 3 月）

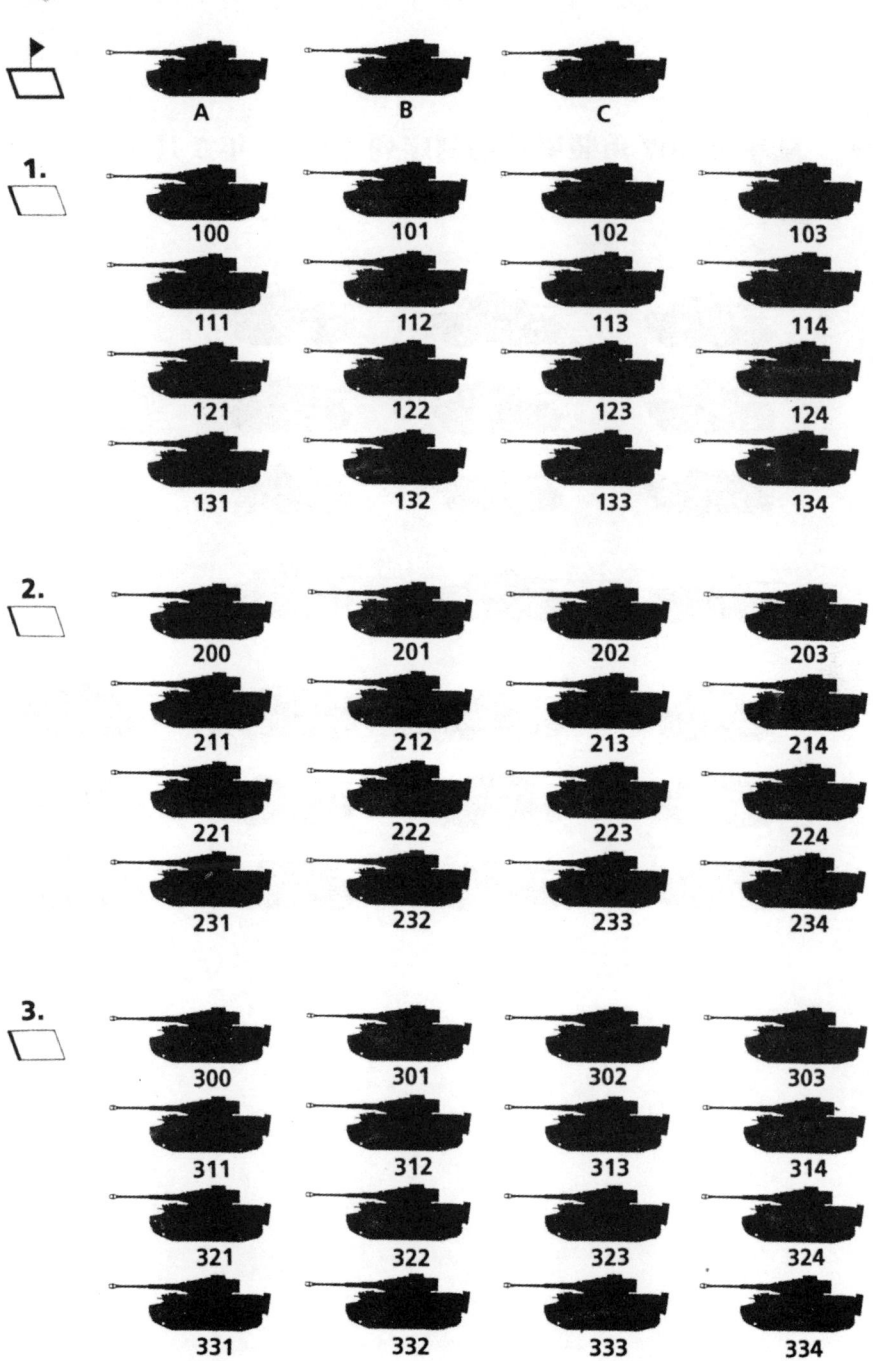

	A	B	C	
1.	100	101	102	103
	111	112	113	114
	121	122	123	124
	131	132	133	134
2.	200	201	202	203
	211	212	213	214
	221	222	223	224
	231	232	233	234
3.	300	301	302	303
	311	312	313	314
	321	322	323	324
	331	332	333	334

虎式坦克 全景战史

陆军第 507 重装甲营编制序列（1945 年 3 月）

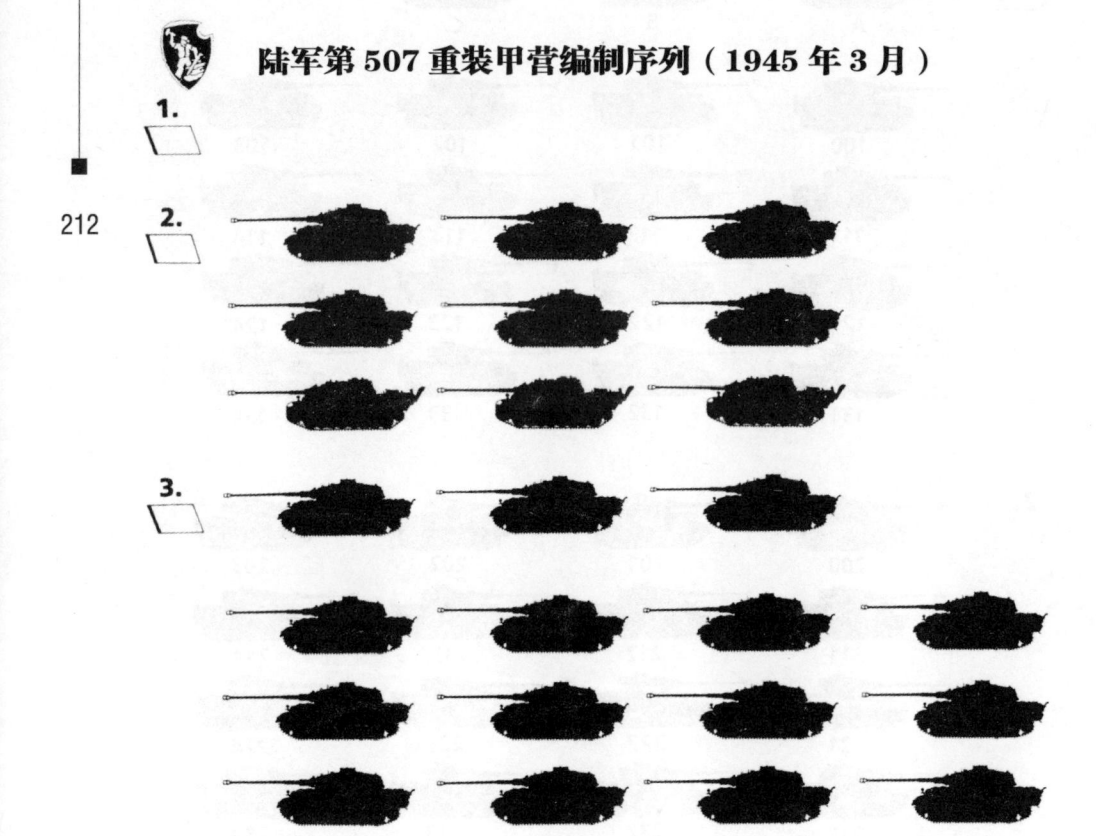

1.

2.

3.

第4章 陆军第507重装甲营

※ 上图 摄于1944年1月第507重装甲营在荷兰兹沃勒地区训练期间，站在这辆第2连的231号虎式坦克前合影的人从左至右依次为：第507营营部连连长彼得·黑施中尉、第507营第1连连长西格弗里德·霍尔茨海德上尉、第507营营长施密特少校、第507营营副官沃尔夫·科尔特曼上尉、第507营第2连连长弗里茨·舍克上尉、第507营第3连连长弗里茨·诺伊迈尔中尉。

※ 1944年3月，第507重装甲营在完成组训后开赴东线作战。下图为该营在奥勒斯克附近集结时第2连的一个车组在坦克前合影，值得注意的是，坦克上有一名维修人员正忙着在炮塔侧面焊接挂钩，以加挂备用履带板。

虎式坦克 全景战史

※ 上图　摄于1944年3月下旬准备投入首次战斗之前，第507重装甲营第2连的211号虎式在树林内补充弹药，注意第507营车辆编号的位置和绘制特点，也采用放大首位数字的形式，但大小数字为下缘齐平。

※ 下图　摄于1944年春第507重装甲抵达东线不久，该营第2连的一辆虎式坦克正在进行救援拖曳训练，对于在东线作战的每一个虎式坦克车组来说，拖曳回收车辆是必须精熟的保命技能，这幅照片的特别之处在于虎式坦克的指挥塔上架设了一挺机枪。

第4章　陆军第507重装甲营

※ 第507重装甲营组建相对较晚，接收的大部分虎式坦克都是安装了新型指挥塔和钢缘负重轮的后期型，也有部分车辆是采用旧式负重轮，但更换了指挥塔的中期型号，比如上图中该营第3连第1排的311号车。

※ 1944年4月14日，6辆新的虎式坦克运抵东线，交付第507重装甲营。下图即其中一辆，为采用新型指挥塔和钢缘负重轮的后期型，在车体表面已经敷设了防磁涂层，在炮塔侧面和车体正面都挂有备用履带板，但不知是何原因，右侧的前挡泥板缺失了。

虎式坦克 全景战史

※ 上图 是第507重装甲营第2连的一辆虎式，车组将用于清洗炮管的长杆固定在了车体右侧上缘位置，其他附件都裹在一个布卷中悬挂在车体侧面，这种携带方式虽然别出心裁，也十分方便，但在战斗中并不保险。

※ 战争后期，在炮塔及车体上加挂备用履带板以加强防御的做法在德军虎式坦克部队中已经十分普遍，相对于其他重装甲营多在车体首下位置安装备用履带板的做法，第507重装甲营的虎式坦克习惯于在车体正面两侧加挂履带板，如下图所示。

第 4 章　陆军第 507 重装甲营

※ 上图　是第507重装甲营的几名士兵在虎式坦克上留影，注意这辆坦克车体前部的拖曳环扣上已经装上了挂钩，便于迅速进行拖曳，这种做法在战争后期的各重装甲营中非常流行，而且很有实战价值，在战斗状态下能够缩短拖曳行动的准备时间。

※ 下图　是第507重装甲营的几名士兵在使用长杆擦拭一辆虎式坦克的炮管，但奇怪的是为什么在坦克上下会有那么多的"观众"在观摩这项十分平常的勤务作业，莫非是在进行教学演示？

虎式坦克 全景战史

※ 到1944年春夏，经过多次补充，第507重装甲营的实力超过了额定编制，辖有的虎式坦克超过50辆。上图中这辆属于该营第2连连部的203号虎式就是一辆超编车，注意其炮塔侧面的车辆编号绘制形式，且车体侧面部分防磁涂层已经剥落了。

※ 下图 这幅视角极佳的战地照片，从一个高地上拍下了第507重装甲营车辆集结的情景，近处的两辆虎式可以辨认出是属于营部的A号及第2连连部的201号坦克，此外还有一辆虎式无法识别编号，其他车辆则包括一辆"胡蜂"自行火炮及多辆半履带装甲车、卡车和轻型汽车。高地上的德军步兵看着这些也是醉了。

第 4 章　陆军第 507 重装甲营

※ 上图　估计是与左页下图摄于同一时间点，为1944年春季弗赖贝装甲群集结的情景，其中可以看到多种类型的车辆，包括第507重装甲营的一辆虎式坦克，还有一辆三号突击炮和一辆"胡蜂"自行火炮，第507营在1944年3、4月间曾配属该装甲群作战。

※ 下图　是1944年春末，第507重装甲营在塔尔诺波尔地区作战时在某地集结，准备进攻，图中这辆虎式坦克在车体和炮塔上堆积了不少补给品，似乎在为一次远程行军做准备。

虎式坦克 全景战史

※ 在塔尔诺波尔作战期间，第507重装甲营曾与第653重型坦克歼击车营并肩战斗。上图为第507营的一辆虎式坦克从第653营的一辆象式坦克歼击车旁边驶过。

※ 下图 是由迪茨军士长指挥的第507重装甲营第3连331号虎式坦克在行军途中触雷瘫痪，正在原地等待救援，车体前部的拖曳钢缆已经安装完毕。

第4章 陆军第507重装甲营

※ 上图 是1944年4月间，第507重装甲营第2连201号虎式坦克在布罗德地区作战的战地照片，当时这辆坦克的任务是为一队装甲掷弹兵提供火力支援。

※ 下图 是第507重装甲营的一辆虎式坦克在土路上高速狂奔，车身后方扬起大片尘土，这辆坦克刚从火线上撤下来，正赶往后方基地接受补给。

虎式坦克 全景战史

※ 上图 摄于1944年4月20日，第507重装甲营第1连的5辆虎式坦克陷在一条泥泞的道路上，最后只能动用铁锹将它们从淤泥中挖出来，图为参与救援行动的士兵们在114号虎式坦克后面短暂休息。

※ 下图 摄于1944年8月14日，第507重装甲营维修连连长施密特中尉（坐在车首备胎者）即将调任新职，在离开前这位指挥官做了一次告别秀，坐在一辆小汽车上象征性地"拖曳"一辆虎式坦克，从这个举动不难看出在维修连的作战勤务中拖曳营救占据了极重要的位置。

第 4 章 陆军第 507 重装甲营

※ 在战时,虎式坦克超过50吨的车重很大程度上限制了其通行能力,尤其是通过桥梁的能力,压垮桥梁的事故在虎式坦克的作战史上屡见不鲜,比如上图中第507重装甲营第2连的221号虎式,就不幸成为一次塌桥事故的肇事者和遇难者,这座木桥显然不能承受虎式坦克的体重,而在这种情形下很难进行拖曳回收。

※ 下图 是另一次由虎式坦克造成的垮桥事故现场,第507重装甲营第3连的321号坦克因桥梁断裂而坠入河中,最后由另外两辆虎式坦克将其拖上河岸。

虎式坦克 全景战史

※ 上图　是第507重装甲营的一辆虎式坦克刚刚在其他车辆的帮助下逃离泥潭，照片左侧的一名士兵正用铁铲清除车体上的污泥。

※ 左下图　是第507重装甲营的一辆虎式坦克被卡在一座折断的桥梁上，车首高高昂起，似乎正在仰天长叹，这种姿态给营救作业造成不小的难度，如右下图这样需要利用一根钢缆呈一定角度做侧向拉动。

第4章　陆军第507重装甲营

※ 本页的三幅照片　均拍摄于1944年10月第507重装甲营的战地维修厂，上图中正在接受修理的是该营第1连132号虎式坦克，注意炮塔侧面已经完全被备用履带板所覆盖，以致车辆编号直接绘制在履带板上，在左侧还有一辆被拆去炮塔的虎式坦克车体。左图是维修连的官兵在利用机动吊车将发动机舱盖板吊起，以便对引擎加以维修保养。下图是两名维修人员在检查113号虎式坦克的引擎，从这幅近距离特写可以观察到炮塔侧面履带板上车辆编号的细节特征。

虎式坦克 全景战史

※ 上图　是第507重装甲营第1连114号虎式坦克在向前线开进，它是该营第二辆使用这一编号的坦克，而第一辆114号坦克是使用旧式负重轮的中期型虎式坦克，已经在行动中损失了。

※ 下图　摄于完成一次战斗任务后，第507重装甲营的一位坦克兵在座车旁边喝水，而他的战友则在检查履带情况。

※ 下图　是从一辆正在修理的虎式坦克的炮塔上拍摄的机动吊车特写，这种车辆是维修连最重要的装备之一，其起重能力为1.5吨。

第4章　陆军第507重装甲营

※ 1945年1月15日，第507重装甲营第3连的322号虎式在战斗中受损，因无法回收而被乘员炸毁，上图为战后苏军拍摄的该车残骸。

※ 下图　据说拍摄于1945年4月8日，说是第507重装甲营的一辆虎王坦克因为燃料耗尽而被遗弃在一处城镇街头，但存疑。

虎式坦克 全景战史

※ 本页三张照片中都是同一辆虎王——第507重装甲营的402号,它是1945年4月11日在奥斯特罗德损失的。上图及左图拍摄于加斯特霍夫旅馆前,下图则是后来被美军拖到了离旅馆不远的另一条街道边上。

第4章 陆军第507重装甲营

※ 上图及右图 是美军战后在哈尔斯特拍摄，这辆被推到路边的虎王被确认为第507重装甲营的车辆，应该是1945年4月9日在向哈尔斯特发动的进攻中损失的。

虎式坦克 全景战史

※ 上图及下图 也是被确认为第507重装甲营的虎王残骸，它的炮塔编号是121。经确认，此处地点位于哥廷根以北与哈尔斯特之间，应该是在1945年4月上旬的战斗中损失。照片中可见车体正面倾斜装甲上有两处中弹痕迹，但未形成贯穿。

第5章 陆军第508重装甲营

Schwere Panzer-Abteilung 508

第508重装甲营最初是以第29装甲团第1营为班底于1943年5月11日在法国组建，后来装备黑豹坦克，7月8日又以第29装甲团第1营的原番号重新部署。1943年7月15日根据普通陆军总局的Nr.32339/43号命令，第8装甲团分出部分单位在海尔布隆重新组建了第508重装甲营，后来又加入了第190装甲旅的部分单位，以及来自后备军的350名士兵。该营后来转往伯布林根（Boblingen），该营的维修连也已于1943年7月15日在此组建。第508营的首任营长是赫尔穆特·胡德尔（Helmut Hudel）少校。

1943年8月4日：第508重装甲营乘火车前往法国。

1943年8月10日：第508营抵达阿朗松（Alencon）。

1943年8月28日：第508营维修连人员前往卡塞尔接受训练。

1943年9月14日：第508营在弗雷斯奈（Fresnay）组建了营部连。

1943年10月9日至12日：第508营转移至法莱斯（Falaise）。

1943年12月6日：第508营转移至迈利莱康。

1943年12月10日至19日：17辆虎式坦克交付第508营。

1943年12月20日：第508营的可用坦克有14辆，同日第312（遥控爆破）装甲连接到配属第508营的命令。

1943年12月29日：第313（遥控爆破）装甲连将编制内的三号坦克移交第314（遥控爆破）装甲连，随后代替第312（遥控爆破）装甲连配属至第508营。

1943年12月31日：第508营有13辆虎式可以使用。

1944年1月1日：胡德尔少校就任第508营营长。

1944年1月14日至24日：28辆虎式交付第508营，使该营达到45辆虎式的满编状态。

1944年2月4日：第508营奉命开赴意大利战场，乘火车途经梅斯（Metz）、萨尔布吕肯（Saarbrücken）、卡尔斯鲁厄、斯图加特、乌尔姆（Ulm）、慕尼黑（Munich）、因斯布鲁克（Innsbruck）、库夫施泰因（Kufstein）、波岑（Bozen）、梅拉诺（Merano），抵达阿雷佐（Arezzo）。

1944年2月8日至12日：第508营首批部队在菲库莱（Ficulle）卸车，随后沿公路向罗马（Rome）开进。

1944年2月12日：第508营第1连以公路行军的方式开往安齐奥-内图诺（Anzio-Nettuno）滩头，沿途均是山区，道路蜿蜒曲折。第313装甲连纳格尔（Nagel）上士的坦克起火爆炸，几天后该营接收了1辆补充坦克。

1944年2月14日：第508营第1连首先部署在阿皮利亚（Aprilia）附近，同日第2连抵达罗马。

1944年2月15日：第508营配属于第26装甲师，作为第9装甲掷弹兵团的第二梯队。

1944年2月16日：第508营的4辆虎式首次支援安齐奥前线的部队，由于地面泥泞，坦克只能沿着狭窄的公路行进，进攻未能到达第一个目的地（82号公路）。

1944年2月19日：第508营第2连部署到阿皮利亚地区，第313（遥控爆破）装甲连正式与第508营合并，成为该营的第3连。

1944年2月20日：第508营的一个排部署于阿皮利亚附近，排长诺伊贝格候补军官（Neuerburg）遭轻武器射击阵亡。同日，装备象式坦克歼击车的第653重装甲歼击营第1连配属于第508营。

1944年2月21日：施泰因（Stein）中尉的虎式击毁了3辆在前线活动的美军谢尔曼坦克。

1944年2月22日：第508营配合"赫尔曼·戈林"装甲师发动的攻势因盟军强大的阻拦炮火而陷入停顿。

1944年2月24日：第508营第3连在战斗中摧毁了17辆美军坦克。

1944年2月28日：第508营第2连经阿尔巴诺（Albano）、真扎诺（Genzano）等地向安齐奥滩头开进。

1944年2月29日：第508营当日可用兵力为32辆虎式，对伊索拉贝拉（Isolla Bella）方向的滩头阵地发起进攻，4辆虎式被击毁，数辆触雷受损，进攻再次因为盟军压倒性的舰炮火力支援而受挫，全营保有坦克数量降至41辆。

1944年3月1日：第508营有12辆虎式和27辆博格瓦尔德IV型遥控爆破车可用，该营被配属于第69装甲团。

第5章　陆军第508重装甲营

1944年3月1日至5日：除了3辆虎式因损坏严重而报废外，其余受损坦克均已修复，1辆被改装成炸药运载车，全营保有虎式坦克的数量降至37辆。

1944年3月3日：原"迈尔"装甲连的8辆虎式被并入第508营，该连于3月8日正式解散，第508营在得到这一补充后恢复到45辆的满编状态。

1944年3月5日：第508营返回罗马休整。

1944年3月10日至23日：第508营第2连在217号公路以北的韦莱特里（Velletri）附近集结。

1944年3月16日：第508营主力离开罗马。

1944年3月17日：第508营通过卡姆波勒昂（Campoleone）。

1944年3月18日：第508营抵达阿尔巴诺，在帕弗纳火车站（Pavona railway station）附近集结，该营第3连的遥控爆破车在山地极狭窄的公路上行进困难，时常滑下公路、陷入泥沼沟渠中。

1944年3月23日：5辆新虎式交付第508营，全营坦克数量达到50辆。

1944年3月31日：第508营可用兵力为32辆虎式。

1944年4月1日：第508营有37辆虎式可以作战，配属于第69装甲团。

1944年4月11日：第508营的数辆虎式被当作移动炮台，执行火力支援和压制任务。

1944年4月20日：第508营当日的可用兵力为39辆虎式，在随后的撤退行动中有多辆坦克出现故障，其中7辆虎式无法修复，全营保有虎式坦克数量降至43辆。

1944年4月25日：6辆新虎式交付第508营，使全营保有的虎式坦克增加到49辆。

1944年4月30日：第508营有42辆虎式可以作战，一辆无法修复的虎式被改为坦克回收车，该营保有的虎式坦克数量降至48辆。

1944年5月1日：第508营的虎式再度被当作自行火炮使用，执行间接射击任务，全营有42辆虎式可以作战，另有2辆虎式需要长时间大修，保有坦克数量降至46辆。

1944年5月：第508营重返阿皮利亚前线，6辆虎式部署在第3装甲掷弹兵师的防区内，另有6辆部署在阿尔德亚（Ardea），还有3辆留在卡姆波勒昂以东的铁路线附近作为后备力量。

1944年5月14日至16日：第508营的数辆虎式与第653营第1连的数辆象式配属于欣茨集群（Gruppe Hinz），部署于皮恩扎（Pienza）地区。

1944年5月19日至21日：第508营从帕弗纳向拉蒂纳（Latina）转移，同日，盟军突破了卡西诺山（Monte Cassino）的德军防线。

1944年5月21日：第508营部署在拉蒂纳东南4公里外的防御阵地上。

1944年5月23日：第508营穿过锡斯特纳（Cisterna）至拉蒂纳的铁路线发动进攻，击毁15辆坦克，纳格尔上士的坦克在战斗中被击毁，全营保有虎式坦克的数量降至45辆，还有1辆虎式部署在第362步兵师的防区内。

1944年5月24日：第508营奉命沿公路行军返回罗马，途中有2辆虎式因故障而被遗弃，全营保有虎式坦克的数量降至43辆。

1944年5月25日：由于部署失当，第508营第3连的7辆虎式在科里（Cori）因为缺油无法移动而被迫炸毁，还有11辆虎式在朱利亚内罗（Giulianello）莫名损失了，算上在瓦尔蒙托内（Valmontone）郊外损失的1辆，在一天内第508营损失了19辆虎式，全营坦克数量锐减至24辆。当相关报告送交元首大本营后，营长胡德尔少校被当即解职。

1944年5月26日至27日：第508营第1连接收了其他两个连剩余的坦克，并部署在韦莱特里附近进行防御，随后又转移至罗马附近的提布尔蒂纳（Tiburtina）休整。

1944年5月27日至31日：失去坦克的车组成员被组成步兵反坦克分队，由第2连连长容汉斯（Junghans）中尉指挥，第508营当日有11辆虎式可以使用。

1944年6月1日：第508营当日可用兵力为11辆虎式，数辆虎式配属第3装甲掷弹兵师在安齐亚塔河（Anziata River）以西作战，1辆虎式在锡希契纳（Cecechina）附近被击毁，全营保有坦克数量减少至23辆。

1944年6月2日：没有坦克的第508营第3连在锡纳伦加（Sinalunga）集结。

1944年6月3日至5日：补充第508营的27辆虎式已经在运输途中。

1944年6月3日：德军开始全线撤退。在弗拉斯卡蒂（Frascati）以东，第508营的数辆受损虎式击毁了在第362步兵师身后尾随追击的美军坦克，掩护友军撤退。

1944年6月4日：第508营抵达布拉恰诺湖（Lake Bracciano）。

1944年6月5日：第508营通过维泰博（Viterbo），数辆虎式配属第362步兵师第956掷弹兵团在罗马西北部建立防御阵地，击退了盟军的数次进攻。

1944年6月6日：第508营在奥尔维耶托（Orvieto）附近渡河，该营第1连经维泰博、菲库莱转移至斯图菲奥尼（Stuffione），第3连部署在马尔斯杜希（Marsduce）。

1944年6月7日：第508营将坦克部署在马尔斯杜希，第3连则抵达蒙特普尔杜希（Montpulduce）。

1944年6月8日：第508营集结于蒙特普尔杜希，遭遇盟军空袭，该营第3连向锡耶纳（Siena）转移，2辆受损的虎式与第956掷弹兵团一起部署在卡西亚大道（Via Cassia）两侧的防御阵地上。

第 5 章　陆军第 508 重装甲营

1944年6月9日：第508营支援部队抵达锡纳伦加。

1944年6月10日：第508营第1连部署在蒙特普锡亚诺（Montepulciano）附近。

1944年6月11日：第508营第2连向罗马撤退。

1944年6月13日：第508营第3连转移至丘西（Chiusi），之后向波吉邦西（Poggibonsi）前进。在撤退途中，该营损失了13辆虎式，大多是自行摧毁的，全营保有坦克数量降至10辆。

1944年6月14日：第508营第2连在恩波利（Empoli）接收了13辆坦克，使全营保有坦克数量增至23辆。第3连继续向佛罗伦萨（Fiorenze）转移。

1944年6月15日：第508营第3连在恩波利以南休整。

1944年6月18日：第508营第3连在波吉邦西接收了14辆虎式，达到满编状态，全营保有虎式坦克的数量增加到37辆。

1944年6月21日：第508营转移至切尔塔尔多（Certaldo）和卡斯泰尔菲奥伦蒂诺（Castel Fiorentino）。

1944年6月22日：第508营第2连部署在弗洛斯尼（Frosini）附近的一处集结地。

1944年6月24日：第508营第2连重新部署在基乌斯迪诺（Chiusdino），掩护441号公路。

1944年6月27日：第508营第2连的5辆虎式投入战斗，损失2辆，全营保有坦克数量降至35辆。

1944年7月1日：第508营当日可用兵力为23辆虎式，该营奉命直接隶属于第14集团军。

1944年7月4日：第508营第3连部署在埃尔萨谷口村（Colle di Val d'Elsa）附近，一辆虎式不慎坠入一处地窖，无法回收而被炸毁，全营保有坦克数量降至34辆。

1944年7月6日：第508营第2连部署在距离波吉邦西3公里处。

1944年7月7日：第508营第3连在波吉邦西休整。

1944年7月8日：第508营第2连在塔瓦尔内莱（Tavarnelle）附近击毁了6辆谢尔曼，第3连在圣吉米尼亚诺（San Gimignano）附近集结。

1944年7月13日：第508营第3连转移至切尔塔尔多。该营被分散配置各处，有时甚至以单车部署在前线，给指挥和控制造成了极大的困难，在后勤方面也面临很大问题，为此营内各级指挥官均向上级机关屡次反映，但是形势一直没有得到改善。

1944年7月18日：第508营第3连占据了卡斯泰尔菲奥伦蒂诺附近的掩护阵地。

1944年7月19日：第508营第3连转移至恩波利。

1944年7月22日：第508营第3连重新部署在梅尔卡塔尔（Mercatale），配属于第6伞兵师。

1944年7月23日：第508营第3连抵达圣卡夏诺（San Casciano）。

1944年7月24日：第508营第3连的一辆虎式在经过一座桥梁时突然起火焚毁，全营保有坦克数量降至33辆。

1944年7月25日：第508营第3连击退了盟军的进攻，坎克勒（Kankele）少尉的虎式因陷入地窖而被炸毁，全营保有坦克数量降至32辆。

1944年7月26日：第508营第3连与敌军坦克展开交战。

1944年7月27日：第508营第3连在因普鲁内塔（Impruneto）停止进攻。

1944年7月29日：第508营第2连在战斗中击毁7辆谢尔曼，损失2辆虎式，全营保有坦克数量降至30辆。

1944年7月30日：第508营第3连的一辆虎式在加卢佐（Galuzzo）附近被盟军缴获，全营保有坦克数量降至29辆。

1944年7月31日：第508营第2连将剩余的坦克移交第3连，然后经博洛尼亚和摩德纳（Modena）重新部署在克雷瓦尔科雷（Crevalcore）。

1944年8月1日：第508营有14辆虎式可以行动。

1944年8月2日：第508营第3连集结在加卢佐附近，一辆虎式因故障损坏而被炸毁，全营保有坦克数量降至28辆。

1944年8月8日：第508营第3连抵达佛罗伦萨。

1944年8月14日：第508营第3连集结在比萨郊外2公里处。

1944年8月22日：在营长职务空缺数月后，约阿希姆·施特尔特（Joachim Stelter）上尉被任命为第508营新任营长。

1944年8月30日：第508营的后勤支援部队抵达维亚雷焦（Viareggio）。

1944年8月31日：第508营第3连集结在卢卡（Lucca）附近的森林里。

1944年9月3日：第508营第2连经佛罗伦萨、博洛尼亚、弗利、福林波利转移至萨维纳诺（Savignano），重新部署在圣马里奥（San Marino）和切塞纳，第3连则向维亚雷焦前进。

1944年9月4日：第508营第2连乘卡车经布伦纳隘口前往因斯布鲁克，之后换乘火车前往帕德博恩接收新坦克。第508营的后勤部队抵达帕尔马附近的波维廖（Poviglion）。

1944年9月10日：第508营在雷焦和梅斯特里诺（Mestrino）集结。

第 5 章　陆军第 508 重装甲营

1944年9月11日：第508营的坦克抵达马尔米罗洛（Marmirolo）。

1944年9月14日：第508营在博洛尼亚休整。

1944年9月15日：第508营的战斗部队抵达里米尼至圣马里奥的公路沿线，第3连连长施泰因中尉在执行侦察任务时阵亡。

1944年9月18日：第508营第3连抵达伊莫拉（Imola）。

1944年9月19日：第508营第3连抵达法恩扎。

1944年9月21日：第508营第3连转移至弗利。

1944年9月26日：第508营第3连沿公路前进至切塞纳。

1944年9月30日：第508营第3连部署在博雷托（Boretto）附近。

1944年10月1日：第508营当日可用兵力为15辆虎式，第1连的10辆坦克和第3连的3辆坦克被配属于第76装甲军。在9月间的一系列撤退行动中，第508营因各种原因损失了11辆坦克，全营保有坦克数量降至17辆。

1944年10月10日：第508营第3连再次部署在切塞纳。

1944年10月12日：第508营第3连转移至福林波利。

1944年10月15日：第508营后勤部队抵达梅斯特里诺。

1944年10月20日：第508营第3连的遥控爆破车在帕多瓦（Padua）装上火车，运往爱森纳赫。

1944年11月1日：第508营有14辆虎式可用，第1连编有14辆坦克，第3连仅有3辆虎式。

1944年11月30日：第508营经圣尼古拉（San Nikolo）、奥斯皮塔莱（Ospitale）、莫纳卡勒（Monacale）转移到里诺（Reno）。前第313装甲连的人员均调离第508营，前往爱森纳赫编入第300（遥控爆破）装甲实验与补充营。

1944年12月1日：第508营有10辆虎式可以使用，该营第1连的所有坦克都部署在奥斯皮塔莱，2辆坦克需后送大修，该营保有坦克数量降至15辆。

1944年12月28日：第508营的补充人员抵达加卢佐，集结在第4伞兵师的防区内。

1945年1月1日：第508营在法恩扎地区与盟军交战，在夜间转移阵地，前往索拉罗拉（Solarola）以南第278步兵师的防区，全营有12辆虎式可以使用。

1945年1月3日：第508营继续部署在索拉罗拉以南的阵地上，由哈比希（Habig）少尉指挥的第1连部署在加伊阿诺（Gaiano）。

1945年1月4日：由哈比希少尉指挥的3辆虎式与耶施（Jesche）少尉的3辆虎式奉命掩护圣塞韦罗（San Severo）以南地区。

1945年1月6日：第508营的4辆虎式向北转移到卢戈附近的阵地上。

1945年1月7日：第508营的虎式再次执行间接射击任务。

1945年1月8日：第508营转移至巴尔比亚诺（Barbiano）东南方的卡萨法锡尼（Casa Facchini）。

1945年1月15日：第508营有15辆虎式可以作战。

1945年1月16日：少数虎式执行间接射击任务。

1945年1月17日：第508营重新部署在巴尔比亚诺。

1945年1月18日：第508营的坦克再次执行炮击任务。

1945年1月22日：在转移阵地期间，由吉格里希（Gigerich）下士驾驶的虎式不幸陷入一条沟渠中，所幸可以拖出。

1945年1月23日：耶施少尉指挥坦克在圣塞韦罗作为机动火炮实施作战。

1945年1月25日：第508营的5辆虎式再次执行炮击任务。

1945年1月27日：第508营的2辆虎式在菲利希奥（Felisio）、索拉罗洛（Solarolo）以北地区执行警戒任务，另外4辆虎式分散在圣塞韦罗以北地区。

1945年1月30日：第508营的4辆虎式执行炮击任务。

1945年1月31日：第508营的坦克部署在马萨伦巴达（Massa-Lombarda）。

1945年2月1日：第508营抵达巴尼亚拉（Bagnara），全营有13辆虎式可以使用。

1945年2月2日：耶施少尉指挥的3辆虎式转移至科蒂尼奥拉（Cotignola）。

1945年2月4日：第508营的坦克继续执行炮击任务。

1945年2月6日：第508营的数辆虎式充当前沿的移动炮兵观察哨使用。

1945年2月11日：第508营在科蒂尼奥拉集结。

1945年2月12日：第508营将剩余的15辆虎式和1辆黑豹坦克回收车移交驻守在圣菲利波（San Filippo）的第504营，然后在梅斯特里诺集结，第3连部署在布巴诺（Bubano）。

1945年2月20日：已经没有一辆坦克的第508营乘卡车经帕多瓦、梅斯特雷（Mestre）、特雷维索（Treviso）、乌迪内（Udine）向北转移。

1945年2月21日：第508营在蓬泰巴（Pontebba）休息。

1945年2月22日：第508营的装甲连成员换乘火车前往奥地利的菲拉赫（Villach），但营部连和维修连仍部署在帕多瓦地区，临时组成一个警卫营。

1945年2月23日：运载第508营的军列途经圣法伊特（St.Veith）。

1945年2月24日：第508营的军列抵达比绍夫斯霍芬（Bischofshofen）。

第 5 章　陆军第 508 重装甲营

1945年2月25日：列车经过萨尔茨堡和弗赖拉辛格（Freilassing）。

1945年2月26日：列车抵达雷根斯堡（Regensburg）。

1945年2月27日：军列经过拜罗伊特（Bayreuth）、库尔姆巴赫（Kulmbach），第1连在阿尔滕贝肯（Altenbeken）下车，然后前往艾特恩（Etteln）。

1945年3月1日：第508营转移至哥廷根。

1945年3月2日：第508营途经帕德博恩。

1945年3月3日：第508营抵达博尔兴，再行军前往胡森（Husen）。

1945年3月17日：第508营开始进行虎王坦克的换装训练。

1945年3月21日：第508营在胡森集结。

1945年3月24日：第508营部分单位组成一个临时营转移至弗伦斯堡（Flensburg）。

1945年3月27日：第508营的数个车组接收了1辆虎式和6辆黑豹，组建了一个小战斗群。

1945年3月29日至30日：第508营第2连的成员作为步兵部署在胡森附近。

1945年4月1日：第508营部分人员转移至帕德博恩以西，之后沿着公路前往多特蒙德（Dortmund）。

1945年4月1日至2日：第508营残余人员作为步兵部署在施尔菲尔德（Scherfelde）。

1945年4月5日：第508营首先部署在霍夫盖斯马尔，之后撤往柏林地区，与其他部队一道在波利（Pollee）作战。

1945年4月：第508营留在意大利的成员也撤回德国，在菲拉赫作为炮兵接受训练。

1945年5月8日：第508营的最后一批官兵向美军投降，并被关押在魏尔海姆（Weilheim），实际上该营作为虎式坦克部队的历史早在1945年2月就结束了。

战果统计

第508重装甲营是在意大利战场作战的两个独立重装甲营的一个，其作战时间相对较晚，经历的战斗也比较少，在其作战期间宣称击毁了超过100辆敌军坦克，但因各种原因损失了78辆坦克，其中战斗损失15辆，在德国陆军及党卫军的重装甲营中是战绩最低的。

第508重装甲营历任营长

赫尔穆特·胡德尔（Helmut Hudel少校，1944年1月1日至5月25日，解职）
约阿希姆·施特尔特（Joachim Stelter上尉，1944年8月22日至1945年5月，投降）

※ 赫尔穆特·胡德尔（1915—1985）
1915年7月4日生于黑森州的美因河畔罗因海姆（Raunheim am Main），1934年参军进入第5汽车营，1936年进入第4装甲团并晋升少尉，1938年1月1日成为波茨坦战争学校的监察官，1940年6月底进入第7装甲团。1942年3月1日晋升上尉，5月27日在担任第7装甲团第1连连长时获得骑士十字勋章，随后该团前往北非，他也成为了第1营营长，并于1943年4月2日在此任上获得橡叶饰，从北非回国后的1943年6月1日晋升为少校。1944年初成为第508重装甲营营长，1944年8月出任"大德意志"装甲训练与补充营营长，1945年2月成为装甲教导团团长，1985年3月11日在美因河畔法兰克福去世。

第 5 章　陆军第 508 重装甲营

陆军第 508 重装甲营虎式 / 虎王坦克接收及保有数量统计表

接收日期	虎式坦克	虎王坦克	保有数量	备 注
1943.12.10	7	—	7	
1943.12.11	7	—	14	
1943.12.19	3	—	17	
1944.1.14	6	—	23	
1944.1.16	6	—	29	
1944.1.19	10	—	39	
1944.1.24	6	—	45	
1944.2	1	—	45	
1944.3.2	8	—	45	"迈尔"装甲连并入
1944.4.10	5	—	46	
1944.4.25	6	—	46	
1944.6.14	13	—	31	
1944.6.18	14	—	50	
1945.2.12	−15	—	0	移交第504重装甲营
1945.3.27	（1）	—	？	另外接收了6辆黑豹
总 计	77	0		

陆军第 508 重装甲营虎式 / 虎王坦克损失情况统计表

损失日期	损失数量	保有数量	备 注
1944.2.12	1	44	被焚毁
1944.2.29	4	41	被击毁
1944.3.5	4	37	无法修复报废
1944.4.20	7	43	无法修复报废
1944.4.30	1	48	改装为坦克回收车
1944.5.1	2	46	后送维修
1944.5.23	1	45	被击毁
1944.5.24	2	43	被己方乘员摧毁
1944.5.25	19	24	大多被己方乘员摧毁
1944.6.1	1	23	被击毁
1944.6.13	13	10	被己方乘员摧毁
1944.6.27	2	35	被击毁
1944.7.4	1	34	被己方乘员摧毁
1944.7.24	1	33	被焚毁
1944.7.25	1	32	被己方乘员摧毁
1944.7.29	2	30	被击毁
1944.7.30	1	29	被缴获
1944.8.2	1	28	被己方乘员摧毁
1944.10.1	11	17	被己方乘员摧毁
1944.12.1	2	15	后送维修
1945.4	1	0	？
总 计	78辆		战损19%，自毁59%，其他原因22%

※ 原书统计如此，估计有误。责编注。

陆军第508重装甲营编制序列（1944年2月）

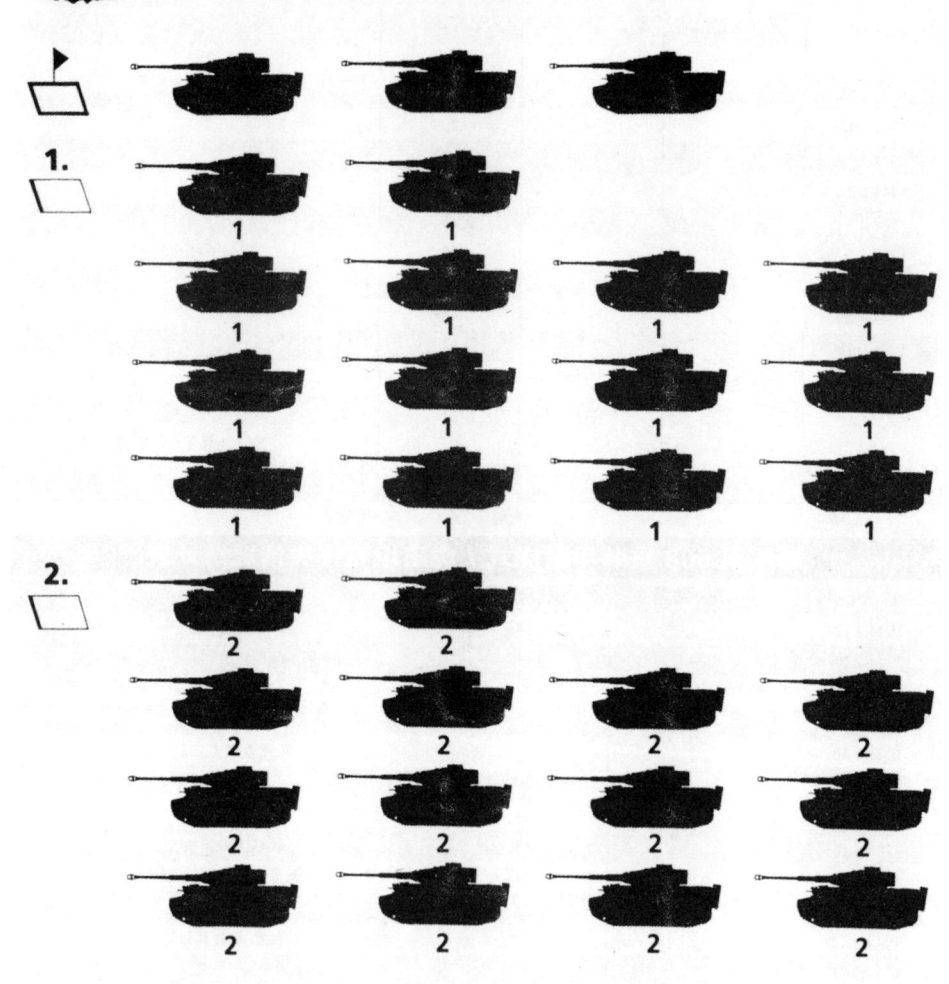

第 5 章　陆军第 508 重装甲营

虎式坦克 全景战史

※ 上图及左图 是1943年7月在帕德博恩训练场拍摄，此时已经有部分准备用于组建第508装甲营的人员在此接受训练，这些安装在混凝土基座上的虎式坦克炮塔就是当时他们所用的训练装备。

※ 下图 也是摄于1943年7月，但是是在瑟内拉格训练场拍摄，另一些准备配属第508重装甲营的坦克车组在利用第500装甲训练与补充营的虎式坦克进行炮术训练。

第 5 章　陆军第 508 重装甲营

※ 组建之后才半个月,第508重装甲营就开赴法国占领区继续进行编组和训练,上图为该营的一名坦克兵伊纳施下士在训练期间坐在虎式坦克侧面小憩。该图摄于法国迈利莱康训练场,注意这辆坦克没有绘制车辆编号,可能是属于营部的坦克。

※ 下图　摄于1943年12月,地点也是在法国的迈利莱康训练场,第508重装甲营的一名坦克兵在他的训练坦克前留影。这辆训练用的虎式坦克非常残破,驾驶员观察窗部件已经脱落。

虎式坦克 全景战史

※ 左图　是属于第313（遥控爆破）装甲连的博格瓦尔德Ⅳ型遥控爆破车，摄于法国迈利莱康的兵营，该连后来并入第508重装甲营，成为该营的第3连。值得一提的是与第508营同在意大利作战的第504营第3连也是一支遥控爆破单位，其前身是第314（遥控爆破）装甲连。

※ 下图　是第508重装甲营营长胡德尔少校（最右侧）及营内其他军官在参观第313（遥控爆破）装甲连的博格瓦尔德Ⅳ型遥控爆破车，他们还是首次看到这种新型装备，注意背景中的那辆虎式坦克在炮塔侧面加装了无线电天线。

第5章 陆军第508重装甲营

※ 1944年初，在法国训练的第508重装甲营接到调往意大利战场的命令，右图为该营的虎式坦克为远行做准备，近处的坦克炮塔顶部散放着各种补给品，炮塔后部储物箱也呈开启状态。

※ 下图 是1944年2月4日第508重装甲营第3连的三名士兵在开赴意大利之前的留影，他们身后是一辆运载虎式坦克的平板货车，而照片右侧可以看到后面的数辆平板货车上都装着第313（遥控爆破）装甲连的博格瓦尔德IV型遥控爆破车。

虎式坦克 全景战史

※ 1944年2月中旬，运载第508重装甲营的军列陆续抵达意大利北部的菲库莱。上图为正准备卸车的虎式坦克，注意炮塔侧面已经挂有备用履带板，车体侧面有十字徽，但没有车辆编号或连队番号，可能是属于营部的坦克。

※ 下图 摄于1944年2月12日第508重装甲营第2连抵达菲库莱时，卸载完毕的虎式坦克正在更换履带，可以观察到炮塔侧面的连队番号。

第5章 陆军第508重装甲营

※ 第508重装甲营在菲库莱略做休整后即以履带行军的方式向罗马前进，上图为该营第2连的虎式坦克在途中经过一处意大利村镇，注意其炮塔储物箱背面的连队番号。

※ 下图 摄于1944年2月13日，第508重装甲营第3连的一辆虎式坦克在前往罗马途中半路抛锚。从照片中看坦克的右侧履带已经不知去向，引擎舱盖也打开了，可能发动机也发生了故障。

虎式坦克 全景战史

※ 经过两天的长途跋涉，第508重装甲营终于抵达古城罗马，上图为该营第2连的虎式坦克正进入罗马城区。

※ 左图是第508重装甲营的车队在罗马穿街过巷，该营一辆虎式坦克正从一座有着340年历史的拱门下通过。

第 5 章　陆军第 508 重装甲营

※ 1944年2月14日，第508重装甲营第2连的虎式坦克穿过罗马城区，向前线开进，这是一次汇聚了众多罗马市民目光的耀眼巡游，这些现代德意志重甲骑士从这座千年古城的街道上昂首前行，形成了一种奇特的历史氛围，这种情形在战争中仅有第503重装甲营于同年晚些时候在法国巴黎和匈牙利布达佩斯的闹市行军与之相似。本页的两幅图片均摄于第508营第2连行进入罗马城区期间，上图是一辆虎式坦克沿着街道抵达台伯河岸边，下图则是虎式坦克正驶过威尼斯宫前面的广场。从这些照片中可以看到，沿途有很多普通民众驻足观望，相信他们看到这些"德国盟友"的凶猛战车时心情一定非常复杂，在墨索里尼领导下的意大利军队从未装备过如此精良的武器。

虎式坦克 全景战史

※ 当第508重装甲营第2连在罗马城出尽风头时，该营第1连已经在阿皮利亚地区准备向安齐奥的盟军滩头阵地实施攻击，上图为该连112号虎式向进攻位置进发，在前方是一辆三号突击炮。

※ 下图 摄于1944年2月19日，第508重装甲营的一辆虎式坦克正向前线的桥头堡阵地前进，上面还有几名搭顺风车的步兵兄弟，注意车体右侧的拖曳钢缆已经套在车首环扣上。

第5章　陆军第508重装甲营

※ 1944年2月21日，第508重装甲营第2连施泰因中尉指挥的虎式坦克在战斗中一举击毁3辆美军谢尔曼坦克，上图摄于战斗结束后，施泰因中尉的虎式就停在公路边，在远处还能看到3辆被击毁的美军坦克残骸，在正面交战中，虎式坦克完爆美军谢尔曼坦克。

※ 在意大利战场的初战阶段，第508重装甲营遭遇的主要困难并非盟军的坦克，而是铺天盖地的空袭、猛如雷霆的舰炮轰击和无处不在的地雷，下图中这辆该营第2连的虎式坦克就着了地雷的道儿，被炸断了右侧履带，正等待维修部队的到来。

虎式坦克 全景战史

※ 上图　是第508重装甲营第2连由菲利普下士指挥的虎式坦克在安齐奥前线地带准备拖曳另一辆受损的坦克，注意车尾已经连接完毕的拖曳钢缆，还使用了一根撬杠加以固定。

※ 下图　摄于1944年2月22日阿皮利亚前线附近，经历了最初的作战行动后，第508重装甲营的虎式坦克车组成员在战线后方略作休息。

第 5 章　陆军第 508 重装甲营

※ 上图　摄于1944年2月28日，第508重装甲营第2连的虎式坦克正向安齐奥前线的集结地域开进。从照片中可以看到，当地的道路条件非常恶劣，给坦克的行进造成很大困扰。

※ 下图　摄于1944年2月29日伊索拉贝拉地区，第508重装甲营的一辆虎式坦克在进攻行动中向盟军阵地上的目标实施直瞄射击。

虎式坦克 全景战史

※ 第508重装甲营在安齐奥前线作战期间，得到了第653重装甲歼击营第1连的协助。上图为当时第653营第1连的一辆象式坦克歼击车，车身周围利用植被进行了伪装。

※ 在安齐奥前线的作战中，德军的进攻行动屡次被盟军优势的舰炮火力所挫败，即使强有力的虎式坦克在大口径舰炮面前也是不堪一击，下图为第508重装甲营在伊索拉贝拉地区被盟军舰炮击毁的一辆虎式坦克。

第 5 章　陆军第 508 重装甲营

※ 在伊索拉贝拉地区的作战告一段落后，第508重装甲营的所有虎式坦克都在1944年3月初撤到战线后方，接受维修，准备再战，上图为正在接受检修的该营的虎式坦克。

※ 在前期战斗中，第508重装甲营的虎式坦克不少因触雷而履带受损，因此更换履带成为该营维修连的一项主要工作，下图就是其中一次更换作业。

虎式坦克 全景战史

※ 上图 为第508重装甲营第2连的一辆虎式坦克在前线地带从补给卡车上接受给养,该营补给连会派出小型补给分队为前线运送给养。

※ 即使远离了安齐奥滩头盟军舰炮火力的威胁范围,第508重装甲营的虎式坦克也不能掉以轻心。在战线后方,肆虐无忌的盟军战斗轰炸机是更加可怕的坦克杀手,因此必须时刻做好伪装工作,比如下图中这辆虎式就用大量的树枝把自己裹得严严实实。

第5章 陆军第508重装甲营

※ 上图 是第508重装甲营第3连的虎式坦克及博格瓦尔德Ⅳ型遥控爆破车在一处树林中待命，原计划该营在抵达后也开赴安齐奥前线，但由于道路泥泞，地形复杂以及盟军的海空火力优势而未能实现。

※ 在罗马城内，第508重装甲营的虎式坦克得以在设施完善的修理厂内接受维修，下图为该营一辆虎式在罗马的工厂厂房内吊起炮塔。

虎式坦克 全景战史

※ 第508重装甲营将数辆缴获的美军谢尔曼坦克改装成坦克救援车,用于拖曳在战斗中受损的虎式坦克。上图中即为其中一辆,可见谢尔曼的炮塔已经被拆除。

※ 在经历了安齐奥前线的战火洗礼后,第508重装甲营于1944年3月初被调回罗马,下图为该营第3连的一辆虎式坦克从一家医院门口经过。

第5章　陆军第508重装甲营

※ 右图　摄于1944年3月14日罗马的某座修理工厂车间外，第508重装甲营维修连的几名士兵在正在维修的132号虎式坦克上留影，尽管他们所有人都知道严格禁止在吊起的炮塔下停留，但似乎都满不在乎。

※ 1944年3月23日，5辆崭新的虎式坦克交付第508重装甲营，以补充前期战斗的损失。从下图中可以看到，这批新坦克是安装了新型指挥塔，但仍使用旧式负重轮的中期型号。

虎式坦克 全景战史

※ 1944年5月，第508重装甲营重返阿皮利亚前线，战况依然胶着，没有改善，该营的虎式坦克仍然要同各种不利因素做斗争，这其中包括地雷的威胁。上图是该营第2连的一辆虎式坦克触雷瘫痪，必须更换受损的负重轮和重新安装履带，下图是车组人员准备将一节备用履带板连接到履带上。

第5章 陆军第508重装甲营

※ 1944年5月25日，由于部署失当，第508重装甲营的7辆虎式坦克因为没有及时得到燃料补给而在科里被迫自行炸毁。上图为其中一辆，同日该营还因为其他原因损失了近半数的坦克，直接导致营长胡德尔少校被解职。

※ 下图 摄于1944年5月间，第508重装甲营维修连回收排的两辆18吨重型半履带牵引车在拖曳一辆抛锚受困的虎式坦克，通常这类营救行动要动用两到三辆重型牵引车才能完成。

虎式坦克 全景战史

※ 左图 是第508重装甲营第2连的一辆虎式在接受触雷受损后的履带修复，此时已经接近完成，车长在车尾查看车轮重新挂装履带的情况。

※ 下图 摄于1944年6月19日，第508重装甲营第3连的一辆虎式在树林中隐蔽待命，从负重轮的特征看是新交付的后期型虎式。

第 5 章　陆军第 508 重装甲营

※ 上面这幅非常有喜感的照片拍摄于1944年6月的马尔斯杜希地区，初看照片会以为是一辆安装了大口径火炮的二号坦克，实际上是这辆小坦克正从一辆瘫痪在路旁的第508重装甲营第3连的虎式坦克身边经过。下图就更为真相大白了，一辆18吨半履带牵引车停在这辆虎式前面，准备将它拖走，二号坦克就在它们的身边。

虎式坦克 全景战史

266

※ 1944年7月初，第508重装甲营第2连部署在波吉邦西地区，上图为该连的一辆虎式坦克在树林中修理履带，利用帆布和树枝进行了伪装，下图则是履带最后成功连接的特写照片。对于坦克兵来说，除了击毁目标之外最令人高兴的时刻莫过于履带修复。

第 5 章　陆军第 508 重装甲营

※ 1944年7月初第508重装甲营第2连在波吉邦西地区驻守期间留下的两幅珍贵的战地生活写真，上图是两名士兵合力拖动一根虎式坦克的拖曳钢缆，可见钢缆非常粗重，一个人很难完成这项工作；下图是一位车组成员在搬运两枚88毫米高爆弹，从弹头标识可以辨别出安装了延迟引信。

虎式坦克 全景战史

※ 上图 是在频繁的转移和长途行军后，第508重装甲营第3连的一辆虎式坦克终于引擎罢工，无法行动，在一处村庄内等待修理，并且立刻引起了附近村童的浓厚兴趣。

※ 不仅仅是虎式坦克，第508重装甲营第3连的遥控爆破车也常常需要其他车辆拖曳，比如下图中这辆左侧行走装置受损的遥控爆破车就被拖在一辆牵引车后面。

第5章　陆军第508重装甲营

※ 1944年7月22日，第508重装甲营第3连配属于第6伞兵师作战，上图为该连的虎式坦克沿公路向伞兵师的防区开进。

※ 下图　是第508重装甲营第3连的虎式坦克在抵达第6伞兵师防区时，一名伞兵士兵为他们指引道路，注意这辆坦克的车体正面上部装甲几乎全被备用履带板覆盖了。

虎式坦克 全景战史

※ 上图 摄于1944年夏，第508重装甲营的一辆虎式坦克在集结地域进行修理，其右侧行走装置受损，但能否修复还要看运气。该营的大部分虎式坦克不是在战斗中被击毁的，而是因为受损无法及时修复而自毁。

※ 从左图中你能看到坦克在哪里吗？第508重装甲营的这辆虎式坦克将自己藏身于一栋被炸毁的房屋内，并且用硕大的葡萄酒木桶和建筑碎片进行了出色的伪装，仅仅露出炮口。

第 5 章　陆军第 508 重装甲营

※ 上图　是1944年7月24日拍摄于圣卡夏诺，第508重装甲营第3连的虎式坦克编队小心翼翼地依次通过一座石制古桥，对于该营来说，意大利山区的崎岖地形和曲折道路本身就是一项巨大的挑战。

※ 下图　是1944年7月26日被新西兰第18装甲团摧毁的第508重装甲营第3连的一辆虎式坦克，一名新西兰士兵好奇地爬上炮塔查看。

虎式坦克 全景战史

※ 上图　是1944年7月29日的交战中损失的第508重装甲营第3连的两辆虎式坦克中的一辆，地点是在罗莫拉村附近。

※ 下图　是1944年8月2日在佛罗伦萨附近被车组遗弃的第508重装甲营第3连的一辆虎式坦克，照片由盟军在8月3日拍摄。

第5章 陆军第508重装甲营

※ 佛罗伦萨与罗马一样拥有很多设备齐全的工厂设施，可以为第508重装甲营的虎式坦克提供非常理想的维修条件，上图及下图均反映了该营坦克在佛罗伦萨工厂内修理的情况，在下图中，维修人员利用门式吊车将一辆虎式坦克的炮塔吊起。

虎式坦克 全景战史

274

※ 上图　摄于1944年9月3日，第508重装甲营第1连的虎式坦克纵队正沿公路向佛罗伦萨前进，目的地是圣马里奥和切塞纳地区。

※ 下图　摄于1944年9月第508重装甲营第1连从摩德纳乘火车前往福林波利途中。

第 5 章　陆军第 508 重装甲营

※ 在福林波利下了火车之后，第508营第1连的虎式以公路行军前往里米尼西北面的萨维纳诺，上图摄于他们到达萨维纳诺之时。

※ 下图　是在萨维纳诺的一个公园里驻扎下来之后，这辆第508营第1连的虎式坦克车组合影一张，可以看到炮塔侧面的连队番号数字1。

※ 上图 大约是1944年9月拍摄，为第508重装甲营第3连连长座车的一幅近距离特写，照片中的人物是该车的无线电操作手施托尔茨列兵，坦克周围有大量植被伪装，车体侧面有多处被击中的弹痕，侧裙板也大半损毁。

※ 下图 是第508重装甲营一辆虎式坦克的正面近照，可以观察到车首机枪球形枪座上方被不止一发炮弹击中，而主炮根部的防盾套筒也失去了，可见这辆坦克经历了多么激烈的战斗。

第5章 陆军第508重装甲营

※ 上图 是1944年9月底在维亚雷焦地区作战的第508重装甲营第3连一辆虎式坦克,为安装了新型指挥塔和钢缘负重轮的后期型。

※ 下图 是1944年底,两名新西兰士兵在检查一辆第508重装甲营第1连的虎式坦克,这辆坦克的引擎盖被打开,估计是被车组成员自行破坏,旁边还有一辆被击毁的谢尔曼坦克。

虎式坦克 全景战史

※ 上图　摄于1945年1月，第508重装甲营的一辆虎式坦克在意大利北部某地不慎滑下公路路基而被困住，正在等待救援。该营在2月间调回国内换装虎王坦克，但此后再未作为重装甲部队出现在战场上。

※ 下图　摄于1945年1月31日盟军在弗利举办的一个敌军装备展示会上，会场中展示了第508重装甲营的一辆虎式，还有第525重装甲歼击营的两辆犀牛，另外还有两辆四号坦克。

第6章 陆军第509重装甲营

Schwere Panzer-Abteilung 509

1943年9月9日根据普通陆军总局的Nr.4768/43号命令，第22装甲师第204装甲团分出部分单位在施韦青根组建了陆军第509重装甲营。该营在瑟内拉格接收装备，后转移到法国迈利莱康完成组训，其首任营长是汉尼巴尔·冯·吕蒂肖（Hannibal von Lüttichau）上尉。

1943年8月30日：6辆预计交付第509重装甲营的虎式坦克已经到位。

1943年9月7日：第509营接收了20辆虎式。

1943年9月26日至10月16日：第509营转移至迈利莱康进行训练。

1943年9月30日：最后一批19辆虎式交付第509营，达到45辆坦克的满编状态。

1943年10月17日：第509营接受了最后的视察校阅。

1943年10月28日：第509营乘火车开赴东线。

1943年10月29日：运载第509营的军列经松皮伊（Sompuis）抵达梅斯。

1943年10月30日：列车途经阿盖诺（Hagenau）、卡尔斯鲁厄、海尔布隆、克赖尔斯海姆（Crailsheim）和纽伦堡（Nuremberg）东行。

1943年11月1日：列车经过希尔施贝格（Hirschberg）、卡门茨（Kamenz）、拉齐布日（Ratibor）和克拉科夫（Krakow）。

1943年11月2日：列车经过热舒夫（Rzeszow）、普热梅希尔和兰贝格。

1943年11月3日：第509营在兰贝格以东的奥勒斯克换车，随即向布罗德转移。

1943年11月4日：第509营经过卡扎京（Kasatin）。

1943年11月5日：第509营经法斯托夫（Fastow）向米尔奥诺夫卡（Mironowka）转移。

1943年11月6日：运载第509营第3连的火车停在基洛夫格勒以北50公里处，第2

连抵达布罗德,并更换宽幅履带。

1943年11月7日:由于苏军在夜间切断了法斯托夫附近的铁路线,第509营转而前往白采尔科维(Belaja Zerkwa),在那里卸车后,该营第3连配属于第9装甲师的第25装甲团,接到命令在法斯托维茨(Fastowez)集结,并夺取法斯托夫以南的高地,掩护侧翼。第509营第2连在卡扎京下车,前往斯克维拉(Skvira),结果第509营被分隔成几部分散布在约300公里长的战线上。同日,营长冯·吕蒂肖上尉调离,由库尔特·吉尔加(Kurt Gierga)少校接任,但这位新营长此时尚在意大利!被分散的第509营各部不仅缺少后勤支援,连通信呼号、作战地图都没有进行协调和配置,还被配属于不同的作战部队,完全无法作为一个完整的作战单位展开行动。该营的部分兵力被配属于第147装甲掷弹兵团,第3连的7辆虎式则配属于党卫军"帝国"师。

1943年11月8日:第509营第3连与党卫军第2装甲团第2营一起转移至格雷比尼基(Grebeniki),次日又配属于一个装甲战斗群前往帕弗洛夫卡(Pawlowka),在午夜过后经雅克沃卡(Jankowka)转移至卢德维诺夫卡(Ludwinowka),在途中有数辆坦克出现技术故障。同日,第509营第2连抵达白采尔科维。

1943年11月9日:由于法斯托维茨已经被苏军占领,第509营第3连无法在那里集结,在随后的接敌过程中,该连又与步兵失去了联系,在战斗中击毁了4辆坦克和6门反坦克炮,随后停止攻击。同时,第509营第2连也向法斯托维茨附近集结。

1943年11月10日:经过重整后,第509营集中18辆虎式配合友军部队再次发起攻击,夺取了法斯托维茨以南的高地,并且击退了苏军的一次反击,击毁12辆坦克,1辆虎式因悬挂装置损坏无法回收而被炸毁。同时,该营第3连的4辆虎式攻击了米罗夫卡(Mirowka)东北部,还有部分坦克参与了在日耳曼诺夫卡(Germanowk)以南的进攻行动。同日,第509营的最后一批坦克运抵前线。在当日战斗结束时,第509营有14辆坦克可以使用,损失6辆坦克,全营保有虎式坦克数量降至39辆。

1943年11月11日:第509营第3连的6辆虎式向日耳曼诺夫卡东郊的苏军展开攻击,下午又向斯梅诺夫卡(Ssemenowka)发起进攻,在数辆坦克燃油耗尽后停止进攻。

1943年11月11日至12日:第509营部分兵力在马尔波维茨(Mal. Powez)和法斯托夫地区执行掩护任务。

1943年11月12日:第509营第3连攻击了斯梅诺夫卡郊外的教堂高地,之后继续向城镇突击,而第2连经法斯托维茨附近的集体农庄发起攻击。在黄昏后,第2连返回卢德维诺夫卡,苏军从南面向白采尔科维发起的进攻被击退。当日,德军部

第 6 章 陆军第 509 重装甲营

队的行动分散且十分草率，使得无法在法斯托夫正面战线上获得突破，最终一无所获。

1943年11月13日：第509营在法斯托夫西南10公里处集结。

1943年11月15日：最后的集结地域在雅什尼-科施恩卡（Jachny Koschenka）地区。

1943年11月17日至20日：第509营进行紧急维修工作。

1943年11月19日：为了稳定鲁特斯辛（Lutschin）周围的局势，第509营的一个连被派往斯克维拉，配属于第9装甲团。

1943年11月20日：第509营有14辆虎式坦克可以使用。

1943年11月21日：第509营第3连的6辆虎式前往科尔宁（Kornin），之后继续向图洛夫卡（Turowka）和迪文（Divin）前进。全营可用兵力为17辆虎式。

1943年11月22日：第509营配合友军部队经乌利特施卡（Ulitschka）向雅斯特比恩卡（Jastrebenka）发起进攻。

1943年11月23日：德军部队夺取科穆特茨（Chomutez）。

1943年11月24日：德军占领布鲁西洛夫（Brussilow），3辆修复的坦克加强给第509营第3连，使该连可以作战的坦克数量增加到7辆。

1943年11月26日：第509营转移至科穆特茨，该营第3连有8辆坦克可用。

1943年11月27日：第509营作为预备队部署在杜布罗夫卡（Dubrowka）。

1943年11月28日：第509营的2辆虎式在雅斯特比恩卡执行间接射击任务。

1943年11月29日：第509营第3连有9辆坦克可以作战。

1943年12月1日：第509营第3连由波奇（Potsch）少尉指挥的2辆虎式在雅斯特比恩卡附近与苏军发生交火，次日冯·卡梅克（von Kameke）中尉的坦克也加入了战斗。当日第509营有20辆虎式可以行动，该营被配属于第19装甲师。

1943年12月4日：第509营经布鲁西洛夫转移至科洛斯提切夫（Korostyschew）。

1943年12月5日：在对途中的一座桥梁进行加固后，第509营第3连继续向日托米尔（Zhitomir）转移，9辆虎式中有6辆传动系统发生故障，此后该连又经过了罗科维施奇（Rokowitschi）和迪瓦施奇（Diwatschki）。

1943年12月6日：第509营以22辆坦克向切尔恩雅科夫（Tschernjachoff）发起营级规模的装甲突击，数辆坦克触雷瘫痪。

1943年12月7日：第509营能够行动的7辆虎式继续进攻，经赫拉斯斯塔尔（Herash-Star）一直推进到雅诺夫卡（Janowka），击毁21辆坦克，但由于燃料耗尽被迫停止攻击，在夜间撤回雅诺夫卡。

1943年12月8日：第509营重新向马林（Malin）发起进攻，该营第3连的2辆坦克触雷受损。

1943年12月9日：第509营向沃尔索夫卡（Worssowka）转移，还缴获了4辆陷入泥沼中的完好的T-34。

1943年12月10日：继续向马林进攻，在维斯尼亚（Wisnia）周围作战，黄昏后返回沃尔索夫卡，全营有14辆虎式可以作战。

1943年12月11日：第509营与第25装甲师部署在维斯切维奇（Wyschewitschi）方向，随后向苏军坚固设防的费德罗夫卡（Fedorowka）推进，全营仅有8辆虎式可以作战。

1943年12月12日：再次向费德罗夫卡和维普因（Weprin）进攻，随后在维斯切维奇集结。

1943年12月13日：第509营转移至梅德勒夫卡（Medelewka），332号虎式在试图回收1辆己方坦克时突然起火焚毁，全营保有坦克数量降至38辆，该营在夜间抵达莫洛果夫卡（Morogowka）进行修理工作。

1943年12月15日：第509营的新集结地设在诺沃布达（Nowo Buda）。

1943年12月17日：第509营为全营坦克重新涂绘了冬季伪装。

1943年12月19日：第509营转移至雅诺夫卡，然后出动15辆虎式向北攻击了切斯波维奇（Tschepowitschi），2辆坦克触雷，1辆损毁，全营保有坦克数量降至37辆，夺取了福尔图塔托夫卡（Fortutatowka）。

1943年12月20日：第509营试图突破斯德里维耶（Sdriwlja），2辆虎式被防御炮火击毁，全营保有坦克数量降至35辆，但德军夺取了斯洛多达（Slododa）。第509营在夜间返回雅诺夫卡，仅剩4辆坦克可以作战。

1943年12月21日至23日：第509营进行休整和维修，9辆虎式可以作战。

1943年12月24日：第509营再次进入戒备状态，并向日托米尔转移。

1943年12月25日：在夜间，第509营举行了15分钟的圣诞庆祝活动，然后连夜向科洛斯提切夫转移，在那里加油后继续穿过10公里宽的森林地带，其间发生了一些小战斗。

1943年12月26日：第509营第2连连长冯·卡梅克中尉阵亡。

1943年12月27日：波奇少尉的虎式被苏军完好无损地俘获了，324号虎式在战斗中被击毁，车长斯塔尔斯（Stars）上士阵亡，全营保有虎式坦克数量降至33辆。第509营经日托米尔斯卡（Shitomierska）前进至别尔基切夫（Berditschew）。

1943年12月28日：第509营第2连的部分部队部署在距离别尔基切夫9公里的掩护阵地上。

第6章 陆军第509重装甲营

1943年12月29日：埃里希·利茨科（Erich Litzke）军士长的虎式在半小时内击毁了10辆T-34。

1943年12月30日：第509营在别尔基切夫以南25公里处集结，然后与第1装甲师一起向卡扎京发起进攻，第18炮兵师为这次行动提供短期火力支援。

1943年12月31日：第509营在布罗德捷斯科耶（Brodjezkoje）附近建立掩护阵地，后来重新部署到亚努斯波尔（Januschpol）。舍夫根（Schaefgen）军士长的323号虎式压垮了一座桥，并侧翻到桥下，经过数小时后才得以回收，但坦克已经无法修复而报废，此外，在频繁的转移之后，该营第3连的1辆虎式在别尔基切夫附近起火焚毁。全营保有坦克数量降至31辆，全营仅有7辆虎式可以使用。

1944年1月1日：第509营可用兵力为15辆虎式，1辆需要后送大修，全营保有坦克数量降至30辆。

1944年1月5日：第509营在文尼察东北的考乌斯尼茨（Kouuschinzy）集结。

1944年1月7日：第509营的114号虎式在彼得里科维茨（Petrikowzy）不慎陷入沼泽，后来于次日午夜才由323号虎式和4辆18吨牵引车将其成功救出，这次回收行动一直在苏军的炮火袭扰下进行。

1944年1月10日：第509营有9辆虎式可以使用。

1944年1月12日：第509营第3连的5辆虎式向弗拉诺夫（Vlanoff）发起进攻，遭到数辆T-34的伏击，连长座车被击中20余次后发生故障，但尚能行动，在返回已方阵地后必须后送大修，全营保有坦克数量降至29辆。在这次战斗中，第509营击毁5辆T-34，占领了村庄外围的掩护阵地，之后又有6辆虎式赶来增援。

1944年1月13日：第509营继续向弗拉诺夫发起攻击，击毁20余辆坦克，占领了莫洛特施奇（Molotschki）附近主要公路两侧的掩护阵地。

1944年1月15日：除了第3连外，第509营其余部队与党卫队第1"警卫旗队"装甲师一道在柳巴尔（Ljubar）东南地区作战，营长吉尔加少校在战斗中身受重伤，1辆陷在沼泽地的虎式被迫炸毁，全营保有坦克数量降至28辆。诺德维因·冯·迪斯特-克贝尔中尉代理营长职务。

1944年1月17日：第509营作为军预备队部署在赫梅尔尼克（Chmelnik）。

1944年1月20日：第509营有16辆虎式可用。

1944年2月1日：第509营有26辆虎式可用。

1944年2月10日：第509营进入戒备状态，经斯塔尔罗（Staro）连夜开进至帕斯乌尔基（Paschulki），于次日下午抵达，全营有28辆虎式可以作战。

1944年2月12日：第509营在普勒斯纳加（Plessnaja）附近集结，奉命与第129步兵师一道向舍佩蒂夫卡（Schepetowka）攻击，但在城外1公里处遭遇雷区而停止进攻，摧毁6辆坦克、6门反坦克炮和一处重炮阵地。

1944年2月13日：在当日战斗中，第509营的1辆虎式触雷后陷入沼泽，居然利用其他12辆虎式才将其拖出来！对舍佩蒂夫卡发起了新的攻击，随后撤回帕斯乌尔基。

1944年2月14日：占据了帕斯乌尔基附近的掩护阵地。

1944年2月15日：第509营作为预备队向莫科杰维茨（Mokejewzy）转移，该营第2连部署在西利茨尼（Shilizny）。同日，6辆虎式交付第509营，使保有坦克数量增至34辆。

1944年2月16日：由利尔（Lill）中尉指挥的第509营第3连的5辆虎式向萨斯拉夫（Sasslaw）发动进攻。

1944年2月17日：第509营第1连的4辆虎式加强给第291步兵师一部，支援该部对萨斯拉夫的攻击，但未能取得成功，随后在该城东北郊建立环形防御阵地。

1944年2月18日：德军步兵在第509营第2连的3辆虎式支援下肃清村庄内的苏军，击毁3辆坦克，之后第2连返回西利茨尼进行补给。

1944年2月19日：佩希（Pech）少尉指挥4辆虎式配合第54掷弹兵团向被苏军夺回的萨斯拉夫展开攻击，并在夜间占领了附近的掩护阵地。

1944年2月20日：第509营可用兵力为22辆虎式。

1944年2月21日：德军对萨斯拉夫的另一次进攻遭到挫败，第509营第3连的6辆虎式在于贝舍尔（Uberschar）中尉指挥下参与了行动。

1944年2月23日：在约翰内斯·柯尼希（Johannes Konig）中尉的指挥下，第509营的16辆虎式向萨斯拉夫发动了第六次攻击，并且取得了成功，击毁13辆坦克，1辆虎式全损，全营保有坦克数量降至33辆，于夜间返回西利茨尼。

1944年2月24日：第509营重新部署到莫科杰维茨。

1944年2月26日：新任营长拉特克（Radtke）上尉抵达。

1944年2月29日：第509营可用兵力为28辆虎式。

1944年3月2日：第509营转移到勒恩科维茨（Lenkowzy）的集结地。

1944年3月4日：第509营奉命沿格里泽夫（Grizew）、米库里诺（Mikulino）一线作战，与苏军爆发遭遇战，刚上任的拉特克上尉被炮火击中身亡，由柯尼希中尉代理指挥。根据第59军的命令停止攻击，转而钳制在斯塔尔罗方向突入的苏军部队，同日第509营被配属于第6装甲师。

1944年3月5日：第509营在贝克中校指挥下向库斯明（Kusmin）发动攻击，随后

第6章 陆军第509重装甲营

向南攻击拉戈迪尼茨（Lagodinzy），在深夜抵达马尼维茨（Manewzy）至罗索洛维茨（Rossolowzy）的公路沿线。在当日战斗中，第509营击毁17辆坦克，损失2辆虎式，全营保有坦克数量降至31辆。

1944年3月6日：第509营肃清了渗入库斯明附近的苏军部队。

1944年3月7日：第509营向斯文纳加（Sswinnaja）转移，占领了掩护阵地。

1944年3月9日：第509营经拉萨瓦（Lashawa）向奥斯特罗皮尔（Ostropil）至皮拉瓦（Pillawa）的公路沿线展开攻击，击毁了100余辆苏军卡车，随后返回斯文纳加。

1944年3月10日：第509营撤往博佐科（Bozok）后方地区，在巴格莱卡（Baglaika）附近牵制苏军的进攻。

1944年3月12日：由于战局变化，第509营被迫经普罗斯库洛夫（Proskurow）前往绍维扎（Sawniza），掩护横跨布格河（Bug River）的大桥。

1944年3月13日至14日：第509营占领特里鲁佐维茨（Triluchowzy）附近的掩护阵地，同日2辆虎式交付该营，使全营保有坦克数量增至33辆。

1944年3月16日：第509营配属于贝克战斗群，该营的12辆虎式与第11装甲团和第1装甲团第6连的坦克组成一个装甲突击群，在普罗斯库洛夫东郊集结，然后向西发起攻击，企图与第4装甲集团军的部队建立联系。

1944年3月17日：德军装甲部队经卡里米科维茨（Klimkowzy）向梅德韦多夫卡（Medwedowka）发起进攻，并与靠近的党卫军第1"警卫旗队"装甲师取得了联系，随后继续向德塞尔尼什（Dsellntsche）进攻。得益于一场大雪的掩护，苏军防线被瓦解了，第509营击毁31辆坦克，4辆虎式被击中受损，其中1辆全损，全营保有坦克数量降至32辆。但是，苏军的进攻再度切断了与第4装甲集团军的联系。

1944年3月18日：原计划对奥斯特罗夫（Ostroff）的进攻被取消了，第509营奉命攻击位于雷德科杜比（Redkoduby）的反坦克阵地，摧毁10门反坦克炮，随后撤回德塞尔尼什，连日战斗损耗很大，该营在当日战斗结束时仅剩2辆虎式可以作战。

1944年3月19日：第509营从战场上回收的受损坦克向雅尔莫里尼茨（Jarmolinzy）转移，在途中遭遇苏军补给车队。贝克战斗群（尚有4辆虎式）奉命攻击"340"高地，并且摧毁了苏军在"335.7"高地和"352.7"高地的抵抗，但在大部分坦克受损后，该战斗群只能在347号森林公路附近中止进攻。

1944年3月20日：第509营的2辆虎式向德塞尔尼什东南2公里的森林地带展开攻击，并向拉普科维茨（Lapkowzy）推进，占领了村庄，但坦克出现故障而抛锚。

1944年3月21日：新任营长汉斯-于尔根·布尔梅斯特上尉到任。

1944年3月23日：第509营的虎式在雅尔莫里尼茨集结。

1944年3月24日：为了打通雅尔莫里尼茨至戈罗多克（Gorodok）的主要公路，第509营的7辆虎式和来自第6、11、19装甲师的15辆黑豹一道向阿列克赛尼茨（Alekseiniez）进攻，借助于一场大雪的帮助成功突入苏军防线。

1944年3月25日：德军在清晨发起突袭，出乎苏军的意料，战斗中德军击毁31辆坦克，自损4辆黑豹，之后经雅尔莫恩采（Jarmolncy）向杜纳耶沃维茨（Dunajewzy）进发，救出了一支被困的补给部队。在战斗间歇，1辆虎式在由加油车补给燃料时遭遇空袭，起火燃烧而全损，第509营保有的坦克数量降至31辆，但当天另外2辆虎式加入了战斗群。

1944年3月26日：德军继续向蒂纳（Tynna）推进，击毁2辆T-34，第509营的2辆虎式支援第291燧发枪手营发起了一次反击行动。

1944年3月27日：第509营奉命掩护通往弗兰波尔（Frampol）的公路。

1944年3月28日：第509营作为全军的后卫，最后渡过蒂纳河向鲁德卡（Rudka）撤退，该营第2连连长的座车因出现故障而被迫炸毁，全营保有坦克数量降至30辆。

1944年3月29日至30日：第509营继续配属于第6装甲师，昼夜不停地连续行军，连续渡过了两条河流，向新防区转移。

1944年3月31日：第509营所在的装甲战斗群奉命在锡雷特河（Sereth River）沿岸建立了一处桥头堡阵地。

1944年4月1日：第509营的5辆虎式发起进攻，在比尔采（Bilcze）以南渡过锡雷特河。

1944年4月2日：为了与正在靠近的第4装甲集团军取得联系，第509营奉命改变进攻方向，向布恰奇（Buczacz）展开猛攻，3辆虎式受损，其中1辆全损，该营保有坦克数量降至29辆。

1944年4月3日：第509营在当日战斗中击毁2辆自行火炮，涉水渡过德祖里尼河（Dzuryn River），最后2辆可以作战的虎式因为履带和悬挂系统受损而抛锚，在经过几个小时的维修后，在次日傍晚恢复了行动能力。

1944年4月5日：第509营在雅茨洛维茨（Jazlowiec）附近接受空投油料补给，随后在索罗基（Soroki）附近斯特里帕河左岸牵制苏军的进攻，1辆虎式在战斗中失去了履带，还有数辆坦克发生减速器故障需要修理。

1944年4月6日：第509营投入最后1辆可以作战的虎式，终于攻入布恰奇，与第4装甲集团军重新建立了联系。

第 6 章　陆军第 509 重装甲营

1944年4月7日至9日：第509营占领了布恰奇以西的掩护阵地。该营自1944年3月4日配属于第6装甲师以来，已经摧毁了102辆坦克、68门反坦克炮和32处炮兵阵地。

1944年4月19日：第509营的18辆虎式奉命支援对伊萨科夫的进攻，但却搞错了突击方向，向南面的博德维尔布采（Podwerbce）前进。稍后，部分坦克接近伊萨科夫，阻止苏军向南撤退。在从东面进攻的第101猎兵师的配合下，虎式坦克彻底撕碎了被围困的苏军部队。

1944年4月20日：第509营在布恰奇地区集结，全营29辆坦克中仅有3辆可以行动。随后转移至科洛梅亚，作为预备队在当地休整，同时派出人员训练匈牙利部队操纵虎式坦克。

1944年5月：24辆新的虎式交付第509营，还有4辆由第503营移交的虎式补充到该营，不过原有坦克中有11辆需要后送修理，全营保有坦克数量增至46辆，恢复满员状态。

1944年5月31日：第509营可用兵力为37辆虎式。

1944年6月2日：6辆新虎式交付第509营，全营保有坦克数量增至52辆。

1944年6月8日：第509营转移至伊瓦诺维采（Iwanowce）。

1944年6月21日：第509营重新部署至纳德沃尔纳亚（Nadworna）。

1944年6月：第509营接收了第501营移交的9辆虎式，同时将14辆虎式移交匈牙利军队，不过根据上级的明确命令，实际上应该是将第501营的那些旧坦克交给匈牙利人，而不是新的虎式。该营还有3辆虎式需要后送修理，全营保有坦克数量下降至44辆。

1944年7月1日：第509营可用兵力为33辆虎式。

1944年7月6日：第509营的2辆虎式与匈牙利维修部队一起进行演习。

1944年7月11日：第509营转移至沃洛索夫（Wolosow）。

1944年7月14日：第509营在斯塔尼斯劳（Stanislau）登上火车。

1944年7月16日：第509营在卸车后前往索卡尔（Sokal）附近的前线。

1944年7月18日：当天清晨，第509营向科里斯提诺波尔（Krystynopol）发动进攻。

1944年7月19日：继续集结部队向科里斯提诺波尔突击。

1944年7月20日：第509营第2连一部陷入包围，在日兹采奇（Rzyczki）附近苦战。

1944年7月21日：第509营第2连的虎式使用高爆弹炮击了托马斯科夫（Tomaschow）

附近的一处苏军集结地。

1944年7月22日：在另一处阵地上执行炮击任务后，第509营开始撤退到卢布林。

1944年7月23日：第509营第2连沿着海乌姆（Chelm）至卢布林的公路向卡罗索莫斯卡（Karosomska）进攻，击毁4辆T-34和5门反坦克炮。第509营在7月间的战斗中损失2辆虎式，全营保有坦克数量降至42辆。

1944年7月25日：第509营第2连攻击距离卢布林25公里的皮亚斯基（Piaski），击毁2辆T-34和2门反坦克炮，200号虎式中弹爆炸而全毁，全营保有坦克数量降至41辆。

1944年7月26日：第509营第2连奉命攻击维尔科拉兹（Wilkolaz），击毁5辆T-34和1门反坦克炮，213号虎式被炸毁，全营保有坦克数量降至40辆。

1944年7月27日：第509营在克拉斯尼克（Krasnik）集结。

1944年7月28日：第509营占领了克拉斯尼克和安诺波尔（Annopol）之间的掩护阵地。

1944年7月29日：第509营第2连涉水渡过维斯杜拉河，行进至奥斯特罗维采（Ostrowiece）。

1944年7月30日：第509营在奥斯特罗维采登上火车。

1944年8月1日：第509营转移至德比察（Debica），在傍晚时分袭击了佩茨斯措夫（Pzschochow）。

1944年8月5日：德军继续进攻，第509营在战斗中击毁了12辆坦克和4门反坦克炮。

1944年8月：第509营主要在凯尔采附近的维斯杜拉河沿岸进行防御作战，抵御苏军主力部队的进攻，随后从杰德茨耶夫（Jedrzejow）转移至斯托皮尼卡（Stopnica）。

1944年8月16日：第509营的214号虎式被1辆JS-2坦克击毁。

1944年8月24日：第509营奉命攻击桑多梅日东北的293.5高地。

1944年9月1日：第509营当日可用兵力为13辆虎式，配属于第48装甲军。该营在凯尔采作战期间损失严重，尽管接收了12辆新坦克的补充，但到9月初全营保有坦克数量已降至30辆。

1944年9月8日：第509营将剩余的虎式移交给第501营或送往后方工厂维修，之后撤离前线返回瑟内拉格，准备接受换装虎王坦克的训练，但是仅交付了数辆新坦克。

1944年10月26日：利茨科军士长被授予骑士十字勋章。

第6章 陆军第509重装甲营

1944年12月初：第509营被迫将已经交付的11辆虎王移交党卫军第501重装甲营。

1944年12月5日至1945年1月1日：45辆虎王交付第509营。

1944年12月7日：埃贝洛赫士（Ebeloch）下由于击毁13辆坦克的战绩而在阵亡后被追授金质德意志十字奖章。

1945年1月12日：完成换装的第509营奉命开赴匈牙利战场。

1945年1月13日：运载第509营的军列经德累斯顿、布拉格和布尔诺（Brno）东行。

1945年1月14日：列车抵达布拉迪斯拉发（Bratislava）。

1945年1月15日：第509营在维斯普雷姆（Veszprem）下车，沿公路前往豪伊马什凯尔（Hajmasker），配属于党卫军第4装甲军。

1945年1月16日：第509营对坦克进行维修。

1945年1月17日：第509营前进至金格什（Küngös）以南的集结地，配属于党卫军第3"髑髅"装甲团。

1945年1月18日：在工兵部队清除了大片雷区后，第509营及其他德军装甲部队向197高地和188高地展开攻击，但蒙受了很大损失，营长布尔梅斯特上尉也受伤送往医院治疗，由柯尼希上尉代理指挥。在后续攻击中，第509营的18辆虎王经费尔索莫约（Felsosomlyo）向阿尔索莫约（Alsosomlyo）攻击，夺取了巴特延（Battyan）以南的萨尔维茨河（Sarviz River）渡口，击毁20辆坦克。在苏军炸毁了河上的所有桥梁后，德军的进攻被迫止步。在当天的战斗中，第509营有11辆虎王受损，其中7辆全损，保有坦克数量降至38辆。

1945年1月19日：由于工兵搭建的横跨萨尔维茨河的便桥无法承载虎王坦克的重量，第509营只能通过一座用铁轨枕木进行强化的浮桥才得以渡河，在漫天风雪中继续进攻，在黄昏时分抵达了塞克什白堡（StuhlweiBenburg）和沙尔凯赖斯图尔（Sarkeresztur）之间的公路，但所有坦克都已燃料不足。

1945年1月20日：在经过加油后，第509营夺取了塞克什白堡机场，之后26辆坦克继续向谢赖盖耶什（Seregelyes）推进，但当地的桥梁也无法承受虎王的重量，只有在工兵对桥梁进行加固后才得以继续前进，在夜间抵达韦伦采湖（Lake Valencei）畔的加尔多尼（Gardony）。

1945年1月21日：当天发生了一件令人意想不到的事情，党卫军第3"髑髅"装甲师突然指派党卫军上尉莱贝尔（Leibel）指挥第509营，在整个战争期间这是唯一一次由党卫军军官指挥陆军重装甲营。莱贝尔在上任时还带来了一项遭到该营成员强烈抗议的作战命令,要求该营在未经充分侦察的情况下穿过不利的地形,从南面进攻巴拉斯卡(Baraska)的苏军正面防线。在严令下第509营投入行动,12辆虎王中有6辆在开进过程中因故障抛锚,还有1辆在入夜后遭到误击,散热器受损。

1945年1月22日:当天上午,第509营抵达巴拉斯卡东南的瓦利(Vali),但受到地形和苏军防御火力的阻挡,难以继续推进,击毁2辆坦克。该营第2连随后又攻击了普斯陶索博尔奇(Puszta Szabolcs),但由于缺油少弹而被迫撤退,全营仅有12辆坦克可以作战。

1945年1月23日:第509营指挥官向装甲兵总监古德里安(Guderian)大将提交了一份书面报告,对由布赖特装甲兵(Breith)上将指挥的第3装甲军提出了尖锐的批评,并且详细解释了第509营在一月间战斗中失利的原因,认为是上级指挥机关的作战部署十分糟糕且不尽合理,报告中罗列了如下不当之处:攻击命令发布过迟,使一线部队无法充分备战;将重装甲营直接附属于一个党卫军装甲团,而不是仅仅在行动上接受其指示;缺乏密切有效的工兵支援;选择的指挥官并不称职;将坦克部署在不利的地形上。报告最后得出结论,作战失利的主要原因是上级指挥机关对战场形势完全错误的判断,并且讽刺到连三天内的情况都无法做出预判。

1945年1月24日:第509营继续发起新的进攻,终于攻克了瓦利地区的苏军阵地,但随即卷入了激烈的防御作战。重归指挥岗位的布尔梅斯特上尉率部击退了苏军从巴拉斯卡西南方发起的数次反击。

1945年1月25日:第509营与党卫军第3"髑髅"反坦克营一起挫败了苏军的三次反击。在当晚22时,第509营所有可以作战的9辆虎式配合党卫军装甲部队从皮腾德(Pettend)西北方发起攻击。

1945年1月26日:第509营的3辆虎式经迪涅斯(Dinnyes)向卡波尔纳什涅克(Kapolnasnyek)转移。

1945年1月27日:第509营在谢赖盖耶什集结,进行紧急维修。3辆虎式向皮腾德实施了反击,随后在防御阵地上面对苏军整整一个坦克旅的进攻,营长布尔梅斯特上尉也亲自赶来增援,4辆虎王与成群结队而来的苏军坦克纵队展开激烈对射,营长亲自击毁了2辆苏军坦克,诺伊豪斯(Neuhaus)军士长击毁了15辆,鲍尔(Bauer)上士击毁了13辆,科尔曼斯贝格尔(Kollmannsberger)上士击毁了11辆,上述4辆虎王总共摧毁了41辆T-34/85!营长的坦克曾被一枚"铁拳"击中,但没有造成任何损伤。

1945年1月29日:在数次防御战斗后,第509营被重新部署在塞克什白堡,全营

第6章　陆军第509重装甲营

仅剩5辆坦克可以作战，鲁特（Rutter）下士的233号坦克被苏军坦克击伤。

1945年1月31日：塞克什白堡的德军部队沿着通往扎莫伊（Zamoly）的公路发起反击，到达166高地，赫伯特·蒂申多夫（Herbert Tischendorf）上尉指挥12辆修好的虎王配合第1、3装甲师的部队向南攻击多瑙新城（Dunapentele），解救一支被围的德军部队。

1945年2月1日：第509营奉命守卫一处通道，击毁20辆坦克，蒂申多夫上尉获颁骑士十字勋章，同时由瓦尔（Vaal）少尉的第1连和伯特格尔（Bottger）少尉指挥的第2连部署在塞克什白堡东北郊的掩护阵地内，击毁了10辆坦克。当日该营有11辆坦克可以作战，配属于党卫军第4装甲军。

1945年2月2日：第509营又击退了苏军的多次进攻，此后第2连的6辆坦克奉命支援第1装甲师，与第113装甲掷弹兵团一道夺取了萨尔卡雷斯茨特（Sarkaresztes），击毁了22辆坦克。

1945年2月3日：第509营第2连与第1装甲掷弹兵团一起向东发起进攻，由塞克什白堡通往扎莫伊的公路在171高地附近被封锁，在战斗中击毁8辆T-34。

1945年2月4日：德军部队撤回塞克什白堡，第509营第1连在萨尔卡雷斯茨特以东4公里的一座农场附近击毁了数辆坦克。

1945年2月6日：苏军部队攻入韦伦采湖和谢赖盖耶什湖（Lake Seregelyes）之间的地区，第509营进入戒备状态，全营有16辆坦克可用。

1945年2月7日：第509营集结在通往沙尔凯赖斯图尔的公路上，向波尔贡德（Borgond）进攻，第113装甲掷弹兵团紧随其后，击毁了12辆T-34，随后肃清了波尔贡德和谢赖盖耶什之间的地区。在近期的战斗中，第509营损失了3辆坦克，全营保有坦克数量降至35辆。

1945年2月8日：第509营撤离前线，作为第3装甲军的预备队集结在法卢巴特延（Falubattyan）。

1945年2月9日：第509营仅有5辆坦克可用。

1945年2月10日：第509营的10辆虎王在柯尼希上尉指挥下前往波尔加蒂（Polgardi），配属于第113装甲掷弹兵团，协同第1装甲师的部队向南进攻阿尔索塔尔诺茨采（Alsotarnoscza）。

1945年2月11日：继续向东进攻纳吉朗格（Nagylang）和萨博恩亚（Saponya），5辆虎王陷入泥沼。

1945年2月15日：据《国防军每日战报》记载，在1945年1月18日至2月8日的战斗中，第509营总计击毁了203辆坦克、145门火炮和5架飞机。

1945年2月21日：第509营占领了波尔加蒂附近的高地，并在随后几天内经历了几次小规模行动。

1945年2月26日：营长布尔梅斯特上尉获得晋升并调任他职，由柯尼希上尉接任营长，此时第509营被困在塞克什白堡东南方一处不利地形内，占领了塞克什白堡至谢赖盖耶什公路以东的掩护阵地。

1945年2月27日：第509营返回法卢巴特延。

1945年3月1日：第509营有25辆坦克可用，配属于第3装甲军。

1945年3月4日：经过紧张的维修，第509营可以作战的坦克增加到32辆，奉命从南面攻击谢赖盖耶什。

1945年3月5日：第509营在黄昏后开始夜间转移，但因能见度不良，大部分坦克都陷入泥沼。

1945年3月6日：数辆JS-2在谢赖盖耶什掘壕固守，黑豹的75毫米主炮无法在2000米距离上将其击毁，德军的进攻陷入停滞。第509营的2辆虎王赶来增援，充分发挥88毫米炮的精度和威力，击毁6辆JS-2，扫除了进攻的障碍，使得德军部队继续推进，然后由于雅诺斯马约尔（Janosmajor）附近的铁路桥受损，德军坦克部队只能再度停止前进，等待桥梁修复。

1945年3月7日：第509营通过修好的铁路桥进入谢赖盖耶什，并占据了掩护阵地，同时扩大了桥头堡阵地。

1945年3月10日：当日第509营有26辆坦克可用，继续向加尔多尼进攻，摧毁了苏军坚固的防御阵地，瓦解其顽强的抵抗。

1945年3月12日：第509营从加尔多尼继续向南进攻，夺取了韦伦采福尔多（Velenczefurdo），击毁了20辆自行火炮。

1945年3月13日：第509营协同友军部队继续向东攻击，遭到一片雷区的阻挡，并且附近还有24辆隐蔽在战壕内的ISU-152掩护雷区，在进攻中所有16辆虎王均受到攻击受损，其中3辆全毁。当工兵部队在雷区中开辟了几条通道后，2辆虎王终于突入苏军的核心阵地，所有ISU-152均被摧毁。第509营保有的坦克数量降至32辆。

1945年3月14日：第509营撤出前线，回收了陷在泥沼中的车辆后返回谢赖盖耶什维修，这次行动是营长亲自向第3装甲军军长布赖特上将请求并获得批准的。

1945年3月15日：第509营仅有8辆虎王可以作战。

1945年3月18日：第509营可用兵力增加至20辆坦克，该营被部署在塞克什白堡东南方，保证通往谢赖盖耶什和迪涅斯的公路畅通。一辆虎式无法修复而报废，全营保有坦克数量降至31辆。

第6章　陆军第509重装甲营

1945年3月20日：第1装甲师的部队撤往塞克什白堡至谢赖盖耶什一线的后方。

1945年3月21日：第509营返回法卢巴特延，并在波尔加蒂附近击退了苏军坦克的进攻，随后向波尔加蒂展开攻击，夺取附近具有重要战术价值的228高地，营长座车因发生严重故障而被迫炸毁，全营保有坦克数量降至30辆。

1945年3月22日：第509营在波尔加蒂和耶拿（Jena）之间的公路沿线执行掩护任务。

1945年3月23日：第509营于夜间重新部署在桑多尔卡（Sandorka），发动侧翼攻击，牵制在基林加斯（Klingas）和帕佩科茨（Papkeszi）之间活动的苏军坦克部队。

1945年3月24日：第509营在巴拉顿凯奈谢至维斯普雷姆的公路沿线进行迟滞作战，在巴拉顿湖西北岸占据防御阵地，击退了苏军数次坦克进攻，迫其退往乔保克（Csopak），在战斗中总共击毁了8辆T–34和8辆JS–2，3辆虎王全损，全营保有坦克数量降至27辆。

1945年3月25日：在紧急补充了燃油和弹药后，第509营经巴拉顿菲赖德（Balatonflured）向卡尔门德（Karmend）撤退，然而由于缺乏燃料，有14辆虎王被迫炸毁，全营保有坦克数量降至13辆。

1945年3月31日：第509营在海利根克鲁茨（Heiligenkreuz）越过边境线，撤回德国境内，并与上级指挥机关取得了联系。

1945年4月1日：第509营在格莱斯多夫（Gleisdorf）集结，剩余的13辆坦克分别配属于由蒂申多夫上尉和瓦斯（Vaas）少尉指挥的两个连，没有坦克的车组成员和维修人员则组成一个步兵连，由厄梅中尉指挥，全营有9辆虎王可以作战。

1945年4月2日：第509营的9辆坦克负责掩护里格斯堡（Riegersburg）至蒂芬巴赫（Tiefenbach）一线。

1945年4月3日：第509营的5辆虎王奉命支援第1装甲掷弹兵团攻击基希贝格（Kirchberg）。

1945年4月4日：德军夺取了基希贝格，3辆虎王继续在费尔德巴赫（Feldbach）以北地区支援第1装甲掷弹兵团作战。

1945年4月5日：德军又夺取了费尔德巴赫，将苏军击退至拉布河（Raab River）南岸。在哈尔特曼斯多夫（Hartmannsdorf），数辆虎王充当机动火炮执行炮击任务。第509营沿着陡峭的山路转移至哈特贝格（Hartberg），1辆虎王不慎跌下公路而抛锚，传动系统也出现了故障。同日，第509营接收了党卫军第501重装甲营移交的5辆坦克，使全营保有坦克数量增加到18辆，其中包括1辆指挥坦克，8辆坦克可以使用，所有坦克都集中编入一个连，而没有坦克的两个连都改编为步兵连，充当警卫部队。

1945年4月7日：第509营奉命攻击圣约翰（St. Johann），迫使苏军退过拉夫尼茨河（Lafnitz River），1辆虎王被击毁，全营保有坦克数量降至17辆。

1945年4月8日至12日：第509营在拉夫尼茨（Lafnitz）以东占据阵地，掩护布尔高（Burgau）和施特格尔斯巴赫（Stegersbach）之间的公路，在战斗中损失2辆坦克，全营保有坦克数量降至15辆。

1945年4月10日：第509营可用兵力为8辆虎王。

1945年4月13日：第509营在格拉特科恩（Gratkorn）登上火车，前往圣珀尔滕以南地区，在一次重大交通事故中造成该营16人丧生。经过圣珀尔滕附近的多瑙河后继续向塔亚河畔拉镇（Laa an der Thaya）前进，最后配属于第6装甲师。

1945年4月17日：第509营抵御苏军坦克的攻击，击毁5辆坦克，损失1辆虎王，全营保有坦克数量降至14辆。

1945年4月18日：根据计划，第509营将部署在阿姆施泰滕（Amstetten）地区，配属于第6装甲集团军，但未能实现。

1945年4月21日：第509营配属于第2"统帅堂"装甲师。

1945年4月22日：第509营配属于第101猎兵师。

1945年4月23日至5月5日：第509营部署在米尔贝格（Milberg）和大哈拉斯（Gross Harras）之间的掩护阵地上。

1945年5月1日：第509营可用兵力为13辆虎王。

1945年5月6日：第509营部署在兹纳伊莫（Znaim）以南地区。

1945年5月7日：第509营奉命撤往伏尔塔瓦河（Moldau River）畔的卡帕利茨（Kapplitz），9辆坦克因故障被迫炸毁，全营保有坦克数量降至5辆。

1945年5月8日：当晚20时，第509营的最后5辆坦克向追击的苏军部队展开了反击，这是该营在战争中的最后一次战斗行动，所有坦克均在深夜23时被乘员自行摧毁。

1945年5月9日：第509营残部在卡帕利茨以南向美军投降。

战果统计

第509重装甲营虽然组建较晚，参战时间不长，但在东线作战期间表现出色，战斗力较强。据统计，从1943年11月至1945年5月，该营击毁了超过500辆坦克，因各种原因损失120辆坦克，其中战斗损失75辆。

第 6 章　陆军第 509 重装甲营

第 509 重装甲营历任营长

汉尼巴尔·冯·吕蒂肖（Hannibal von Lüttichau 上尉，1943 年 9 月至 11 月 7 日，调离）

库尔特·吉尔加（Kurt Gierga 少校，1943 年 11 月 7 日至 1944 年 1 月 15 日，受伤）

诺德维因·冯·迪斯特-克贝尔中尉（1944 年 1 月 15 日至 2 月 26 日，代理指挥）

约阿希姆·拉特克（Joachim Ludwig Theodor Radtke 上尉，1944 年 2 月 26 日至 3 月 4 日，阵亡）

约翰内斯·柯尼希（Johannes König 中尉，1944 年 3 月 4 日至 3 月 15 日，代理指挥）

汉斯-于尔根·布尔梅斯特（Hans-Jürgen Burmester 上尉，1944 年 3 月 15 日至 1945 年 1 月 18 日，受伤）

约翰内斯·柯尼希（Johannes König 中尉，1945 年 1 月 18 日至 1 月 21 日，代理指挥）

党卫军上尉莱贝尔（SS-Hauptsturmführer Leibel，1945 年 1 月 21 日至 1 月 24 日，代理指挥）

汉斯-于尔根·布尔梅斯特（Hans-Jürgen Burmester 上尉，1945 年 1 月 24 日至 2 月 26 日，调离）

约翰内斯·柯尼希（Johannes König 上尉，1945 年 2 月 26 日至 5 月 9 日，投降）

第 509 重装甲营骑士十字勋章获得者

汉斯-于尔根·布尔梅斯特上尉	骑士十字勋章	1944 年 9 月 2 日
埃里希·利茨科（Erich Litzke）军士长	骑士十字勋章	1944 年 10 月 20 日
赫伯特·蒂申多夫（Herbert Tischendorf）上尉	骑士十字勋章	1945 年 3 月 11 日

第 509 重装甲营著名虎式坦克王牌

埃里希·利茨科（Erich Litzke）军士长	76 辆

虎式坦克 全景战史

※ 汉尼巴尔·冯·吕蒂肖（1915—2002）

※ 埃里希·利茨科（1914—1997）

※ 汉斯-于尔根·布尔梅斯特（1916—1998）

※ 赫伯特·蒂申多夫（1911—2002）

第 6 章　陆军第 509 重装甲营

※ 上图　是汉斯–于尔根·布尔梅斯特上尉（右）在埃里希·利茨科军士长的骑士十字勋章颁发现场与其他人的合影，左边这位就是刚刚获得骑士十字勋章的埃里希·利茨科军士长。

※ 下图　是利茨科车组在1943年冬与自己的虎式坦克的一张合影，炮塔上的左起第三位就是埃里希·利茨科。

陆军第509重装甲营虎式/虎王坦克接收及保有数量统计表					
接收日期	虎式坦克	虎王坦克	保有数量	备 注	
1943.8.30	6	–	6	
1943.9.7	20	–	26	
1943.9.30	19	–	45	
1943.10.12	2	–	?	
1944.2.2	6	–	34	
1944.2.5	2	–	36	
1944.5.15	4	–	22	由第503重装甲营移交
1944.5.20	6	–	28	
1944.5.23	12	–	40	
1944.5.30	6	–	46	
1944.6.2	6	–	52	
1944.6	9	–	58	由第501重装甲营移交
1944.6	–14	–	44	移交匈牙利军队
1944.7.30	6	–	40	
1944.8.4	6	–	46	
1944.9.1	–30	–	0	移交第501重装甲营或后送维修
1944.9.28	–	6	6	
1944.9.29	–	3	9	
1944.10.3	–	2	11	
1944.12.4	–	–11	0	移交党卫军第501重装甲营
1944.12.5	–	2	2	
1944.12.7	–	7	9	
1944.12.9	–	9	18	
1944.12.15	–	6	24	
1944.12.17	–	5	29	
1944.12.29	–	5	34	
1944.12.30	–	8	42	
1945.1.1	–	3	45	
1945.4.5	–	5	18	由党卫军第501重装甲营移交
总计	70	50		

※ 原书统计如此，估计有误。责编注。

第6章 陆军第509重装甲营

陆军第509重装甲营虎式/虎王坦克损失情况统计表

损失日期	损失数量	保有数量	备注
1943.11.10	6	39	1辆被己方乘员摧毁
1943.12.13	1	38	自燃
1943.12.19	1	37	触雷损毁
1943.12.20	2	35	被击毁
1943.12.27	2	33	被缴获
1943.12.31	2	31	1辆无法修复报废，1辆焚毁
1944.1.1	1	30	后送维修
1944.1.12	1	29	后送维修
1944.1.15	1	28	被己方乘员摧毁
1944.2.23	1	33	被击毁
1944.3.5	2	31	被击毁
1944.3.17	1	32	被击毁
1944.3.25	1	31	自燃
1944.3.28	1	30	被己方乘员摧毁
1944.4.2	1	29	被击毁
1945.1.18	7	38	被击毁
1945.2.7	3	35	被击毁
1945.3.13	3	32	被ISU-152击毁
1945.3.18	1	31	被己方乘员摧毁
1945.3.21	1	30	被己方乘员摧毁
1945.3.24	3	27	被击毁
1945.3.25	14	13	被己方乘员摧毁
1945.4.7	1	17	被击毁
1945.4.17	1	16	被击毁
1945.5.7	11	5	被己方乘员摧毁
1945.5.8	5	0	被己方乘员摧毁
总 计	120辆		战损63%，自毁33%，其他原因4%

※ 原书统计如此，估计有误。责编注。

虎式坦克 全景战史

陆军第509重装甲营编制序列（1943年10月）

I　　II　　III

1.
100　101
111　112　113　114
121　122　123　124
131　132　133　134

2.
200　201
211　212　213　214
221　222　223　224
231　232　233　234

3.
300　301
311　312　313　314
321　322　323　324
331　332　333　334

第 6 章　陆军第 509 重装甲营

陆军第 509 重装甲营编制序列（1945 年 1 月）

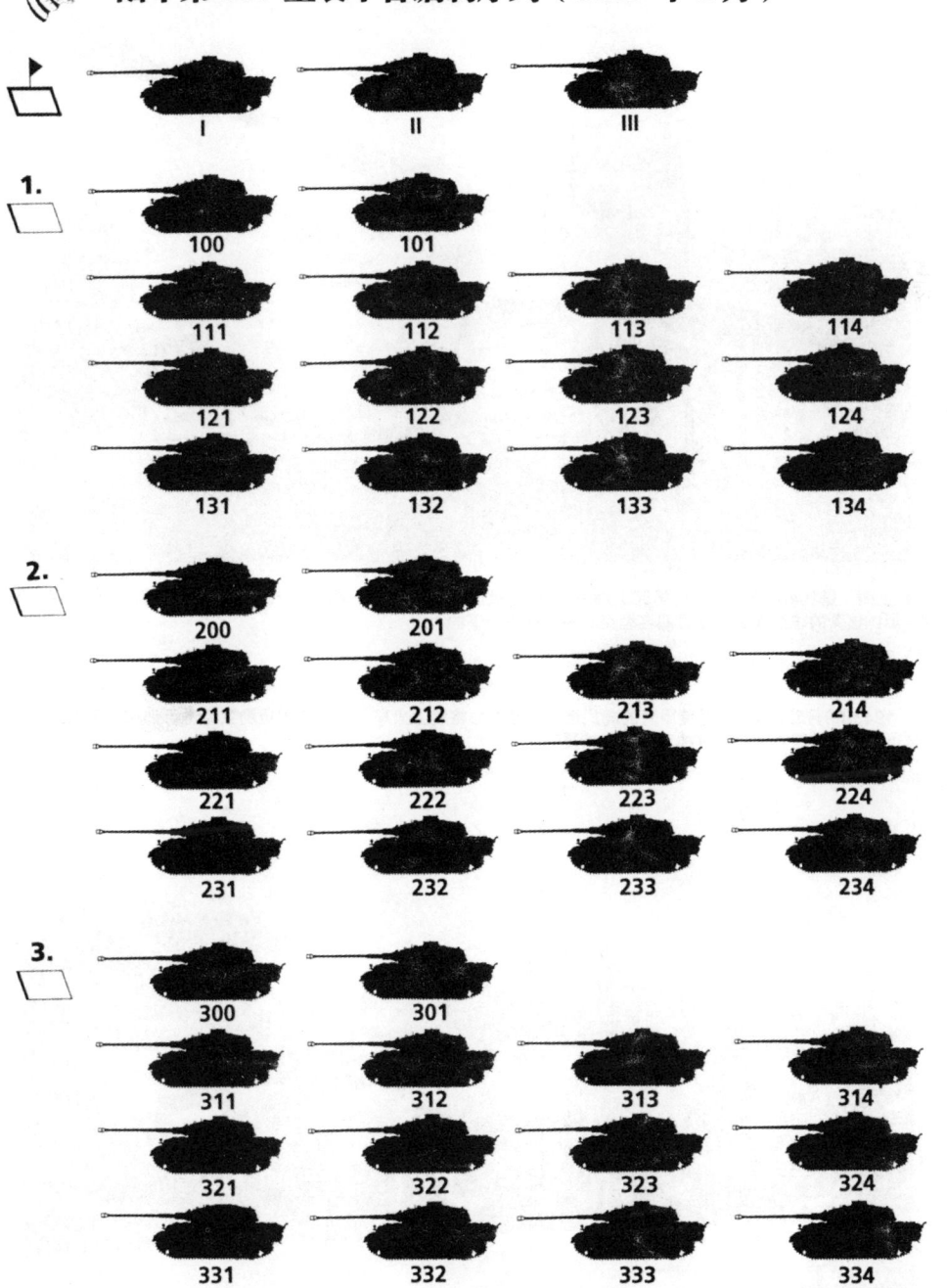

I　II　III

1.
100　101
111　112　113　114
121　122　123　124
131　132　133　134

2.
200　201
211　212　213　214
221　222　223　224
231　232　233　234

3.
300　301
311　312　313　314
321　322　323　324
331　332　333　334

虎式坦克 全景战史

302

※ 上图　是1943年8月底交付第509重装甲营的首批虎式坦克中的一辆，摄于瑟内拉格训练场，这些坦克将用于训练该营的车组成员，注意四名坦克兵是趴在车身下的。

※ 1943年9月底，第509重装甲营的虎式坦克在瑟内拉格装上火车，运往法国迈利莱康进行训练，下图中已经装上车的虎式坦克也已经更换了窄幅运输履带。

第6章 陆军第509重装甲营

※ 上图　是1943年10月在法国迈利莱康进行野战训练的第509重装甲营虎式坦克，此时炮塔侧面尚未绘制车辆编号。

※ 下图　是在迈利莱康训练场上，第509重装甲营的一个虎式坦克车组合影，最前面的是一名少尉，他还获得过克里米亚战役盾章。

虎式坦克 全景战史

※ 1943年10月28日，第509重装甲营奉命乘火车开赴东线作战。上图为该营的一辆虎式坦克在登车前将宽幅作战履带拖到平板车中部的合适位置，然后再开上平板车去，这样宽幅履带就位于车身底下，合理地利用了平板车上的有限面积。

※ 1943年11月底，第509重装甲营全部运抵东线战场，在雅什尼附近集结，下图为该营维修连的一辆半履带牵引车拖曳着一部门式吊车组件向集结地域开进。

第 6 章　陆军第 509 重装甲营

※ 上图　摄于1943年11月底，第509重装甲营第2连的212号虎式坦克停在一座屋顶盖满白雪的农舍旁，注意此时第509营的坦克还没有刷涂白色冬季涂装。

※ 下图　是1943年12月初在战线后方的第509重装甲营战地维修场拍摄，可见此时该营的虎式坦克均已经更换为白色冬季涂装。

虎式坦克 全景战史

※ 上图　是第509重装甲营第1连122号虎式坦克车组成员在座车上的集体合影，这辆坦克的车长是珀尔军士长（中），注意这辆坦克仍然安装早期样式的负重轮。

※ 下图　的拍摄时间有两种说法，一说是1943年12月4日，另一说是1943年12月24日，总之是第509重装甲营向科洛斯提切夫附近转移时拍摄，这是第1连的113号虎式。

第 6 章　陆军第 509 重装甲营

※ 上图　是1943年底，第509重装甲营第2连的231号虎式坦克在前线地带触雷瘫痪，正等待救援，注意其车尾还装有空气滤清器。

※ 1943年12月31日，第509重装甲营第3连由舍夫根军士长指挥的323号虎式坦克在亚努斯波尔附近压垮了一座桥，并侧翻到桥下。下图为营救现场的照片，可见有多辆虎式坦克参与了救援行动，但最终323号虎式被判定为全损，无法修复。

虎式坦克 全景战史

※ 上图 是1943年底，珀尔军士长、伯特格尔少尉和蒂梅中尉（自左向右）在第509重装甲营第2连的201号虎式坦克前的留影，这辆坦克已经涂刷了白色伪装色，炮塔侧面的编号用黑色重新绘制。

※ 上图 是第509重装甲营第2连212号虎式坦克的车长贝洛夫下士在座车前的留影，他是该营最成功的虎式坦克车长之一，其胸前的勋章表明他是一名久经沙场的老兵。

※ 下图 是1944年初第509重装甲营一辆车号不明的虎式坦克发生故障，丧失行动能力，正在等待拖曳，车首前部的拖杆已经安装完毕。值得注意的是其车身的白色涂装很可能是刚刚粉刷的，非常洁白，以至于在旷野中反而过于显眼，失去了伪装的意义。

第 6 章　陆军第 509 重装甲营

※ 上图　摄于1944年2月10日舍佩蒂夫卡地区，第509重装甲营的一辆虎式坦克及其车组成员在战线后方的村庄内休息，其中一名成员还调皮地骑在炮管上。

※ 1944年初春，第509重装甲营第2连的贝洛夫下士调任223号坦克车长，下图为贝洛夫下士（右）与两名车组成员在座车前合影，这辆坦克的白色涂装已经使用得有些时日了，炮管处已露出深色底色，注意车首正面的备用履带板。

虎式坦克 全景战史

※ 上图　摄于1944年初，第509重装甲营维修连的两名维修人员在寒冷的户外检查该营101号虎式坦克的引擎，他们经常要在恶劣气候条件下伺候这些"大病猫"。

※ 左图　为1944年春夏之交第509重装甲营第2连211号虎式坦克的一张正面照片，其特别之处是在车体正面两侧加装了备用履带板，它是1944年5月由第503营移交给第509营的虎式坦克中的一辆。

第6章　陆军第509重装甲营

※ 上图　摄于1944年5月，这个月第509重装甲营接收了第503重装甲营移交的4辆虎式坦克，图中即为其中一辆，相比第509营其他坦克，其不同特征是，这些原属第503营的坦克会在车体正面加挂备用履带板。

※ 1944年夏，第509重装甲营驻防布恰奇期间又得到了新的补充坦克。下图即摄于一辆刚交付的新虎式在野外试车期间，车组成员面带笑容，看来车况不错。

虎式坦克 全景战史

※ 上图 摄于1944年夏驻防纳德沃尔纳亚地区期间，第509重装甲营的士兵们在一辆正在更换主动轮的虎式坦克前合影留念。

※ 1944年夏，第509重装甲营在后方休整期间进行了密集的训练，以提高车组成员的战斗技能。下图为该营的3辆虎式坦克在野外进行火炮射击训练，地面上还能看到一个空炮弹壳，注意近处这辆虎式车身上涂有繁密的条纹迷彩图案。

第 6 章　陆军第 509 重装甲营

※ 1944年7月14日，第509重装甲营在斯塔尼斯劳登上火车，再度开赴前线。从上图看，该营的虎式坦克没有更换履带就直接装车启运，而且车体尾部很干净，几乎没有加挂任何附件工具，不过图中这辆坦克车尾右侧的拖曳环扣不知何故丢失了。

※ 下图　摄于1944年7月16日，运载第509重装甲营的军列抵达比尔茨地区，正在等待卸车，前往战场的余下路程将由虎式坦克自己的一副铁脚板来完成。

虎式坦克 全景战史

314

※ 上图及下图　摄于1944年7月23日，第509重装甲营第2连的一辆虎式坦克不慎驶下路基而被困住，车组成员赤膊上阵，将衣服搭在炮管上，只穿一条内裤进行拖曳行动的准备工作。下图是从后方拍摄的事故坦克，可见车体后部的引擎舱盖呈开启状态，推断事故可能与发动机故障有关。

第6章　陆军第509重装甲营

※ 上图　摄于1944年7月索卡尔地区，第509重装甲营的一辆虎式坦克在开往前线途中行走装置发生故障，只能暂时停靠在路边，由维修连的人员来进行检修，注意车体正面的备用履带板。

※ 下图　是第509重装甲营第2连的233号虎式坦克在行军途中发生故障，正在路边接受检修，坦克前方的车辆属于伴随行军、随时提供技术保障的机动维修分队。

虎式坦克 全景战史

※ 重装甲营的虎式坦克在进行远程行军时需要得到全面而有力的后勤保障，包括及时的检修、排除故障以及充足的油料供给，上图为1944年8月间，第509重装甲营的一辆虎式坦克在转移途中补充燃料。

※ 下图 是第509重装甲营的一辆虎式被用来销毁缴获的苏军反坦克枪，有点杀鸡用牛刀、小题大做的味道，要知道反坦克步枪几乎不会给虎式坦克造成任何实质性的威胁。

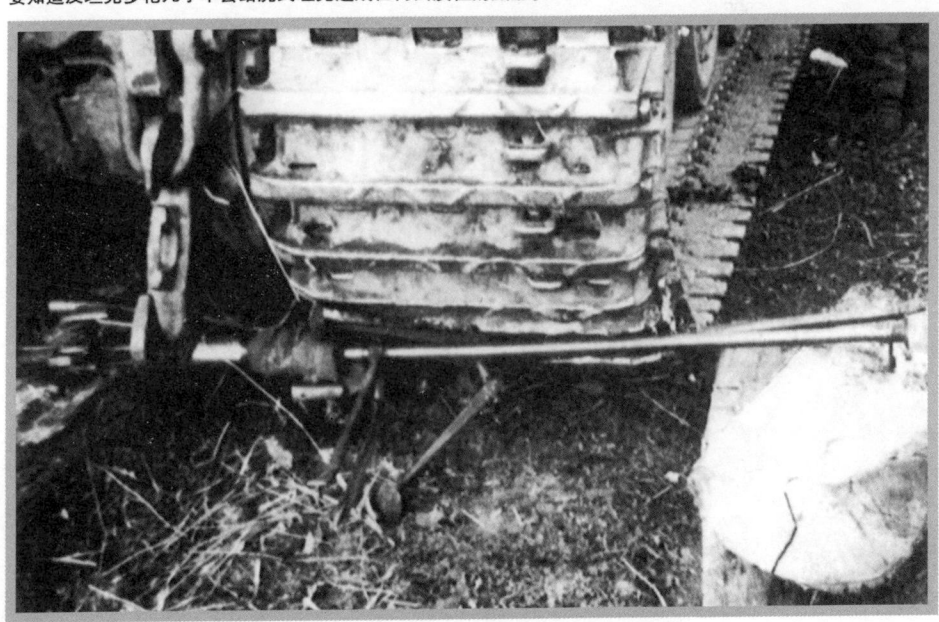

第 6 章　陆军第 509 重装甲营

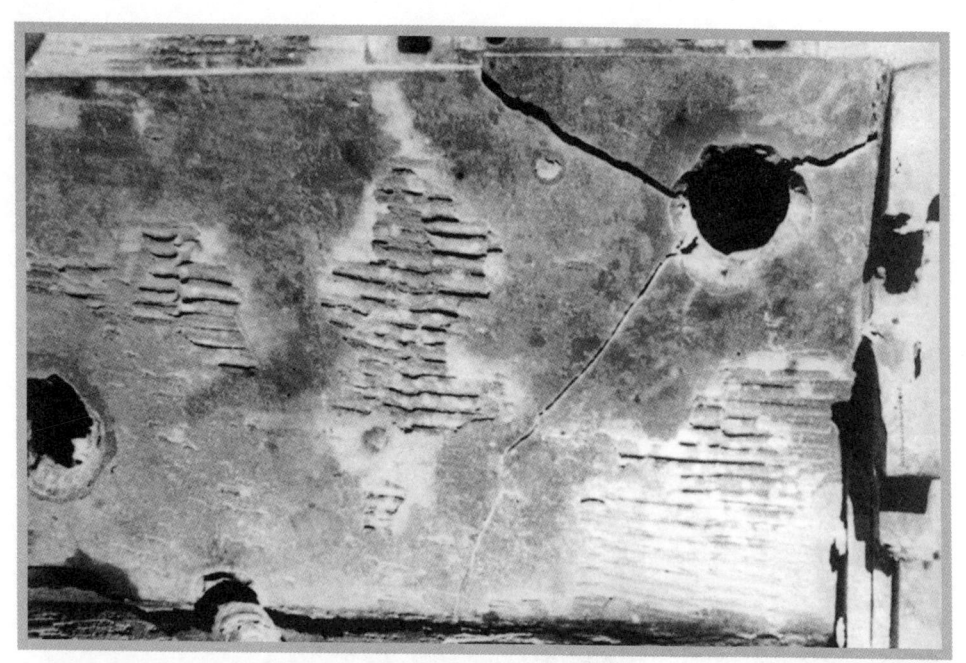

※ 1944年8月16日，第509重装甲营第2连的214号虎式坦克在战斗中被苏军的JS-2重型坦克击毁。上图为这辆坦克车体正面中弹部位的细节特写，可见苏军坦克的大口径炮弹直接击穿了虎式坦克的正面装甲，并且造成装甲板的断裂，这幅照片充分说明了JS-2坦克对虎式的威胁。

※ 下图　是一幅从第509重装甲营的虎式坦克无线电操作员位置拍摄的第一视角战斗照片，表现了虎式坦克以精准射击摧毁远处一处苏军目标的情景。

虎式坦克 全景战史

※ 1944年9月初，第509重装甲营将所有剩余的虎式坦克移交第501营或送往工厂修理后，被调回瑟内拉格换装虎王坦克。上图就是该营接收的首批虎王坦克中的一辆，可见安装了量产型的亨舍尔型炮塔，车体上涂有伏击迷彩，但最初交付该营的11辆虎王坦克后来又被转交给党卫军第501重装甲营。

※ 第509重装甲营换装虎王坦克的过程非常拖沓，直到1945年初才配备齐全。下图为1944年秋季该营用于训练的一辆虎王坦克，迷彩样式与上图那辆不同。

第 6 章　陆军第 509 重装甲营

※ 1945年初，在完成换装后第509重装甲营被派往匈牙利作战。上图为该营的四名坦克兵在自己的虎王坦克前享受激战前夕短暂的闲暇时光，在未来他们恐怕没有什么时间和心情拉手风琴了。

※ 下图　摄于1945年1月20日，两辆第509重装甲营的虎王坦克正经过匈牙利韦伦采湖附近的一个交叉路口。

虎式坦克 全景战史

※ 上图　是在匈牙利战场上，第509重装甲营第3连的311号坦克在另一辆虎王（在照片中仅露出炮口）的掩护下向前冲击，同时炮塔向右旋转，击毁了一辆近在咫尺的苏军谢尔曼坦克。

※ 下图　摄于1945年初，第509重装甲营的两辆虎王坦克在一处匈牙利村庄内休息，注意近处的121号坦克已经在之前的战斗中丢掉了车体右侧的大部分侧裙板。

第 6 章　陆军第 509 重装甲营

※ 右图 是第509重装甲营的一个王牌坦克车组在虎王坦克上的合影，这个车组的领导者是耶上士。

※ 下图 是第509重装甲营第2连的一辆虎王坦克在等待新的作战命令，注意车体前部的拖曳挂钩已经安装完毕。

虎式坦克 全景战史

※ 1945年初第509重装甲营在匈牙利作战期间，因为恶劣的地形条件造成很多坦克深陷泥沼，让营维修连异常繁忙。上图为该营的一辆黑豹坦克回收车在协助一辆重型牵引车一起拖曳被困住的虎王坦克，这种支援车辆是由黑豹坦克的底盘改装的。

※ 下图 是1945年2月第509重装甲营的头号王牌车长利茨科军士长（中）及其车组成员在座车前的合影，他的最终战绩是76辆击毁战果，在1944年10月间获颁骑士十字勋章。

※ 每逢春季降临，重装甲营的车组成员们都要为坦克更换涂装，不过下图中这辆第509重装甲营的虎王坦克显然未能将白色冬季涂装彻底清除，他们很可能在当初粉刷时搞错了颜料的配方。

第 6 章　陆军第 509 重装甲营

※ 即使二战时期最为强悍的重型坦克，在遇到不利的地形时也是无能为力的。上图为1945年初陷在匈牙利泥沼地带的一辆虎王坦克，属于第509重装甲营。

※ 随着战局的日趋恶化，第509重装甲营随同其他德军部队一道向德国本土撤退。下图摄于1945年3月24日该营沿公路向维斯普雷姆撤退期间，一辆黑豹坦克回收车正准备拖曳一辆因缺油无法开动的虎王坦克，不过这辆"回收豹"自己也有点问题，其右侧履带有些松脱。

虎式坦克 全景战史

※ 上图 是1945年4月初第509重装甲营第2连的231号虎王坦克在德国东部某地的留影，这辆坦克是该营最后撤回德国本土的少数车辆之一。注意在坦克前部侧卧的车组成员头上缠满绷带，说明他们的归途充满了艰辛，战斗不断。

※ 左边 这幅不甚清晰的照片具有特殊的意义，这是1945年5月8日战争结束前夜，第509重装甲营的耶上士在兹纳伊莫以南的森林里为自己的座车拍下的最后影像。在这幅照片拍摄数小时后，第509营炸毁了所有剩余的坦克，于次日向美军投降。

第7章 陆军第510重装甲营

Schwere Panzer-Abteilung 510

根据普通陆军总局的Nr.24533/44号机密命令，陆军第510重装甲营于1944年6月6日在帕德博恩组建，其人员来自第504重装甲营维修连、位于凡尔赛的连长培训学校装甲教导连以及第500装甲训练与补充营。首任营长是库尔特·吉尔贝特（Kurt Gilbert）少校，他担任这一职务直到战争结束。

1944年6月：组建第510重装甲营的人员陆续抵达帕德博恩。

1944年6月15日：第510营转移至奥尔德鲁夫训练场。

1944年6月20日至7月7日：45辆虎式坦克交付第510营，达到满编状态。

1944年7月1日：第510营接受了古德里安大将的视察。

1944年7月20日：第510营奉命开赴东线，乘火车经埃尔福特（Erfurt）、莱比锡（Leipzig）、托尔高（Torgau）、格沃古夫（Glogau）、诺伊恩比尔格（Neidenbrug）、亚伦施泰因（Allenstein）和因斯特堡（Insterburg）一路东行。

1944年7月22日：第510营抵达东线北段，在考纳斯（Kaunas）下车。

1944年7月26日：第510营第1连部署在考纳斯东南方的沃希利克斯（Vosilickes），131号虎式因陷入泥沼而被迫炸毁，在随后的撤退中又有1辆坦克被苏军反坦克炮摧毁，全营保有坦克数量降至43辆。

1944年7月27日：第510营在科尔勒耶斯（Kerlupys）作战。

1944年7月28日：第510营部署在吉萨尔多尼斯（Gesaldonys）。

1944年7月29日至30日：第510营在库尔瓦（Kulva）周边作战，摧毁11辆坦克。

1944年8月2日：第510营部署在西恩基斯采（Cinkisciai）。

1944年8月3日：第510营在莱比德茨埃（Lebedziai）周围作战。

1944年8月6日至7日：第510营在戈尔甘迪斯基（Gelgandiskis）周围作战。

1944年8月8日：第510营与第7装甲师一道在波利迈（Polimai）发起反击。

1944年8月9日：第510营部署在帕伦德里埃（Palendriai）。

1944年8月14日：第510营第1连及另一个装甲连从拉塞尼艾（Rasainiai）西南的阵地上发起反击。

1944年8月15日：第510营在卡尔努吉埃（Kalnujai）作战。

1944年8月18日：第510营配属于第9军，全营有16辆虎式可以使用。

1944年8月19日：第510营配属于第7装甲师，同日6辆虎式交付该营。在8月间的战斗中，该营损失了10辆虎式，在补充后全营保有坦克数量为39辆。

1944年8月20日：第510营撤离拉塞尼艾地区，经克尔梅（Kelme）向北撤退。

1944年8月22日：第510营继续向尤扎皮斯科（Juozapiske）地区转移，配属于第14装甲师，全营有20辆虎式可以使用，后来重新部署在阿克梅内（Akmene）地区。

1944年8月28日：第510营在希斯基埃（Seskiai）附近的森林居民点休整。

1944年8月30日：第510营重新部署至拉皮卡斯埃（Lapkasiai）以南的森林地带。

1944年9月1日：第510营可用兵力为35辆虎式，配属于第40军。

1944年9月11日至22日：第510营在乌皮纳（Upyna）以北3公里的森林地带集结待命。

1944年9月15日至16日：第510营第1连部署在库尔希奈（Kursenai）地区，其中一个排奉命支援第1113掷弹兵团，在开进途中一辆虎式的发动机舱自燃爆炸而损毁，全营保有坦克数量降至38辆。

1944年9月23日：第510营沿公路前往距离休整地域西北11公里的特里斯基埃（Tryskiai）火车站，在那里坦克未更换履带就装上火车。

1944年9月24日：第510营在图库姆（Tukkum）东南25公里的阿佩苏彼（Apsupe）下车，然后行军25公里抵达弗劳恩堡（Frauenburg）东北30公里的集结地。

1944年10月1日：第510营可用兵力为33辆虎式，配属于格拉塞尔军级集群。

1944年10月6日：第510营经阿图茨（Autz）向南转移，以应对苏军在希奥利艾（Schaulen）附近发起的进攻。

1944年10月7日：第510营部署在阿图茨以南的阻击阵地上，随后奉命向西面的莫施黑肯（Moscheiken）转移。

1944年10月8日：第510营配属于第4装甲师，迫使渡过文塔河（Venta River）的苏军部队退往莫施黑肯附近，击毁了13门反坦克炮。

1944年10月9日：第510营与第4装甲侦察营的一个连及第79装甲工兵营的一个连一起从列卡瓦（Leckawa）向匹克利埃（Pickeliai）进攻，突破了苏军坚固的反坦克

第 7 章　陆军第 510 重装甲营

阵地后，在匹克利埃外围停止攻击，4辆虎式受损。在次日凌晨，德军部队开始向列卡瓦撤退，整夜都忙于回收受损坦克。在这次战斗中，第510营损失3辆虎式，全营保有坦克数量降至35辆。

1944年10月10日：在继续进攻匹克利埃之前，第510营（欠第1连）在列克尼（Liekni）集结，之后与第4装甲侦察营、第33装甲掷弹兵团第2营联合发起攻击。第510营第1连则与其他德军部队部署在莫施黑肯两侧，防守文塔河沿岸地区。当日下午，第510营的2辆虎式进行了一次试探性攻击，随后德军主力部队从北面发起主攻，夺取了匹克利埃，随后向南继续推进，摧毁了列卡瓦和匹克利埃之间森林中的苏军反坦克阵地。

1944年10月11日：第510营在西迈齐亚基（Simaikiaki）附近作战，该营第1连向西转移，渡过文塔河。

1944年10月12日：第510营试图夺取巴泰希埃（Bataiciai）附近的86.2高地。

1944年10月13日至14日：第510营在里提尼（Ritini）附近攻击了梅梅尔包围圈的南缘。

1944年10月16日：第一次库尔兰战役开始，莱昂哈特上尉指挥第502营第3连的8辆虎式与第510营一道在普列库莱（Preekuln）东南地区作战。

1944年10月18日：第510营第1连的部分兵力部署在万诺德（Vainode）东北10公里的梅德泽尔（Meldzer）。

1944年10月24日：第1军发动反击，第510营配合第4、12、14装甲师的部队从普列库莱以东的"119.7"高地向梅梅尔方向发起攻击，摧毁了60门反坦克炮，该营第3连的5辆虎式也被击毁，全营保有坦克数量降至30辆。

1944年10月25日：德军在万诺德附近停止攻击，但虎式仍在潘泽里（Pauzeri）附近的掩护阵地上。

1944年10月28日：格拉赫（Gerlach）中尉指挥第510营第1连的4辆虎式与第30步兵师一道部署在"190.1"高地的防御位置上，苏军向利杜姆涅基（Lidumnieki）发起攻击，但被击毁14辆坦克。

1944年10月29日：第510营沿雅格马尼（Jagmani）、瑟雷莫里（Sremoli）、布鲁维里尼（Bruvelini）一线支援第14装甲师，协助该师击退苏军的进攻，击毁包括JS重型坦克在内的数辆苏军坦克。

1944年11月1日：第510营可用兵力为13辆虎式，配属于第2军。

1944年11月12日：第502营第3连的6辆虎式被移交给第510营，使后者保有的虎式坦克数量达到36辆。

1944年11月20日：第510营与第4装甲掷弹兵团第1营和第36装甲团第2连的黑豹坦克一起与进至辛梅里（Cimmeri）及其周边森林地带的苏军展开交战。

1944年11月25日：第510营配属于第4装甲师。

1944年11月26日：强降雨使战区的道路状况变得极为糟糕，使得苏军的一次主要攻势被迫暂停，第510营在当日击毁了1辆自行火炮。在11月的作战中，第510营因各种原因损失10辆虎式，全营保有坦克数量降至26辆。

1944年12月1日：第510营可用兵力为16辆虎式，由于装备不足，该营第3连暂时解散，将剩余坦克集中配置于第1、2连。

1944年12月21日：第510营配属于第12装甲掷弹兵团，经公路前进至诺瓦迪（Nowady）附近的集结地，途中一半的坦克出现了故障。

1944年12月22日：第510营的10辆虎式向斯尔马里（Silmali）机动，敌情报告显示这里的苏军部队已经被肃清，可是当该营坦克靠近村落时却遭到猛烈的反坦克火力的攻击，4辆虎式被当场击毁！错误的情报导致该营蒙受了不应有的损失。在次日黎明后，第510营部配属于第11步兵师，全营保有坦克数量降至22辆。

1945年1月1日：第510营可用兵力为18辆虎式，配属于第1军。

1945年1月1日至5日：第510营作为预备队部署在诺瓦里（Novali）和塔布斯（Tabes）附近的森林地带。

1945年1月6日至21日：第510营转移到鲁皮尼卡斯（Rupnikas）地区，仍然作为预备队，同时该营第3连的人员撤离前线，返回帕德博恩重整。

1945年1月15日：第510营的所有22辆虎式都可以使用，该营配属于库尔兰集团军。

1945年1月22日：第510营分两批乘火车运往弗劳恩堡。

1945年1月23日：第510营第三批人员被运往伊尔马加（Ilmaja），该营的坦克配属于"库尔兰"装甲旅，作为集团军的应急部队。

1945年1月24日：第510营在瓦尔迪（Valdi）附近进行防御战，阻止苏军向普列库莱两翼发起攻击。集结地域设在拉勒里（Lalerie）和普尔姆萨提（Purmsati）的森林中。

1945年1月25日：第510营进入卡勒提（Kaleti）和普尔姆萨提的森林地带，支援德军部队的反击行动，在行动中有63辆苏军坦克被击毁，大多是该营虎式坦克的战果。

1945年1月25日至31日：第510营在策里马利（Celimali）附近作战，损失1辆虎式，该营保有坦克数量降至21辆。

第 7 章　陆军第 510 重装甲营

1945年1月31日：第510营向加巴里尼（Gabalini）发动夜袭。

1945年2月1日：第510营可用兵力为12辆虎式。

1945年2月1日至13日：第510营部署在普列库莱附近的掩护阵地上，同时在帕普兰卡（Paplanka）和维尔加（Wirga）对装备进行紧急维护。

1945年2月14日至15日：苏军向普列库莱发动大规模攻势。

1945年2月15日：第510营发动夜间攻击，以恢复在昼间战斗中丢失的前沿阵地，随后在普列库莱周边进行防御战。

1945年2月17日：鲁蒙德（Ruhmond）军士长的虎式被击毁，全营保有坦克数量降至20辆。

1945年2月18日至22日：第510营继续在普列库莱周边进行防御战。

1945年2月22日：第510营第1连连长格里施（Gerisch）中尉负伤，由屈恩少尉代理连长。

1945年2月23日：第510营在乌斯图皮（Ustupi）附近进行了小规模战斗，然后重新部署在斯库恩德涅基（Skundnieki）。

1945年2月24日：第510营第2连连长负伤离队，所有20辆坦克集中配置于第1连。

1945年2月26日至28日：第510营继续执行掩护任务，并在克拉维尼（Klavini）地区实施反击，击毁2辆坦克。

1945年2月28日：第510营的2辆虎式陷入泥沼，虽然在夜间成功救出，但已经无法修复。

1945年3月1日：第510营仅有5辆坦克可以作战，在最近的战斗中该营损失5辆坦克，全营保有坦克数量降至15辆。

1945年3月1日至3日：第510营在普林杜斯（Prindus）附近的掩护阵地进行防御作战，在发动一次夜袭后重新部署在蒂曼提（Dimanti）和卡拉里尼（Klarini）。

1945年3月4日：第510营从蒂曼提发起夜袭。

1945年3月5日：第510营重新部署在普林杜斯。

1945年3月6日：第510营部署在蒂曼提附近的另一处掩护阵地上。

1945年3月7日：第510营在夜间攻击了布施卡斯（Buschkas），随后撤往普林杜斯。

1945年3月8日至18日：第510营作为预备队部署在普林杜斯附近。

1945年3月19日：第510营将剩余的虎式坦克全部移交给由维内（Wine）少尉指挥的留守分队，他们将继续坚守在库尔兰桥头堡，而该营其余人员接到通知，将从海上撤回德国，前往柏林进行重整，换装虎王坦克。

1945年3月20日：为了便于海上运输，第510营的所有轮式车辆都集中到利耶帕亚。

1945年3月28日：第一批运输船队启航。

1945年4月3日：第二批运输船队启航。

1945年4月5日：第三批运输船队离港，至此除留守人员外，第510营的全部人员都撤离了库尔兰，而在桥头堡内尚有13辆虎式可以作战。

1945年4月10日：第510营最后一批人员在斯维内明德上岸，在库尔兰仍有13辆虎式可用。

1945年4月11日：第510营人员在乌瑟多姆（Usedom）集结。

1945年4月15日：在库尔兰有13辆虎式可以作战。

1945年4月19日：第510营人员在黑林格斯多尔夫（Heringsdorf）登上火车，前往斯潘道（Spandau），但此时柏林周边已经陷入激战，于是奉命转往普特洛斯的装甲兵学校。

1945年4月22日：第510营途经维茨托克（Wittstock）。

1945年4月23日：第510营继续行军，抵达什末林（Schwerin）。

1945年4月26日：第510营途经吕贝克（Lubeck）。

1945年4月27日：第510营抵达奥尔登堡（Oldenburg）。

1945年5月1日：第510营在普特洛斯接收了2辆训练坦克。

1945年5月1日至4日：第510营在苏塞尔（Susel）附近设置路障，与英军先头部队进行了小规模交火。

1945年5月8日：第510营在普特洛斯向英军投降。

* * *

1945年3月29日：由黑尔普（Helpup）中尉指挥的第510营第3连奉命前往卡塞尔的亨舍尔工厂，接收了6辆虎王坦克。

1945年3月30日：第510营第3连奉命与第326国民掷弹兵师一起防守弗里茨拉尔（Fritzlar），经古登斯贝格（Gudensberg）向维克尔（Werkel）转移，但遭遇盟军部队，在短暂交火后，该连摧毁9辆美军坦克，但最终迫于对手强大的火力向卡塞尔方向撤退。

1945年4月1日：第3连连长将一半的兵力——由施陶布（Staub）上士指挥的3辆坦克——部署在阿布斯豪森（Albshausen）附近跨越富尔达河（Fulda River）的大桥附近，后来这些坦克又向东北方维拉河（Werra River）沿岸转移。

1945年4月2日：在沃尔玛斯豪森（Vollmarshausen）附近的战斗中，1辆坦克被单兵反坦克武器击伤。

第 7 章　陆军第 510 重装甲营

1945年4月3日：施陶布小队撤到奥森豪森（Ochshausen）。

1945年4月4日：受损坦克被牵引回尼斯特（Nieste）更换引擎。

1945年4月5日：施陶布小队在格尔滕巴赫（Gertenbach）附近渡过维拉河。第510营第3连剩下的3辆坦克由连长指挥经明登（Munden）撤退，在巴特劳特贝格（Bad Lauteberg）与施陶布小队会合。韦勒（Weller）军士长的坦克在达赫伦罗德（Dahlenrode）发生故障而被迫炸毁。

1945年4月8日：第510营第3连残部在布罗因拉格（Braunlage）和艾伦德（Elend）地区进行了最后的战斗。

1945年4月17日：第510营第3连被解散，所有坦克均被遗弃。

1945年4月18日：第3连的韦勒军士长及其车组成员在失去坦克后被党卫军"威斯特法伦"装甲旅强征，奉命操纵一辆第507营遗弃的虎王坦克掩护鲍德河谷（Bode Valley），坚守数小时之久，击毁多辆美军坦克。在战斗中虎王的履带被弹片打断，车组成员在车外抢修履带时又遭炮火袭击而受伤，韦勒军士长的鼻子被一枚弹片削掉，在之后几个月里经历了25次手术才得以康复。

战果统计

第510重装甲营的主要作战行动发生在库尔兰桥头堡，从1944年7月至1945年3月，该营大约击毁了200余辆坦克，因各种原因损失65辆坦克，其中战斗损失为35辆。

第510重装甲营历任营长

库尔特·吉尔贝特（Kurt Gilbert少校，1944年6月至1945年5月8日，投降）

第510重装甲营骑士十字勋章获得者

库尔特·吉尔贝特（Kurt Gilbert）少校	骑士十字勋章	1945年4月7日
赫尔穆特·赫内（Helmut Höhno）少尉	骑士十字勋章	1944年12月9日

虎式坦克 全景战史

※ 库尔特·吉尔贝特和赫尔穆特·赫内的照片及资料都非常难寻。吉尔贝特于1913年12月20日生于莱茵兰的韦瑟灵，1934年参军进入第1汽车营成为军官候补生，战时经历不详，1945年3月30日获得金质德意志十字勋章，也有资料说他没有获得过骑士十字勋章。赫内于1913年3月31日生于勃兰登堡州的吕伯瑙，战时经历不详，获得骑士十字勋章时是第510重装甲营的一名排长，战后进入联邦德国国防军，1966年3月17日在杜塞尔多夫去世。左上图是吉尔贝特在战前1937年的一张模糊照片，当时他是在第10装甲团第1营担任副官，正与营长进行一次检阅活动。右上图是赫内在战时的一张留影，可见军衔仍然为军士。

第7章 陆军第510重装甲营

陆军第510重装甲营虎式/虎王坦克接收及保有数量统计表

接收日期	虎式坦克	虎王坦克	保有数量	备注
1944.6.20	6	—		
1944.6.22	5	—		
1944.6.25	5	—		
1944.6.26	5	—		
1944.6.30	6	—		
1944.7.1	6	—		
1944.7.3	6	—		
1944.7.6	3	—		
1944.7.7	3	—		
1944.8.10	6	—		
1944.11.12	6	—		由第502重装甲营第3连移交
1945.2.1	—	（3）		后移交第507重装甲营
1945.3.16	—	6		配属第3连
1945.5.1	（2）	—		在普特洛斯接收的训练坦克
总 计	57	6		

陆军第510重装甲营虎式/虎王坦克损失情况统计表

损失日期	损失数量	保有数量	备注
1944.7.26	2	43	1辆被己方乘员摧毁
1944.8.19	10	39	被击毁
1944.9.15	1	38	自燃
1944.10.9	3	35	被击毁
1944.10.24	5	33	被击毁
1944.11.12	10	26	大多被击毁
1944.12.22	4	22	被击毁
1945.1.31	1	21	被击毁
1945.2.17	1	20	被击毁
1945.3.1	5	15	被击毁
1945.4	21	0	?
1945.5.8	2	0	被遗弃
总 计	65辆		

※ 原书统计如此，估计有误。责编注。

虎式坦克 全景战史

陆军第510重装甲营编制序列（1944年7月）

	I	II	III

1.
100	101
111	112	113	114
121	122	123	124
131	132	133	134

2.
200	201
211	212	213	214
221	222	223	224
231	232	233	234

3.
300	301
311	312	313	314
321	322	323	324
331	332	333	334

第7章 陆军第510重装甲营

※ 上图 摄于1944年6月第510重装甲营组建之后在帕德博恩训练时。注意这辆训练用的虎式坦克经过了改造，可以使用天然气作为燃料。

※ 右两图 摄于1944年6月15日第510重装甲营从帕德博恩训练场转移至奥尔德鲁夫训练场之时。

虎式坦克 全景战史

※ 1944年7月20日，第510重装甲营奉命乘火车开赴东线。上图为该营的士兵在完成启程的准备工作后，在坦克前修面，准备在出发前最后一次前往奥尔德鲁夫城内放松一下。

※ 下图　为开赴前线途中，第510重装甲营的两名车组成员躺在坦克炮塔顶部晒太阳，这幅照片的特别之处是显示了虎式坦克指挥塔枪架上的机枪细节，包括弹链和环形瞄准具。

第 7 章　陆军第 510 重装甲营

※ 上图　摄于第510重装甲营向东线开进途中，这辆虎式的炮管朝向侧后方，并且在发动机舱盖上放了块木垫用来支撑住炮管；同时在车尾的右上角可以模糊地看到该营营徽的盾形轮廓。

虎式坦克 全景战史

※ 上图　摄于1944年7月22日，当第510重装甲营的军列在维尔巴伦短暂停留时，该营第1连第3排的几名车长邀请在当地结识的一位漂亮护士参观他们的坦克，并愉快地合影留念。

※ 下图　是在抵达考纳斯地区的集结地后，第510重装甲营的官兵们动手修建掩体，让居住条件尽量变得舒适些。图为两名士兵在接近完工的掩体外锯木料，在镜头近处是绘有第510营营徽和番号的三角指挥旗标志。

第 7 章 陆军第 510 重装甲营

※ 上图 为1944年夏510重装甲营的三名军官在虎式坦克前的合影,自左向右分别是第1连连长卡申茨中尉、排长卡默顿斯少尉和回收排排长希尔纳少尉。

※ 下图 是在1944年夏季的某次长途行军中,第510重装甲营第1连第3排排长舒尔茨少尉的虎式坦克在路边做短暂休息,注意坦克车体正面两侧和首下位置都加挂了备用履带板。

虎式坦克 全景战史

※ 左图 是1944年夏季，第510重装甲营第1连的排长卡默顿斯少尉坐在虎式坦克炮塔顶部用餐，他身后是连长座车的驾驶员施魏策尔军士长。

※ 下图 摄于1944年7月第510重装甲营抵达东线后的一次作战行动中，该营的坦克纵队正从一群步兵身边开过。

第 7 章　陆军第 510 重装甲营

※ 这种场面对于任何一个重装甲营回收排的士兵来说再熟悉不过了，又一座桥梁被虎式坦克毁掉了，这次的肇事者是第510重装甲营的132号坦克，回收排又要花上几个小时挽救这个倒霉蛋。这两张照片摄于1944年8月的某日。

虎式坦克 全景战史

※ 1944年9月15日和16日，第510重装甲营奉命支援第21空军野战师的作战，上图为空军野战师的士兵开始爬上该营的虎式坦克，准备一同前进；下图为搭载着空军士兵的第510重装甲营虎式坦克正通过横跨文塔河的大桥。

第7章 陆军第510重装甲营

※ 上图　是在两名空军野战师军官的注视下，另一辆搭载着空军士兵的第510重装甲营虎式坦克也跨过了文塔河大桥。

※ 下图　是进入战斗之后，空军野战师的士兵借助第510重装甲营124号虎式坦克的掩护，用望远镜观察战场情况。

虎式坦克 全景战史

※ 上图　是124号虎式坦克带领并掩护着空军野战师的士兵继续前进，远处腾起浓烟的是刚刚被击毁的敌装甲目标。

※ 下图　摄于1944年9月底的一次铁路转移途中，这次第510营的虎式坦克没有更换运输型履带就装上了平板车。

第 7 章　陆军第 510 重装甲营

※ 上图　摄于1945年2月初，第510重装甲营的两辆虎式坦克在普列库莱附近的战地维修厂等待修理，车身上的积雪好似一件伪装服。注意车体和炮塔上都覆盖了履带，在战争的最后阶段，第510营的虎式坦克用更多的履带板提供额外的防护。

※ 下图　摄于1945年初的库尔兰桥头堡内某处，第510重装甲营的一位士兵在虎式坦克前留影，该营大部分人员在1945年3、4月间撤离库尔兰，但留守分队坚持到了最后，以13辆虎式坦克为库尔兰守军的坚守提供了有力保障。

虎式坦克 全景战史

※ 上图及左图 是第510重装甲营留在库尔兰桥头堡内的一辆虎式坦克的残骸，照片摄于战后，它可能经历了苏军后来对它进行的各种射击测试。

※ 下图 是1945年4月18日被党卫军"威斯特法伦"旅强征而去的韦勒军士长指挥的虎王坦克残骸，它最终与美军激战数小时之后被击毁。

第 7 章　陆军第 510 重装甲营

※ 本页三张照片　是同一辆虎王，也是第510重装甲营在战争的最后阶段从卡塞尔的亨舍尔工厂获得的6辆中的一辆。它被美军在伦格斯豪森（Rengershausen）击毁。

第8章
陆军第301（遥控爆破）装甲营

Panzer-Abteilung (Funklenk) 301

在德国陆军的虎式坦克部队中，除了专门组建的10个重装甲营外，还有2个特殊的独立单位，即属于遥控爆破部队的第301（遥控爆破）装甲营和第1（遥控爆破）重装甲连。

1942年9月9日：第300（遥控爆破）装甲营于1942年9月9日组建于苏联南部，下辖三个遥控爆破装甲连。组建之后该营一度被调往列宁格勒战线作战，11月份又回到苏联南部，参与了顿河一线的作战。

1943年1月25日：该营分出部分人员用于组建第311至第314（遥控爆破）装甲连。同时，该营又与第302（遥控爆破）装甲营的营部、第1连和第2连进行了合并，扩充至下辖四个遥控爆破连的规模。

1943年2月：第300（遥控爆破）装甲营第3连被部署至爱森纳赫。

1943年7月6日：该营第1连被变更番号为第315（遥控爆破）装甲连。

1943年12月31日：该营拥有31辆突击炮，部署在西线。

1944年2月：第300（遥控爆破）装甲营派出30辆三号突击炮前往意大利，用于进攻安齐奥滩头。

1944年2月16日：第300（遥控爆破）装甲营第2连与第3装甲掷弹兵师协同作战。

1944年4月：重新部署，被调往法国。

1944年4月6日：第312（遥控爆破）装甲连被更名为第300（遥控爆破）装甲营第1连。

1944年6月5日：第300（遥控爆破）装甲营有三个连被重新调往东线，只留下第4连前往亚眠归于第2装甲师麾下，后来它参与了诺曼底的一系列战斗，并逐渐撤退，9月到达荷兰阿纳姆，后又撤回德国本土，直到1945年1月2日被改组为第303

第8章　陆军第301（遥控爆破）装甲营

（遥控爆破）装甲营第1连。

1944年8月19日：德军下令第300（遥控爆破）装甲营转为装备虎式坦克。

1944年8月22日至10月21日：陆军向该营陆续交付了21辆虎式坦克，党卫军第103重装甲营也奉命将10辆虎式坦克转交该营。

1944年10月：该营番号改为第301（遥控爆破）装甲营，由克拉默（Kramer）上尉担任营长，在格拉芬沃尔（Grafenwohr）进行训练。

1944年10月30日：第301营乘火车开赴鲁尔防区。

1944年11月2日：第301营在埃尔克伦茨（Erkelenz）下车，并配属于第81军，该营第1连集结在利希（Lich），第2连部署在斯特特尼希（Stetternich），第3连部署在莫施帕滕（Mersch-Pattern），营部连在斯特特尼希附近的森林中，供给连在奈德劳斯姆（Niederaussem），还有一个维修排在弗雷兴（Frechen）。

1944年11月6日：第301营可用兵力为27辆虎式。

1944年11月10日：第301营可用兵力为26辆虎式。

1944年11月14日：第301营部前往鲁尔前线，在第506营防区内的迪伦（Duren）和于利希（Julich）地区执行侦察任务。

1944年11月15日：第301营接到第81军的明确命令，经斯泰因斯特拉斯（Steinstrass）向帕滕（Pattern）转移。

1944年11月19日：在默尔岑豪森（Merzenhausen），第319（遥控爆破）装甲连配属于第301营，该营第1连与第319连一道向美军发起反击，第1连的虎式击毁了4辆谢尔曼。

1944年11月20日：美军向默尔岑豪森发动进攻，第301营第1连和第319连再次发起反击，但后者损失较大，第1连的虎式又斩获数辆敌军坦克。

1944年11月21日：第301营第2连损失2辆虎式，全连仅剩2辆坦克可以使用。

1944年11月22日：第301营与第3装甲掷弹兵师共同防御，第1连的3辆虎式部署在洛恩（Lohn）和普茨洛恩（Pützlohn）之间的高地上，击毁2辆谢尔曼。

1944年11月23日：第301营第3连（含遥控爆破车）在普茨洛恩附近第29装甲掷弹兵团第3营的防区内发起反击。同日，第301营的所有虎式坦克都被集中到一个装甲连中。

1944年11月24日：因为遥控爆破车在鲁尔前线没有太大用处，第301营将所有博格瓦尔德Ⅳ型遥控爆破车都运回了基尔赫尔滕（Kirchherten），7辆虎式被部署在鲍尔海姆（Bourheim）。

1944年11月25日：第301营在当日的战斗中蒙受了较大损失，但击毁了3辆坦克，相比之下第319连装备的突击炮作战效能不高。

1944年11月26日：第301营的虎式装甲连夜行军至因登（Inden），之后向皮尔（Pier）转移，配属于第340人民掷弹兵师。

1944年11月28日：第301营在阿尔特多夫（Altdorf）的防御战斗失利。

1944年11月29日：第319连的突击炮未能抵达卢策尔贝格（Lucherberg）的预定进攻位置，由第519重装甲歼击营和第301营的7辆虎式向卢策尔贝格发起攻击。

1944年12月1日：第301营有11辆虎式和52辆遥控爆破车可以使用，配属于第81军，该营还接收了2辆黑豹坦克回收车。

1944年12月2日：第301营的遥控爆破车被部署在因登和皮尔之间。

1944年12月4日：第301营仅有7辆虎式可以作战。

1944年12月6日：第301营击毁了11辆谢尔曼，2辆虎式因陷入泥沼而被迫自毁，该营的15辆遥控爆破车成功炸毁了比克斯多夫（Birkesdorf）附近的奥托巴恩大桥（Autobahn bridge）。

1944年12月10日：第301营可用兵力为14辆虎式。

1944年12月15日：第301营准备登上火车，配属于第9装甲师，全营有12辆虎式可用。

1944年12月28日：第301营启程前往内尔费尼希（Norvenich）。

1944年12月30日：第301营可用兵力为21辆虎式。

1945年1月8日：第301营有27辆虎式和52辆遥控爆破车可用。

1945年1月9日：第301营集结在安嫩代尔（Annendaal）附近，与英军坦克爆发小规模战斗。

1945年1月10日：第301营部署在迪尔加尔德（Diergaarde）和布劳瓦尔茨（Braunsrath）附近。

1945年1月12日：德军放弃了海因斯贝格（Heinsberg），第301营的7辆虎式攻击了布劳瓦尔茨。

1945年1月20日：第301营对波克特（Bocket）的反击被取消。

1945年1月21日：第301营的2辆虎式在瓦尔德福伊希特（Walkfeucht）被英军6磅反坦克炮击毁，该营还有6辆虎式在该城周围支援防御作战，后来撤往他处。

1945年2月1日：第301营还保有23辆虎式和45辆遥控爆破车，其中12辆虎式和21辆爆破车可以使用，该营再次配属于第81军。

1945年2月5日：由于缺乏燃料，第301营没有进行任何作战行动，全营有20辆虎式可用。

第 8 章　陆军第 301（遥控爆破）装甲营

1945年2月24日：第301营向埃尔克伦茨发起进攻。

1945年2月25日：第301营在利希和斯泰因斯特拉斯附近作战。

1945年3月1日：经过连日战斗，第301营剩余15辆虎式，其中5辆可以作战，52辆遥控爆破车中有32辆可以使用。

1945年3月2日：第301营部署在斯托梅恩（Stommeln）附近。

1945年3月3日：第301营在辛纳斯多夫（Sinnersdorf）附近作战，在战斗中损失2辆虎式。

1945年3月6日：第301营重新部署在古梅尔斯巴赫（Gummersbach）地区。

1945年3月15日：第301营尚有13辆虎式，其中4辆可用，该营直接配属于B集团军群。

1945年3月18日：第301营集结在韦尔梅尔斯基兴（Wermelskirchen）。

1945年3月19日：第301营转移至希尔登（Hilden）。

1945年3月25日：第301营转移至赛尔贝克（Selbeck）。

1945年3月27日：第301营重新部署在穆尔海姆（Mülheim）。

1945年3月31日：第301营转移至吕特根多特蒙德（Lütgendortmund）。

1945年4月5日：第301营仅剩3辆虎式可以使用。

1945年4月10日：第301营在维滕（Witten）和波姆梅恩（Bommern）附近作战。该营曾接到命令炸毁鲁尔大桥，但后来这项命令被取消了。

1945年4月16日：第301营撤往施普克霍弗（Sprockhovel），在那里炸毁了最后3辆虎式，从而结束了作为虎式坦克部队的作战经历，该营的虎式坦克大约击毁了60～70辆盟军坦克。

陆军第 301（遥控爆破）装甲营虎式／虎王坦克接收及保有数量统计表				
接收日期	虎式坦克	虎王坦克	保有数量	备注
1944.8.22	7	-	7	修复坦克
1944.9.1	2	-	9	
1944.9.7	6	-	15	其中5辆为修复坦克
1944.9.15	5	-	20	修复坦克
1944.9.20	1	-	21	
1944.10.20	4	-	25	修复坦克由党卫军第503营移交
1944.10.21	6	-	31	由党卫军第503重装甲营移交
总　计	31	0		

陆军第301（遥控爆破）装甲营编制序列（1944年10月）

01

1.
100　101
111　112　113　114
121　122　123　124

2.
200　201
211　212　213　214
221　222　223　224

3.
300　301
311　312　313　314
321　322　323　324

第 8 章　陆军第 301（遥控爆破）装甲营

353

※ 上图　是一队第301（遥控爆破）装甲营的博格瓦尔德IV型遥控爆破车驶离爱森纳赫的兵营，前往训练场进行训练，可见驾驶员从车身前部探出头观察前方情况，操纵车辆前进，虽然这种特种作战车辆可以遥控操纵，但在日常行军转移时更多依靠人力驾驶。

※ 下图　是在一场筋疲力尽的训练后，遥控爆破部队的成员们都疲惫不堪，席地而卧，酣然入睡。背景是一辆训练中使用的无线电遥控指挥卡车，到真正作战的时候才会换成坦克或突击炮。

虎式坦克 全景战史

※ 第301（遥控爆破）装甲营的每一辆博格瓦尔德IV型遥控爆破车都配有一名驾驶员，他还同时负责车辆的日常维护。左图为该营的一辆遥控爆破车在进行公路行军，车上还搭乘了两名步兵，后方跟着一辆18吨牵引车。

※ 第301（遥控爆破）装甲营在1944年10月已经拥有了31辆虎式坦克，成为德国陆军唯一装备虎式的营级遥控爆破单位，不过这些坦克中只有10辆是新生产的，其余都是经过翻修的旧装备，因此在投入作战行动前必须经过仔细的检修，确保良好的运行状态。下图摄于1944年秋季的格拉芬沃尔，该营新接收的一辆虎式坦克正在工场进行检修。

第8章 陆军第301（遥控爆破）装甲营

※ 上图 这辆虎式坦克与前页下图里的那辆是同一辆，检修完毕之后，四名坦克兵合影一张。这辆虎式安装的是早期的胶缘负重轮，车体侧面的十字徽是利用简单的模具喷绘的白色轮廓。

※ 第301（遥控爆破）装甲营在得到虎式坦克后仅有很少的时间进行训练，下图为在格拉芬沃尔训练期间该营的一辆虎式坦克，从负重轮形式辨认应该是后期型，是该营接收到的少数新生产的虎式坦克之一。

虎式坦克 全景战史

356

※ 1944年10月30日，第301（遥控爆破）装甲营奉命调往鲁尔地区作战。上图为运载该营遥控爆破车和其他支援车辆的列车停在格拉芬沃尔火车站，准备出发。由于体形较小，一部平板货车可以装载两辆爆破车，而且不必像虎式坦克那样麻烦地更换履带。

※ 下图 是出发前，第301（遥控爆破）装甲营的一名坦克兵将垫在爆破车履带下的固定木板钉紧在货车地板上，因为爆破车重量较轻，易于移动，所以在运输过程中必须加以严格固定，防止意外移位甚至坠车事故的发生。

第8章　陆军第301（遥控爆破）装甲营

※ 上图　摄于抵达鲁尔地区之后，第301（遥控爆破）装甲营第3连的312号虎式坦克在投入战斗之前先补充弹药。

※ 下图　为第301（遥控爆破）装甲营第1连的113号虎式坦克抵达鲁尔地区之后，车组成员与当地的两名女青年合影。照片中依稀可以看到画在虎式坦克尾部的遥控爆破部队战术标识。

虎式坦克 全景战史

※ 上图 摄于在鲁尔前线的两次战斗间歇，第301（遥控爆破）装甲营的一辆虎式在一处城镇的街道上做短暂休息。1944年11月至1945年4月间，该营的虎式坦克大约取得了60～70个击毁战果。

※ 下图 是1945年1月21日在瓦尔德福伊希特被英军6磅反坦克炮击毁的第301营的2辆虎式。据资料，击毁它们的是第5国王属苏格兰边民团。

第 8 章　陆军第 301（遥控爆破）装甲营

※ 上图及下图　是在埃尔斯多夫（Elsdorf）附近的战斗中损失的两辆第301（遥控爆破）装甲营的虎式中的一辆，编号为201。

虎式坦克 全景战史

※ 上图及左图　是1945年初在埃尔斯多夫附近的战斗中损失的两辆第301（遥控爆破）装甲营的虎式中的另一辆，编号为211。

※ 下图　这辆虎式坦克是盟军在瑟内拉格训练场发现的，据国外战史研究者的考证确认是第301（遥控爆破）装甲营的坦克。

第9章 陆军第1（遥控爆破）重装甲连

1. schwere Panzerkompanie (Funklenk)

1943年4月1日，根据陆军FP-Nr. 56041号命令，在爱森纳赫组建了第300（遥控爆破）装甲实验与补充营[Panzer-Versuchs-Ersatz-Abteilung（Fkl）300]的第6连。该连下辖两个排，连长为迈因哈特（Meinhardt）中尉。

1943年7月13日：根据陆军总司令部与陆军总参谋部的Nr.6039/43号命令，该连被更名为第316（遥控爆破）装甲连。编制计划是装备10辆三号突击炮和36辆博格瓦尔德Ⅳ型遥控爆破车，但这些装备直到9月中旬才交付。

1943年9月21日：第316（遥控爆破）装甲连转运至法灵博斯特尔训练场，配属第190装甲教导团，在该团的建制下进行训练。

1943年9月30日：3辆虎式坦克被交付第190装甲教导团。

1943年10月8日：又有8辆虎式坦克交付第190装甲教导团。这些经过翻新的早期型号虎式坦克都被当作第316（遥控爆破）装甲连的遥控指挥车使用。

1944年1月中旬：第316（遥控爆破）装甲连被确定为一个装备虎王坦克的实验连，并更名为第1（遥控爆破）重装甲连。

1944年2月底：第1（遥控爆破）重装甲连部分人员乘火车前往帕德博恩，在第500装甲训练与补充营的指导下接受虎王坦克的操纵训练。同时，由于第130装甲教导营还没有收到四号坦克歼击车，所以第1（遥控爆破）重装甲连将其原有的全部10辆突击炮都转交了该营。

1944年3月14日：第一批生产的虎王坦克中有5辆交付第1（遥控爆破）重装甲连。

1944年3月22日：前往帕德博恩训练的人员学成归来，原先配给该连进行训练的虎式坦克也被转交第130装甲教导营第3连。第1（遥控爆破）重装甲连重新部署在奥地利新锡德尔湖（Neusiedl See）附近的凯泽施泰因布鲁赫（Kaisersteinbruch）。

1944年4月2日：根据当日的装备清单，第1（遥控爆破）重装甲连此时拥有5辆虎王、3辆虎式、51辆博格瓦尔德Ⅳ型遥控爆破车，另有卡车和摩托车等其他车辆29辆。该连在莱塔河畔布鲁克（Bruck an der Leitha）进行训练。

1944年4月底：根据装甲教导师的命令，该连将前往法国作为战略预备队，驻扎在巴黎北郊的圣但尼（St. Denis）。

1944年5月9日：第1（遥控爆破）重装甲连乘火车抵达凡尔登（Verdun）。

1944年5月18日：该连被作为装甲教导师师部直辖部队的一部，其5辆虎王坦克由于故障都无法行动，因此第130装甲教导营第3连又把10辆突击炮还给了该连。

1944年6月6日：盟军在诺曼底登陆，第1（遥控爆破）重装甲连的5辆虎王坦克此时都位于厄尔-卢瓦尔省南部的沙托丹（Chateaudun），鉴于威胁，德军命令将它们运回国内，或是在无法避免被盟军缴获之时将它们摧毁。

1944年6月11日：第1（遥控爆破）重装甲连在装甲教导师向英军发动的几次反击中发挥了自己作为遥控爆破部队的作用。在这段时期，该连的突击炮大多是作为装甲掷弹兵教导团的支援武器使用，期间还进行了几次遥控爆破进攻行动。

1944年6月19日：该连遭到40辆敌坦克的进攻，全部突击炮都被打残，此战之后，该连不再单独存在，剩余人员都被并入装甲教导师当中。

1944年6月22日：根据普通陆军总局的Nr.27220/44号命令，该连被编为第302（遥控爆破）装甲营第1连，前往兰斯（Reims）与第302（遥控爆破）装甲营会合。

1944年7月15日：第1（遥控爆破）重装甲连的5辆虎王从装甲教导师的接收装备清单中删除了，随后它们在厄尔-卢瓦尔省的铁路网内反复辗转。

1944年8月13日：这5辆虎王又被调回了沙托丹，部署在镇内，准备抵御正在逼近的美军部队，其中10号车沿155号公路部署在西北方，1号车部署在城镇西侧的827号公路附近，12号车部署在10号和824号公路的交叉路口，02号和11号车则在城镇北面沿卢瓦尔河（Loire River）部署。

1944年8月15日：美军第3装甲骑兵团从蒙蒂尼莱加内隆（Montigny le Ganellon）向沙托丹方向进行侦察时与12号虎王遭遇，德军坦克使用同轴机枪击伤了1辆吉普车和1辆M8型装甲车，3辆美军车辆上的人员被伴随的德国步兵俘虏。这次遭遇战后，12号虎王向吕德瓦里泽（Rue de Varize）撤退。

1944年8月16日：1号虎王遭遇美军炮火袭击，但毫发未损，12号虎王用主炮连发数弹，阻止了美军先头部队的推进。傍晚时分，10号虎王离开阵地，与02号和11

第9章　陆军第1（遥控爆破）重装甲连

号虎王会合。

1944年8月17日：在夜间，12号和1号虎王被车组成员遗弃，其中12号虎王被点燃起火。其余3辆虎王于凌晨3时向庞勒瓦尔德（Boulevard）转移，在抵达目的地后，11号虎王出现故障而被丢弃，剩下2辆虎王在次日夜晚沿155号公路向东面的瓦里泽（Varize）前进，途中10号虎王出现故障，由02号虎王拖行了一段距离。

1944年8月18日：在晚间20时，10号虎王被炸毁，02号虎王继续向让维尔（Janville）前进，但是在途经图里（Toury）时转向系统发生故障，导致坦克突然向左急转弯，撞到路旁的树上，最后被车组成员丢弃。这就是第316连虎王坦克的最后结局。

※ 1944年3月14日，第1（遥控爆破）重装甲连接收了5辆虎王坦克，它们也是首批出厂的5辆，上图为其中一辆，这时可以看到坦克上还没有进行任何战术标识的涂装。

虎式坦克 全景战史

※ 由于先天性缺陷，该连装备的这几辆最早出厂的虎王坦克也存在着很多问题，故障频发，大多数时间都是在无尽的等待中度过的，比如上图这辆，因为故障无法移动，只能在原地等待救援。来到法国之后，这些虎王直到1944年8月份之后才开始参战，之前该连只能使用三号突击炮作为遥控爆破车的指挥车。

※ 左图 是在凯泽施泰因布鲁赫训练场拍摄，估计拍摄时间是第1（遥控爆破）重装甲连启程前往法国之前，这时该连已经给他们的虎王画上了非常巨大且显眼的白色战术编号，图为12号虎王坦克。

第 9 章　陆军第 1（遥控爆破）重装甲连

※ 上图　1944年3月拍摄，地点也是在凯泽施泰因布鲁赫训练场。第1（遥控爆破）重装甲连一辆车号不明的虎王坦克及其车组的合影。

虎式坦克 全景战史

※ 上两图的拍摄时间不明，但是根据坦克兵厚厚的着装来看，应该是1944年4月在凯泽施泰因布鲁赫训练场拍摄，这辆第1（遥控爆破）重装甲连的虎王被确认为1号车，它的炮塔上画有一个大大的白色数字1，推断为连长座车。

第 9 章　陆军第 1（遥控爆破）重装甲连

※ 上图　是法国平民在战后以第1（遥控爆破）重装甲连的1号虎王残骸为背景的合影，这辆虎王是1944年8月17日夜间被遗弃的。

※ 下图　是1944年8月18日因故障在法国图里被车组成员遗弃的第1（遥控爆破）重装甲连的02号虎王坦克，战后美军士兵和法国平民纷纷爬到它上面拍照留念。

虎式坦克 全景战史

※ 没有任何资料记载第1（遥控爆破）重装甲连拥有过03号虎王，但是上面这张照片的出现令许多战史研究者困惑无比，因为从任何特征来看，它都应该是属于第1（遥控爆破）重装甲连，但是这样的话，该连装备的虎王就是6辆而不是战史记载的5辆。

※ 下图 拍摄时间不明，图中的坦克是第1（遥控爆破）重装甲连的10号虎王，炮塔后部也画有大大的白色编号10，经确认当时它行驶的地点是在沙托丹。

第9章　陆军第1（遥控爆破）重装甲连

※ 上图及下图　是第1（遥控爆破）重装甲连的11号虎王于1944年8月17日夜在法国庞勒瓦尔德被遗弃之后所摄。

虎式坦克 全景战史

※ 上图及下图　是1944年8月17日被车组成员遗弃并点火烧毁的第1（遥控爆破）重装甲连12号虎王。

第9章　陆军第1（遥控爆破）重装甲连

※ 上图及下图　是在马尔勒（Marle）的云雀路上拍摄的一辆被德军遗弃的虎式坦克，经战史研究者确认为当初供第316（遥控爆破）装甲连当作遥控指挥车使用的虎式坦克中的一辆。该连在装备虎王之后，这些虎式就被转交给位于巴黎郊外凡尔赛的装甲兵连长学校用作训练车。这辆虎式应该是在盟军逼近巴黎之后的撤退过程中因故障而遗弃在马尔勒的。

※ 上图及下图　也是在马尔勒的那辆被遗弃的虎式，盟军后来将其拖走。